알고 나면 꼭
써먹고 싶어지는
역사 잡학 사전
B급 세계사

알고 나면 꼭
써먹고 싶어지는
역사 잡학 사전
B급 세계사

김상훈 지음

행복한작업실

역사를 가지고 놀다

한국 사람은 정말 '역사'를 좋아한다. 아니, 더 정확히 말하면 '역사 이야기'를 좋아한다. 조금 더 자세하게 말하면 '역사를 소재로 이야기하는 것'을 좋아한다. 그래서일까? 직장 회식이나 친구들과의 술자리에서 "17세기에는 말이야……", "고대 로마에서는……", "그건 역사적으로 원래……"라며 대화를 주도하는 이들을 종종 보게 된다.

이런 대화를 주도하는 이들은 모두 역사에 해박한 걸까? 사실 그렇지 않다. 역사는 지식인의 전유물이 아니다. 정통으로 역사를 배우고 수많은 역사 서적을 탐독하며 연구 결과를 내놓는 것은 학자들의 몫이다. 오스트랄로피테쿠스부터 21세기 정치·경제를 두루 꿰뚫고, 컴퓨터처럼 술술 역사 지식을 읊는 것도 역사 전문가의 몫이다. 다시 말해서 그런 일들은 'A급'의 역할이다.

여러분의 친구와 동료가 A급 역사가인가? 아닐 것이다. 그런데도 그들이 역사 이야기로 대화를 주도할 수 있는 것은 역사를 재미와 교양으로 익혔고, 훌륭한 의사소통의 수단으로 활용하고 있기 때문이다.

여러분도 지적 대화를 주도하고 싶은가? 주변을 돌아보라. 인식하지 못하는 사이에 여러분은 이미 '수많은 역사' 속에 살고 있다. 해마다 4월이면 마음이 착잡해지게 만드는 노란 리본, 아이부터 어른까지 모두 즐기는 프라이드치킨, 멋을 더해 주고 눈부심도 방지해 주는 선글라스……. 이 '사소함'에 격변의 세계사가 숨어 있다는 사실을 아는가? 일상 속 사물들의 탄생 스토리만 알고 그 의미만 파악해도 '역사 박사' 소리를 들을 수 있다. A급과 겨룰 필요 없다. 역사를 즐기고 역사로부터 지혜를 얻을 수 있다면 B급이 되는 것만으로도 충분하다. 너무 낮게 나는 새는 큰 세상을 보지 못하고, 나무만 뚫어져라 쳐다보는 사람은 숲의 방대함을 알 수 없다. 작은 것에 매몰되어 큰 그림을 그리지 못하기 때문이다. 하지만 발상을 바꾸면 해석이 달라진다. 너무 높이 날면 땅 위를 기어 다니는 벌레를 발견할 수 없고, 숲을 허둥지둥 빠져나오면 나무의 세세한 모습을 기억할 수 없다.

역사 분야도 마찬가지다. 방대한 통사(通史)를 심도 있게 공부해서 A급에 도전하려면 그렇게 하라. 다만 재미와 교양의 원천이자 의사소통의 수단으로 역사를 활용하려면 B급으로도 충분하다. 때로는 우리가 즐겨 먹는 돈가스가 왜 생겨났는지, 당시 세계사가 어떻게 흘러가고 있었는지, 그 세계사의 흐름에서 돈가스가 어떤 의미를 갖는지 이해하는 것이 더 생생한 역사 공부일 수 있다. 당당히 "나는 B급 역사 박사"라고 내세워도 좋다.

필자는 지금까지 넓은 시야를 강조하는 역사책을 주로 써 왔다. 대표적인 작품이 누적 판매 부수 25만 부를 넘어선 『통 세계사』 시리즈다. 『통 세계사』 시리즈는 역사의 전체 흐름을 알고 싶어 하는 독자들을 위해 만든 것이다. 『B급 세계사』는 한두 번쯤 어디선가 들어 봤음직한 역사적 사건이나 물건 위주로 55편의 이야기를 담았다. 소소하고 소박한 우리의 일상 속에 역사의 숨 가쁜 현장이 숨어 있음을 발견하게 될 것이다.

역사에 대한 지식이 없다고 미리 걱정할 필요는 없다. 쉽게 접근할 수 있도록 최대한 역사적 배경을 담아 풀어서 썼다. 이 책을 다 읽고 나면 역사가 고리타분한 것이 아님을 깨달을 것이다. 회식 자리에서 한번 확인해 보시라.

2018년 6월, 김상훈

차
례

CHAPTER 5

원조와 뿌리를 찾아서

CHAPTER 1

우연이
만들어낸 필연

인과 관계가 전혀 없는 것 같은 두 사건을 자세히 들여다보면 어느 대목에선가 연결 고리가 발견된다. 역사란 그런 것이다. 우연이 모여 필연을 만든다. 필연은 때론 우연을 가장한다.

세계사는 단단하고 질긴 거미줄처럼 얽혀 있다. 덕분에 단 한 차례도 소통을 중단한 적이 없다. 인류 최초의 메소포타미아 문명이 탄생했을 때부터 지금의 21세기까지……. 우리가 눈치 채지 못해도 문명은 끊임없이 서로 소통하고 교류하고 있다. 그것이 역사다.

홍수 신화 원조 논쟁은 그만!

인류 최초의 홍수 신화와 치수(治水)

목이 타고 땀이 삐질삐질 흐르는 무더위, 갑자기 장대비가 떨어진다. 타닥타닥. 금세 청량감이 느껴진다. 무더위 끝에 들려오는 비 소식은 마음마저 설레게 한다. 그래서 "비님이 오신다"라며 극존칭으로 반기는 것 아닌가.

하지만 긴 장마는 사람을 지치게 한다. 청량감은 사라지고 습도가 불쾌지수를 높인다. 축축한 옷을 걸쳐 입은 느낌. 영 찜찜하다. 넋두리가 절로 나온다. "하늘에 구멍이 뚫렸나⋯⋯."

아주 오래전의 이야기를 하려 한다. 어쩌면 호랑이가 담배 먹기 전의 이야기일 수 있다. 땅을 집어삼키고 인류를 멸종시키려던 대홍수에 관한 이야기다.

어느 날 노아는 신의 음성을 들었다. 인류가 갈수록 포악해지니 대홍수의 심판을 내릴 것이라 했다. 노아는 신의 계시를 믿었다. 다른 인간들의 비웃음을 견디며 거대한 배, 즉 방주를 만들기 시작했다. 긴 작업 끝에 길이 300큐빗 (135미터), 너비 50큐빗(22.5미터), 높이 30큐빗(13.5미터)의 방주를 완성했다. 세상의 모든 동물을 암수 한 쌍씩 방주에 실었다. 마지막으로 노아와 가족이 탑승했다.

미국의 민속화가 에드워드 힉스가 그린 〈노아의 방주〉

비가 내리기 시작했다. 정말로 하늘에 구멍이라도 뚫렸나보다. 세상이 완전히 물에 잠겼다. 타락한 인류도 물속으로 가라앉았다. 결코 그칠 것 같지 않던 비는 40일 만에 그쳤다. 구름 사이로 가느다란 햇볕이 모습을 드러냈다. 심판이 끝났다. 물이 빠지고, 노아의 방주는 아라라트산에 정착했다. 이 노아의 방주 신화는 구약 성서 창세기편에 실려 있다. 가장 널리 알려진 홍수 신화다. 한때 이 노아의 방주 이야기는 가장 오래된 홍수 신화로 여겨졌다.

기록은 언제든지 깨질 수 있다. 어쩌면 깨지라고 있는 것이 기록인지도 모른다. 노아의 방주 이야기 이전에도 이미 홍수 신화가 메소포타미아 일대에 있었다는 주장이 제기되었다. 하긴, 그럴 수도 있겠다. 메소포타미아는 가장 먼저 문명이 탄생한 곳이니까.

이른바 '홍수 신화 원조 논쟁'이 벌어졌다. 논쟁의 계기를 만든 사람은 영국 학자 조지 스미스(1840~1876)였다. 스미스는 아시리아와 바빌로니아 등 고대 서아시아 역사를 전문적으로 연구한 학자였다. 그는 노아의 방주 이야기와 매우 유사한 홍수 신화가 기록된 설형 문자판을 찾아냈다. 설형 문자는 고대 메소포타미아에서 쓰던 문자다. 점토판에 이 설형 문자로 내용을 기록한 후 불에 구워 보관했다. 점토판 중 일부는 오늘날까지 전해지고 있다. 당시 상황을 짐작할 수 있는 건 이 점토판 덕분이다.

고대 바빌로니아 시절에 영웅 길가메시의 모험을 담은 「길가메시 서사시」가 만들어졌다. 이 서사시는 인류 문명 초기의 문학 작품이다. 스미스는 「길가메시 서사시」 점토판에서 홍수 신화를 찾아냈다. 이 바빌로니아 홍수 신화에서도 신들이 인간을 심판한다. 바빌로니아의 홍수 신화에서는 심판의 이유가 "인간이 신에 도전해 반란을 일으켰기 때문"이란다. 바빌로니아의 신들은 참 속이 좁았나 보다. 의견이 서로 맞지 않으면 저항할 수도 있는 법이다. 그것을 못 견디고 인간을 멸종시키겠다니, 밴댕이 소갈머리다.

다행히 지혜의 신 에아는 인간을 동정했다. 에아는 도시 국가의 왕이자 현인인 우트나피쉬팀에게 "으뜸신인 엘릴이 대홍수를 일으켜 인류를 멸망시키려 한다"고 일러주었다. 그 다음은 노아의 방주 스토리와 거의 같다. 우트나피쉬팀이 거대한 배를 만들었고, 배가

완성되자 폭우가 쏟아졌다. 낮이 밤인지 밤이 낮인지 모를 정도로 비가 쏟아졌고, 땅은 완전히 물에 잠겼다.

6일 후 비가 그쳤다. 우트나피쉬팀의 배는 니시르산에 닿았다. 육지는 보이지 않았다. 우트나피쉬팀은 비둘기를 날려 보냈다. 육지가 있다면 비둘기는 보금자리를 틀 것이고, 돌아오지 않을 것이다. 그러나 비둘기는 곧 돌아왔다. 우트나피쉬팀은 다시 제비를 날려 보냈다. 제비도 곧 돌아왔다. 좌절해서는 안 된다. 우트나피쉬팀은 까마귀를 날려 보냈다. 시간이 꽤 흘렀는데도 그 까마귀는 돌아오지 않았다. 땅을 발견한 것이다.

바빌로니아의 홍수 신화는 이렇게 끝난다. 내용이 비슷하니 두 홍수 신화 사이에 원조 논쟁이 갈수록 치열해졌다. 이 상황에 변수가 등장했다. 20세기에 또 다른 홍수 신화를 기록한 설형 문자판이 고대 메소포타미아 도시인 니푸르에서 발견된 것이다. 이제 양대 대결이 아니라 삼파전이 되었다.

이 홍수 신화는 최초의 문명을 만든 수메르 사람들의 언어, 즉 수메르어로 기록되어 있었다. 그렇다면 바빌로니아 홍수 신화 이전에

만들어진 것이 확실해진다. 역시 기록은 깨지라고 있는 것 같다. 내용은 바빌로니아 홍수 신화와 거의 같다.

수메르 홍수 신화의 주인공은 제사장 지우수드라다. 수메르의 신들도 배려심이라고는 눈곱만큼도 없었다. 인류를 멸망시키려는 이유가 "하도 재잘재잘 떠드니까"였다. 수메르 홍수 신화의 결말은 판타지에 가깝다. 지우수드라는 영생을 얻고, 신들의 땅에서 살게 된다.

크리스트교에서는 노아의 방주 이야기가 최초의 홍수 신화라고 주장한다. 하지만 학자들은 대체로 수메르 홍수 신화를 가장 오래된 것으로 친다. 수메르 홍수 신화는 기원전 3000년경에 만들어졌을 것으로 추정된다. 반면 노아의 방주 신화는 서아시아에 전해 내려오던 이야기를 바탕으로 기원전 1500년 이후에 기록된 것이라 여겨진다.

사실 원조 논쟁은 지금의 인류에게는 별 도움이 되지 않는다. 그보다는 여러 지역에서 유사한 형태의 홍수 신화가 등장한 이유를 탐색하는 것이 옳다. 사실 이 홍수 신화들 말고도 전 세계에서 비슷한 유형의 홍수 신화가 발견되고 있다. 왜 그런 것일까? 이유는 명확하다. 문명 발달 과정에서 한 지역의 문화가 다른 지역으로 퍼졌기 때문이다. 소통과 교류라는 역사 발전의 법칙이 작용했던 것이다. 그러니 원조 논쟁은 그만! 신화의 의미에 더욱 집중하자.

이 홍수 신화에는 실제의 역사가 상징의 형태로 담겨 있다. 그것은 바로 치수(治水)다. 고대 인류에게 물을 다스리는 것은 생존과 번영을 위한 핵심 열쇠였다.

사실 물은 모든 생물의 고향이다. 그러니 세계 곳곳에서 홍수 신화가 발견되는 것이 이상할 게 없다. 물은 인류의 고향이기도 하니까.

1

왜들 그렇게
원조를 고집하는지……

피라미드의 오해와 진실

고대의 국가사업과 세계의 피라미드

고대 이집트를 배경으로 하는 영화가 적지 않다. 그런 영화에 등장하는 단골 장면. 병사들이 노예들을 잔인하게 채찍질한다, 노예들은 신음하며 거대한 돌덩이를 운반하다가 쓰러진다……. 피라미드를 건설하는 장면이다. 고대 그리스 역사가 헤로도토스(기원전 484~기원전 424)는 "노예들을 강제 동원해 피라미드를 만들었다"고 주장했다. 영화의 장면과 정확하게 일치한다.

때로는 상식(常識)에 치명적인 왜곡이 개입한다. 이 헤로도토스의 주장 그리고 우리가 알고 있는 상식이 바로 그렇다. 이집트 피라미드가 정말로 노예들의 강제 노동으로 만들어진 것일까? 최근 학계에서 이 주장이 틀렸다는 목소리가 힘을 얻고 있다. 피라미드는 노예가 아니라, 합당한 급료를 받는 건설 노동자들의 작품이라는 것이다. 근거가 있냐고?

이집트 수도 카이로에서 남서쪽으로 13킬로미터 정도 떨어진 곳에 기자란 도시가 있다. 바로 이 기자의 사막 지대에 여러 개의 피라미드가 있다. 그중 이집트 제4왕조의 2대 파라오인 쿠푸(기원전 2589~기원전 2566 재위)의 피라미드가 단연 돋보인다. 147미터(현재는 137미터 내외) 높이로 만들어졌고, 밑변은 가로와 세로가 각각 230미터다. 2.5톤의 돌덩이 230만 개가 소요되었다. 세계에서 가장 높은 피라미드다. 대(大)피라미드라고도 한다. 고대 세계의 7대 불가사의 중 유일하게 현존하는 건축물이다.

이 쿠푸 피라미드를 만드는 데 20여 년이 걸렸다. 최소한 10만 명의 노예가 동원되었을 거라는 추측이 지배적이었다(첨단 기법을 사용해 10만 명보다 훨씬 적은 인원으로 건축이 가능했다고 주장하는 학자들도 있다). 하지만 최근 반론이 커지고 있다. 쿠푸 피라미드와 가까운 곳에서 인부들의 마을이 발굴되었다. 그 마을에서 1,000개가 넘는 유골이 발견되었다. 어쩌면 피라미드 건축에 동원된 노예들의 집단 수용소일 수도 있다. 그런데 좀 이상하다. 유골에서 치료한 흔적이 발견되었다. 노예라면 정성껏 치료할 리가 없잖은가. 영화 장면을 떠올려보라. 노예가 쓰러지면 죽을 때까지 채찍질했다! 아이들의 유골이 발굴된 점이나 성인 남자와 여자의 유골 비율이 거의 비슷한 점도 흥미롭다. 그렇다. 그 남자들은 노예가 아니라 한 가정의 가장이었던 것이다.

당시 상황을 엿볼 수 있는 석판도 발견되었다. 그 석판에는 어느 날에 잔치를 열었고 장례식을 열었으며, 인부가 무슨 이유로 노역장에 나오지 못했는지 등이 기록되어 있다. 쉽게 말해 출결 상황판이다. 심지어 숙취가 심해 출근하지 못했다는 내용도 적혀 있다. 평범한 건설 노동자의 삶과 다를 바 없다. 노예라면 이런 상황판이 필요할 리가 없고 이런 내용이 담겨 있을 이유도 없다.

최근에는 "모든 피라미드가 왕의 무덤은 아니다"라고 주장하는 학자들도 적지 않다. 도대체 무슨 뜻일까?

당시 나일강은 7~10월에 범람했다. 이 기간에 농민들은 생업인 농사에 주력할 수 없었다. 그러니 생계를 꾸리기조차 힘들었다. 당장 굶어죽을 판이었다. 고대 이집트의 정치인들이 이 문제를 해결하려고 고민하다 묘안을 짜냈다. "피라미드를 더 만들자!" 쉽게 말하면 국가가 서민들에게 일자리를 제공하기 위해 피라미드 축조 사업을 벌였다는 것이다. 황당한가? 이 또한 근거가 있다.

쿠푸의 아버지로, 제4왕조를 개창한 파라오인 스네프루(기원전 2613~기원전 2589 재위)의 피라미드는 무려 다섯 개다. 도대체 사후에 무슨 부귀영화를 누리겠다고 무덤을 다섯 개나 만든단 말인가. 어떤 피라미드에는 파라오의 부장품 하나 없다고 한다. 이와 관련해 영국 BBC 방송은 2011년에 흥미로운 뉴스를 보도했다. 미국의 한 연구소가 미국항공우주국(NASA)의 후원을 받아 이집트를 인공위성에서 적외선으로 촬영했다. 그 결과 땅 속에 묻혀 있는 17개의 피라미드를 찾아냈다. 당시 연구진은 "더 많은 피라미드가 아직도 세상의 빛을 못 보고 있을 확률이 크다"라고 했다. 현재 이집트의 피라미드는 80여 개가 조금 넘는다.

이제 상상력을 더 보탠다면 피라미드 건설이 정부 주도의 대형 공공사업이었다고 해도 무방할 것 같다. 이보다 더 확실한 일자리 창출 대책이 있겠는가. 사실 피라미드에 대한 오해는 더 있다. 피라미드는 이집트에만 있는 것이 아니다. 전 세계에서 피라미드가 발견되고 있다.

멕시코 푸에블라주에 있는 촐룰라 피라미드.
이곳을 자연적인 언덕으로 알았던 사람들이 꼭대기에 성당을 지었다.

멕시코는 전 세계적으로 피라미드가 많은 지역 중 하나다. 멕시코에서는 기원전 10세기경부터 피라미드를 만들었다. 심지어 이집트보다 더 많은 피라미드를 보유한 나라도 있다. 이집트 남쪽의 수단이 대표적이다. 수단 피라미드의 크기는 이집트보다 작다. 또 토양에 철분이 섞여 있어 색상이 다소 어둡다. 이 수단에만 약 250개의 피라미드가 있다.

에이, 그래도 쿠푸 피라미드만큼 큰 게 있겠어? 이 또한 고정 관념이다. 비록 높이는 쿠푸 피라미드보다 낮지만 넓이는 2~4배나 큰 피라미드가 멕시코 푸에블라주에 있다. 바로 촐룰라 피라미드다.

이 촐룰라 피라미드는 언뜻 보면 평범한 언덕이다. 기원전 3세기부터 수백 년에 걸쳐 만들어졌다. 9세기 무렵 땅 속에 묻히면서 사람들의 관심에서 멀어졌다. 15세기 이후 라틴아메리카를 지배한 스페인 정복자들은 원주민을 몰아내고 이곳에 성당을 세웠다. 물론 그때까지만 해도 이곳이 피라미드의 상층부란 사실을 전혀 몰랐다.

20세기가 되었다. 이 언덕에 정신병원을 짓기로 하고 땅을 파기 시작했다. 바로 그때 관련 유물이 세상에 모습을 드러냈다. 발굴 작업이 시작되었다. 나중에는 2톤이 넘는 인물상도 발견되었다. 작업이 진행될수록 피라미드의 규모가 커졌다. 최종적으로 이 언덕 전체가 피라미드였다는 결론에 이르렀다. 밑변이 각각 450미터 정도에 이르렀다. 쿠푸 피라미드는 명함도 못 내밀 정도의 넓이다.

피라미드가 모두 지배자의 무덤이라고 생각한다면 이 또한 잘못된 상식이다. 멕시코의 피라미드는 무덤이 아니다. 하늘에 제사를 지내는 신전이었다. 그래서 계단식 모양을 하고 있으며 맨 꼭대기는 평평하다.

최대 혹은 최초의 기록은 언제든 깨질 수 있다. 그럴 때마다 인류의 역사는 진실에 한 걸음 더 다가선다. 더불어 '우연의 일치'가 필연의 다른 모습이었다는 사실도 확인하게 된다. 피라미드의 사례가 그렇지 않은가.

피라미드 노동자들도
야근을 했을까……?

동서양 철학은 동시에 발전했다

철학 탄생의 시대 배경

우연 같지 않은 우연은 세계사에서 셀 수 없을 만큼 자주 발견된다. 물리적인 교류가 거의 없었는데도 똑같은 일이 지구의 이쪽과 저쪽에서 동시에 일어나기도 한다. 기원전 7세기에서 기원전 4세기 사이에도 이런 일이 있었다. 동양 철학과 서양 철학의 뿌리가 거의 같은 시기에 만들어진 것이다.

동양 철학의 고향을 굳이 따지자면 중국이다. 우리가 알고 있는 유학이나 도(道) 사상은 모두 중국에서 비롯되었다. 서양 철학의 고향은 폴리스라 부르는, 고대 그리스의 도시와 그리스 식민시다. 오늘날 자연 과학의 시초도 이 폴리스에서 만들어졌고 발달했다. 서로 교류가 없었던 동양과 서양이 비슷한 시기에 말이다. 놀랍지 않은가.

중국 이야기부터 하자. 이 무렵 중국은 춘추 전국 시대로, 여러 나라가 천하를 다투고 있었다. 각 나라의 왕은 부국강병을 도모하기 위해 사상가를 우대했다. 다양한 사상이 등장했고, 수많은 학파가 활동했다. 그래서 백가쟁명(百家爭鳴)이라 한다.

유가(儒家)가 두드러졌다. 사상이나 학문과 관련하여 쓰이는 가(家)는 '학파'를 뜻한다. 유가는 공자가 창시했고 맹자와 다른 제자들이 계승했다. 유학 사상은 훗날 동아시아 전역으로 확산되어 국가 통치 철학으로 자리 잡았다. 공자 철학의 핵심은 인(仁)과 예(禮)다. 인과 예를 갖춘 정치가 덕치(德治)다. 예는 백성들도 갖추어야 할 덕목이다. 예를 배워야 백성의 도리를 할 수 있기 때문이다. 공자는 각자 자신의 자리에서 본분을 다하면 나라의 질서가 절로

공자

잡힌다고 했다. 그러니 자신을 이기고 예로 돌아가라고 했다. 이것이 극기복례(克己復禮)다. 또한 자신부터 다스려야 나중에 천하를 평정할 수 있다. 그 유명한 수신제가치국평천하(修身齊家治國平天下)다.

맹자도 덕치를 주장했다. 하지만 공자와는 뉘앙스가 다르다. 맹자는 왕이 인(仁)과 의(義), 즉 어짊과 의로움으로 백성들을 다스려야 한다고 했다. 이것이 왕도정치(王道政治)다. 왕은 백성의 위에 있지 않다. 그러니 독재자는 몰아내야 한다. 혁명적인 사상이 아닌가.

도가(道家) 사상도 오늘날까지 주목받는 동양 철학 중 하나다. 노자가 창시했고 장자가 뒤를 이었다. 그래서 노장 사상이라고도 한다. 도가는 인위적인 것을 배척했다. 자연에 순응하라고 가르쳤다. 이것

노자

이 무위(無爲)다. 노자는 삼라만상의 근본을 도(道)라 했다. 이 도에 도달하기 위해 꼭 필요한 것이 바로 무(無)다.

장자는 노자보다 훨씬 급진적이었다. 장자는 모든 제도를 가치 없다고 여겼다. 도를 깨우치려면 세상에 갇히지 말라고 설파했다. 장자는 재상 직위를 줄 테니 함께 일하자는 제안을 받기도 했다. 세상에 갇히기 싫은 그였으니 당연히 걷어찼다. 흥미로운 점이 있다. 그토록 중용되기를 원했던 공자와 맹자는 뜻을 이루지 못했다. 오히려 권력과 명예를 원하지 않던 장자에게 기회가 왔다. 아이러니다.

전국 시대를 끝내고 중국을 통일한 나라는 진이다. 진은 통치 이념으로 법가(法家)를 받아들였다. 강력한 법과 왕권을 강조했다. 사소한 범죄 행위도 용서하지 않았다. 진은 피도 눈물도 없는 비정한 나라가 되었다. 그래서 얼마 못 가 멸망한 게 아닐까.

묵가(墨家)란 학파도 있었다. 이 학파는 "의로운 전쟁은 없다"라며 모든 전쟁을 반대했다. 사랑을 강조했다. 지나치게 이상적이었던 탓에 곧 명맥이 끊겼다. 군대와 병법을 연구하는 사상가들은 병가(兵家)라 했는데, 『손자병법』을 쓴 손자가 대표적 사상가다. 정치 책략을 중요하게 여기는 학파로 종횡가(縱橫家)도 있었다. 오늘날로 치면 정치꾼들이다. 음양오행을 따지면서 길흉화복을 점치는 학파는 음양가(陰陽家)라 불렸다.

이제 비슷한 시기의 그리스로 가보자. 그리스와 그리스 식민시에서도 이 무렵 철학과 사상의 꽃이 활짝 피었다.

가장 먼저 기원전 6세기 무렵 이오니아 지방(오늘날의 터키 서부 해안 지방)의 밀레투스에서 자연 철학이 태동했다. 자연 철학의 시조인 탈레스는 "물이 만물의 근원이다"라고 했다. 우리가 살고 있는 땅이 물 위에 떠 있기 때문이란다.

탈레스

만물의 근원에 대해 아낙시만드로스는 '무한'이라 했다. 아낙시메네스는 '공기'라 했고, 헤라클레이토스는 '불'이라 했다. 데모크리토스는 '원자', 피타고라스는 '숫자'라 했다. 이들 자연 철학자들은 철학의 주제를 신에서 자연으로 끌어내렸다. 철학의 큰 진전이다. 더불어 이들의 철학은 자연 과학의 발전에 크게 기여했다.

이 무렵 논리학도 크게 발달했다. 제논의 역설이 대표적이다. 이에 따르면 제아무리 빠른 사람도, 앞서 출발한 거북이를 앞지를 수 없다. 논리는 이렇다. 빠른 사람이 거북이를 따라가면 거북이는 그만큼 달아난다. 다시 사람이 거북이를 따라가지만 거북이는 또 달아난다. 이러니 절대로 거북이를 따라잡을 수 없다는 것이다. 활시위를 떠난 화살이 결코 과녁에 도달할 수 없다는 논리도 가능하다.

기원전 5세기에는 철학의 중심지가 아테네로 이동했다. 철학의 주제도 자연에서 인간으로 바뀌었다. 이 시대의 철학자를 소피스트

조로아스터교 사원의 상징. 조로아스터교는 기원전 6세기에 이란의 예언자인 자라투스트라가 창시했다. 불을 신성시하기 때문에 '배화교'라고도 부른다.

라 부른다. 현명한 사람이란 뜻이다. 대표적인 소피스트가 프로타고 라스다. 그는 "인간이 만물의 척도다"라는 말을 남겼다. 사람마다 판 단 기준이 다르니 진리도 다르다는 뜻. 진리는 절대적이 아니라 상 대적이라는 뜻으로 해석된다.

소피스트가 대중에 영합한다며 강하게 비판한 철학자가 있다. 바 로 소크라테스다. 소크라테스에 이르러 서양 철학은 완벽한 뼈대를 갖추었다. 이어 플라톤과 아리스토텔레스가 서양 철학을 완성시켰 다. 이 세 철학자의 사상은 한두 줄로 요약하기 벅차다. 그 방대함에 질릴 터이니 여기서는 생략한다.

조금 더 보태자. 이 무렵 페르시아에서 조로아스터교가 탄생했 다. 조로아스터교는 천당과 지옥, 최후의 심판 등의 교리를 내세웠 다. 크리스트교, 이슬람교에 큰 영향을 주었다. 현대 종교의 어머니인 셈이다. 마지막으로 하나만 더 보태자. 이 시기에 인도에서 불교가 탄생했다. 초기의 불교는 종교보다는 철학에 가까웠다.

약 300년 사이에 동양 철학과 서양 철학이 동시에 '완성'되었다. 우연일까? 아니다. 이 무렵 전 세계는 크고 작은 전쟁에 휩싸여 있었다. 부국강병을 원하는 왕뿐 아니라 혼란을 극복하려는 철학자들도 새로운 사상이 필요했다. 그러니 전 세계에서 동시다발적으로 사상과 철학의 발전이 이루어졌던 것이다.

이처럼 그 이면을 파고들다 보면 여러 사건에서 공통점을 발견할 때가 의외로 많다. 동양 철학과 서양 철학이 동시대에 발전했다는 점도 그런 사례 중 하나다. 물론 이 사례 또한 역사 발전 과정에서 나타나는 자연스러운 현상이다. 앞으로도 우리가 자각하지 못하는 사이에 이런 동시대적 발전은 계속 나타날 것이다. 서로 약속하지 않아도 말이다. 그게 역사가 발전하는 법칙이니까!

스파르타와 아테네에 대한 오해

찬란했던 그리스 문명은 어떻게 무너졌나?

고정 관념이란 무섭다. 사실과 다른 것을 사실이라 철석같이 믿으면 더욱 그렇다. 그런 사람과 대화를 시도하는 것은 섶을 이고 불에 뛰어드는 격이다. 십중팔구 언쟁이 벌어진다.

아주 오래전에 일어난 일, 그것도 우리나라가 아니라 외국에서 일어난 일에 대해서라면 그나마 다행이다. 대부분의 사람은 당시 상황에 대한 토막 지식만 갖고 있다. 이념을 놓고 다툴 여지가 없다. 그러니 생각이 달라도 대화가 가능하다. 이번에는 그런 이야기를 하려 한다. 디테일한 고대 그리스 역사의 한 부분을 퍼즐 맞추는 기분으로.

서양 철학뿐 아니라 서양 문화의 고향 또한 그리스다. 고대 그리스의 특징은 정치 체제에 있다. 대부분 왕이 없었다. 설령 왕이 있어도 민회 권력이 가장 컸다. 이런 정치 체제를 갖춘 도시가 폴리스다. 대략 기원전 9~8세기 이후부터 생겨났다.

폴리스의 대표 선수를 꼽으려면 단연 아테네와 스파르타. 아테네는 민주 정치의 상징, 스파르타는 군부 정치의 상징으로 여겨진다. 틀린 말은 아니다. 다만 세밀하게 들여다보면 고개를 갸웃거리게 된다.

먼저 아테네부터 살펴보자. 아테네는 직접 민주 정치의 원형으로 종종 인용된다. 아테네에서는 국가 중대사를 민회에서 결정했다. 국회 의원에 해당하는 민회 의원은 추첨으로 뽑았다. 요즘으로 치면 누구나 국회 의원이 될 수 있었던 것이다. 장차 국가를 해롭게 할 우려가 있는 인물은 도편 추방제를 통해

페리클레스 흉상.
그는 그리스의 직접 민주 정치를 정착시켰다.

쫓아냈다. 이 직접 민주 정치를 완성시킨 인물은 행정관 페리클레스다. 행정관은 요즘으로 치면 대통령이나 수상에 해당한다.

이 얼마나 민주적인 체제인가. 하지만 아테네가 항상 민주적이었던 것은 아니다. 제국주의 속성을 여지없이 드러낼 때도 있었다. 자국의 이익을 위해 다른 폴리스를 짓밟고 착취했다. 우리가 알고 있던 아테네와는 다른 모습이다. 실제로 그리스 최대의 내전인 펠로폰네소스 전쟁(기원전 431~기원전 404)은 아테네의 제국주의가 발단이었다.

그리스와 페르시아는 오랜 기간 전쟁을 벌였다. 바로 페르시아 전쟁(기원전 492~기원전 448)이다. 아테네는 그리스 폴리스들을 지휘해 페르시아의 침략을 막아냈다. 이 전쟁이 소강상태에 있던 기원전 477년, 아테네 행정관 페리클레스는 폴리스 대표들을 델로스섬에

레오니다스가 이끄는 스파르타 병사 300명이 활약한 테르모필레 전투를 묘사한
프랑스 화가 자크 루이 다비드의 그림. 가운데 서 있는 이가 레오니다스다.

불렀다. "페르시아의 침략에 대비해 동맹을 만들고 군자금을 비축하
자." 페리클레스의 제안에 따라 델로스 동맹이 결성되었다. 페리클
레스는 군자금 금고를 독점 관리했다. 아테네가 강하기 때문에 다른
폴리스들은 항의도 하지 못했다. 아테네는 점점 더 독단적으로 변해
갔다. 직접 민주 정치는 퇴색했다.

기원전 448년에 그리스와 페르시아가 평화 조약을 체결했다. 전
쟁의 위협이 크게 줄었다. 하지만 페리클레스는 동맹을 해체하지 않
았다. 군자금을 꼬박꼬박 걷었고, 델로스섬의 금고도 아테네로 옮겼
다. 말이 동맹이지, 아테네에 조공을 바치는 격이었다. 민중으로 구
성된 아테네 민회는 이 정책을 중단해야 옳았다. 하지만 아테네 민

중들도 이 정책을 지지했다. 아테네의 민주주의는 사라졌다.

페리클레스의 제국주의 정책은 갈수록 심해졌다. 각 폴리스가 군대를 양성하지 못하도록 했다. 때로는 아테네 군대를 그런 폴리스에 주둔시켜 무력시위를 했다. 어떤 폴리스에 대해서는 화폐를 만들지 못하도록 했다. 아테네의 경제적 지배를 받으라는 뜻이다. 아테네의 횡포에 폴리스들의 불만이 커졌다. 폴리스들은 아테네에 이어 세력 팽창을 꾀하고 있는 스파르타에 도움을 요청했다. 스파르타도 동맹을 만들었다. 이 동맹이 펠로폰네소스 동맹이다. 두 동맹이 격돌하면서 펠로폰네소스 전쟁이 터졌다.

펠로폰네소스 전쟁의 승자는 아테네도, 스파르타도 아니었다. 둘다 몰락했다. 이후 그리스의 주도권은 그리스의 또 다른 폴리스인테베에게로 잠시 갔다가 마케도니아로 넘어갔다. 마케도니아의 알렉산드로스 1세가 그리스 전체를 통일하게 된다.

이제 스파르타의 이야기를 해보자. 스파르타, 이 말을 들으면 어떤 이미지가 떠오르는가. 아마도 중무장한 전사일 것이다. 당연하다. 스파르타는 군국주의 국가였으니까 말이다. 혹시 스파르타 여성에 대해서는 생각해보았는가?

스파르타에서는 남성 전사가 최고의 대우를 받았다. 그렇다면 여성은 남성의 시중을 들거나 뒷바라지 혹은 뒤치다꺼리를 하는 존재였을 거라고 생각하기 쉽다. 결코 그렇지 않았다. 오히려 남성에 버금가는 강인한 체력이 여성의 미덕이었다. 화장을 하거나 향수를 뿌리는 여성은 스파르타에 없었다. 당연히 보석으로 치장하는 여성은 상상할 수도 없다. 스파르타 여성들은 치렁치렁 긴 머리보다는 짧은 머리를 선호했다. 아마도 머리 손질에 들어가는 노력을 줄이기 위해

**프랑스 화가 에드가 드가의
〈운동하는 스파르타 젊은이들〉**

서였을 것이다. 스파르타 여성들은 남자들처럼 고된 훈련을 마다하
지 않았다. 심지어 남자들처럼 발가벗고 운동했다는 이야기도 전해
져 내려온다.

스파르타에서는 여성의 지위가 상당히 높았다. 여성이 남성을 지
배한다는 이야기가 나올 정도였다. 다른 그리스의 폴리스들이 그 비
결을 묻자 스파르타 여성들이 "여성이 남성을 낳기 때문"이라고 했
다는 이야기도 있다.

훌륭한 전사를 낳는 것은 스파르타 여성의 중요한 의무였다. 이를
위해 남성들이 아내를 공유하는 일도 드물지 않았다. '씨'가 튼튼해
보이는 남성에게 아내를 양보하는 것이 미덕으로 여겨지기도 했다.

여성들은 한 남자의 아내보다는 훌륭한 전사의 어머니가 되기를 원했다.

하지만 이는 스파르타 체제의 결정적인 결함이기도 했다. 모성을 배제하고 모두가 거대한 기계 장치의 부품처럼 움직이는 시스템이 아닌가. 전성기 때는 이런 시스템이 아무런 문제가 되지 않는다. 잘 돌아갔다. 하지만 스파르타가 기울면서 이 시스템이 작동하지 않았다. 그 누구에게도 지지 않을 것 같던 군대가 테베에 패한 후 스파르타는 자멸했다.

어떤 정치 체제가 최상이냐고 단정하는 것은 곤란하다. 특히 고대 세계에서는 더욱 그렇다. 다만 초심을 잃어버린 아테네와 스파르타가 모두 추락했다는 사실은 기억해두어야 할 것 같다. 요즘도 마찬가지다. 개인이든 국가든 초심을 잃으면 언젠가는 혼란의 소용돌이에 휩싸인다. 그것은 역사의 필연이자 인과응보(因果應報)다.

강한 척하려면 선글라스를 써라?

선글라스와 안경의 역사

1990년대 초반 〈판관 포청천〉이란 대만 사극이 국내 TV에 방영되었다. 이 드라마는 폭발적인 인기를 끌었다. 청렴하고 강직한 포청천의 명석한 재판이 요즘 말로 사이다와 같은 쾌감을 주었기 때문이다. 드라마의 인기는 당시 국내 정치 상황이 고구마처럼 꽉 막혀 있었다는 반증이리라.

포청천(999~1062)의 본명은 포증이다. 중국 북송의 관료였고, 청백리의 대명사였다. 그래서 청천(淸天)이란 별명이 붙었다. 사후에는 신적인 존재로 격상되었다. 제후에게 붙이는 호칭인 공(公)을 붙여 포공(包公)이라고 불렀다.

포청천은 여러 곳을 돌며 지방관을 지냈다. 백성을 위한 정치로 명성이 높았다. 황제는 그를 북송의 수도인 카이펑(개봉) 부윤에 임명했다. 오늘날로 치면 서울 시장이다. 수도에는 왕실 족속에 고관대작, 환관들이 득실거렸다. 그들이 먼저 부정부패를 저질렀고, 아전들은 눈치껏 이익을 챙겼다. 힘 있는 자가 마음껏 권세를 부리는 곳이 카이펑이었다. 포청천도 마음만 먹으면 부귀영화를 누릴 수 있었다.

포청천. 중국 북송의 관리로, 청백리의 상징이다.

하지만 그는 백성의 편에 섰다. 백성이 직접 북을 쳐 억울함을 호소하도록 했다. 문은 언제나 활짝 열어두었다. 왕족이라고 해서 봐주는 법이 없었다. 형평에 한 치 어긋남이 없었다. 그러니 그가 죽은 후에 그를 추모하는 열기가 이어진 것이다. 그를 소재로 한 문학 작품이 넘쳐났다. 그의 인기는 금, 명, 원, 청 등 시대를 초월했다. 라디오와 TV 매체가 등장한 현대 이후에는 드라마로도 만들어졌다. 그중 하나가 바로 〈판관 포청천〉이었던 것이다. 〈판관 포청천〉에서 그의 얼굴은 검다. 이마의 미간에는 초승달 모양의 흉터가 있다. 하지만 실제로는 상당히 점잖은 외모였다고 한다. 아마도 강렬한 인상을 주기 위해 이런 식의 얼굴을 만들었나 보다.

TV 드라마에서 포청천은 안경을 쓰지 않았다. 어쩌면 이 점은 역사적 사실과 다를 수 있다. 11세기 이후 송의 판관은 재판할 때 색안경을 자주 썼기 때문이다. 엄숙한 법정에서 색안경이라니? 물론 이유가 있다. 신문 중인 죄인에게 눈을 보여주지 않기 위해서다. 눈동자의 흔들림만으로도 판관의 마음이 노출될 수 있잖은가. 오늘날의 선글라스와 많이 다르지만, 굳이 따지자면 이 색안경이 선글라스의 기원이다.

송의 판관이 쓰던 안경에는 도수가 없었다. 눈부심을 방지하는 기능도 없었다. 그저 표정을 들키지 않는 것이 목적이었다. 단지 흐린 렌즈를 썼을 뿐이다. 투명한 유리 말고도 안경의 재료는 많다. 당시 송의 재판관들이 쓴 안경은 연수정으로 만들었다.

지구의 지각에는 여러 광물이 있다. 이 가운데 가장 풍부한 것이 석영이다. 석영은 산소와 규소로 이루어진다. 석영 중에서 불순물이 가장 적어 투명하고 깨끗한 것을 따로 수정이라 부른다. 색이 들어간 석영도 있다. 과학적으로 따지자면 이런 석영은 그만큼 불순물이 많다는 뜻이다. 하지만 미적으로는 이런 석영도 아름답다. 빨간색의 석영은 장미의 붉은 아름다움을 연상케 한다. 장미석영이라 부른다. 황수정은 레몬 빛을 띤다. 연수정은 연기에 그을린 듯한 빛을 띤다. 그래서 이름도 연수정(煙水晶, Smoky Quartz)이다. 이 연수정을 이용해 송의 재판관들은 색안경을 만들어 착용했다.

15세기 이전까지만 해도 첨단 문물은 아시아에서 서양으로 전파되는 경우가 많았다. 제지, 인쇄술, 화약, 나침반 제조 기술을 중국의 4대 발명품이라고 한다. 이 중 제지를 뺀 나머지 3개가 모두 송 때에 실크로드를 통해 서방 세계로 건너갔다. 4대 발명품만큼 획기적이지는 않지만, 색안경 제조 기술도 이 무렵 실크로드를 건넜다.

이 색안경 이전에도 안경은 존재했다. 다만 시력 교정용 안경은 색안경보다 나중에 발명되었다. 대체로 13세기경이 되면 중국, 서양 모두에서 시력 교정용 안경이 등장했다. 특히 유리 제조 기술이 발달한 이탈리아 베니스는 명품 안경을 만들어냈다. 학자마다 견해가 다르지만 시력 교정용 안경은 오히려 서양에서 중국으로 전파되었을 거라고 보는 이들이 많다. 물론 실크로드를 통했다. 15세기 중반에는 이탈리아 법정에서도 색안경이 사용되었다. 이유는 송 때와 다르지 않았다. 재판관의 표정을 감추기 위해서였다.

오랜 시간이 흘렀다. 굳이 도수도 없는 희뿌연 렌즈를 안경에 장착할 이유가 없었다. 그러니 색안경 제조 기술은 더 이상 발전하지 않았다. 상황이 바뀐 것은 20세기 중반 미국에서였다. 군사적인 필요가 색안경의 업그레이드를 재촉했다.

1930년대 중반 미국에서 고공비행을 하던 군 조종사들이 구토, 두통, 어지러움 증세를 호소했다. 비행 도중 순간적으로 시력을 잃어 대형 사고로 이어질 위험이 컸다. 군용기의 성능을 테스트하던 한 공군 장교가 원인을 찾아냈다. 바로 태양 광선이었다. 조종사들은 고도가 높을수록 태양 광선에 직접적으로 노출되었다. 그 부작용으로 여러 신체 증세가 나타났던 것이다. 강렬한 태양 광선을 막을 방법이 필요했다.

미 공군은 광학 기구와 의료 기기를 생산하던 바슈롬에 보안경을 만들어달라고 요청했다. 바슈롬은 눈부심을 막을 수 있도록 초록색을 칠한 특수 렌즈를 개발했다. 보안경의 성능은 기대 이상이었다. 고공비행이 훨씬 편해졌다.

회사는 보안경이 일반인의 눈부심을 방지하는 데도 큰 도움이 될 거라고 판단했다. 1937년 회사는 이 보안경을 일반인을 위한 브랜드로 만들었다. 이때 출시된 선글라스 브랜드가 바로 레이밴(Ray Ban)이었다. 말 그대로 광선(ray)을 차단(banish)하는 안경이었다. 현대적 의미의 선글라스가 이 레이밴으로부터 시작되었다.

얼마 후 제2차 세계 대전이 터졌다. 레이밴은 따로 홍보할 필요가 없었다. 연일 신문과 방송에 레이밴이 노출되었기 때문이다. 당시

선글라스를 쓴 맥아더(가장 오른쪽)

미국 사령관 더글러스 맥아더가 늘 끼고 다니던 선글라스가 바로 레이밴이었다. 회사로서는 이런 어부지리가 없었다. 이후 선글라스는 대중화에 성공했다.

아직까지도 눈빛을 들키지 않고 표정을 숨기려고 선글라스를 쓰는 사람들이 있다. 판문점 공동경비구역(JSA)에서 근무하는 우리 군인이다. 북한군과의 기 싸움에서 밀리지 않기 위해서다. 색안경이 등장했을 때의 목적과 동일하다. 역사는 이처럼 돌고 도는 걸까?

당당해지고 싶은가? 강한 척하고 싶은가? 시쳇말로 깡다구를 보여주고 싶은가? 그렇다면 여러분의 눈이 전혀 보이지 않는 짙은 선글라스를 써라. 기선제압!

3

눈은 마음의 창.
마음을 감추려면~

최고의 전투 식량이
정크 푸드가 되다

햄버거의 기원과 유래

미국인들이 즐겨먹는 음식 중 하나가 햄버거다. 그래서일까? "우리가 가장 먼저 햄버거를 '발명'했다"라고 주장하는 주(洲)가 의외로 많다. 위스콘신, 텍사스, 오하이오, 코네티컷, 캘리포니아, 켄터키 등 여러 주가 햄버거의 원조를 자처한다. 어떤 주는 의회가 나서서 "우리 주가 햄버거 원조다"라는 성명서를 채택했다. 이에 또 다른 주는 "우리 지역은 예로부터 소를 많이 취급했다. 그러니 우리가 햄버거 원조다"라고 맞받아쳤다. 또 어떤 주는 "연방 국회 도서관에 가서 책을 뒤져봐라. 우리 주에서 햄버거를 가장 먼저 발명했다고 나와 있다"라고 주장하기도 했다. 점입가경이다.

별의별 논쟁을 다 봤지만 햄버거 원조 논쟁이라니……. 이런 논쟁은 호기심을 자극하는 효과가 있다. 축제를 열면 수많은 관광객이 몰려온다. 사실 이 논쟁으로 피해를 보는 사람은 별로 없어 보인다. 그러니 마구 질러대는 것 아닐까? 어쨌든 현대적 의미에서 햄버거는 미국에서 탄생한 것이 맞다. 특히 프랜차이즈 형태의 햄버거 매장은 확실하게 미국에서 시작되었다.

1937년 무렵 모리스 맥도날드와 리처드 맥도날드 형제가 캘리포니아에 식당을 열었다. 10여 년 후 맥도날드 형제는 셀프 서비스 형식으로 햄버거와 프렌치프라이, 음료수를 손님이 직접 사가는 서비스를 개시했다. 사업이 번창했다. 곧 매장은 10여 개로 늘었다. 하지만 전국적 프랜차이즈로 확대되지는 않았다. 이 일을 해낸 사람은 레이 크록(1902~1984)이란 사업가였다. 레이 크록은 맥도날드 형제에게 "전국적으로 프랜차이즈 사업을 하자"고 제안했다. 맥도날드 형제는 매장의 이름과 상징물, 매장의 운영 방식 등을 변경하지 않는 조건으로 응했다. 1955년 맥도날드 프랜차이즈 독점권을 획득한 레이 크록은 시카고 디플레인스에 1호 매장을 열었다. 이 1호점이 초대형 글로벌 기업 맥도날드의 시작이다. 우리나라에는 1988년 압구정동에 1호점이 생겼다.

맥도날드는 전 세계에 햄버거라는 음식을 알렸다. 하지만 맥도날드 형제가 햄버거를 최초로 개발한 인물은 아니었다. 햄버거는 누가 처음 만들었을까? 바로 미국에 이주해온 독일계 이주민들이었다. 그렇다면 햄버거는 독일에서 탄생한 것일까? 맞을 수도, 아닐 수도 있다. 햄버거와 유사한 음식이 그 전에 몽골에 존재했기 때문이다.

역사를 거슬러 올라가자. 12~14세기 무렵이다. 당시 독일 북부를 중심으로 거대한 상인 조합이 결성되어 있었다. 바로 한자 동맹

맥도날드를 세계적인 프랜차이즈로 만든 레이 크록

(Hansa League)이다. 한자 동맹은 유럽 전역으로 세력을 뻗었다. 전성기인 14~15세기에는 독일 북부의 도시 100여 개가 한자 동맹에 가입했다. 한자 동맹은 자체 군대를 보유했고, 의회도 열었다. 국가나 다름없었다. 하지만 신항로 개척 시대가 본격화한 16세기부터 무역의 주도권을 스페인, 영국, 네덜란드 등에 넘겨주면서 쇠퇴했다.

독일 북부의 항구 도시 함부르크도 한자 동맹 소속이었다. 함부르크의 상인들이 헝가리에 갔을 때 낯선 음식을 접했다. 갖은 양념을 한, 일종의 쇠고기 육회였다. 헝가리 사람들은 그것을 타타르 스테이크라 불렀다. 타타르 스테이크는 유럽에 소개되었고, 고급 요리로 대우받았다. 음식을 더 맛있게 만들려는 것은 조리사의 당연한 욕심이다. 누군가 타타르 스테이크를 살짝 구웠다. 맛이 일품이었다. 독일에서 조리법이 바뀌면서 이 음식은 함부르크 스테이크라 불렸다.

15세기 이후 유럽 국가들은 신대륙을 개척하기 위해 바다로 나아갔다. 그 과정에서 아메리카 대륙을 발견했다. 19세기에는 많은 유럽 사람들이 '아메리칸 드림'을 꿈꾸며 미국으로 건너갔다. 이주민 무리에 함부르크 출신 독일인들도 상당수 끼어 있었다.

독일계 이주민들은 미국에서도 함부르크 스테이크를 만들어 먹었다. 그러다 1904년 미국 세인트루이스에서 열린 세계 박람회에서 빵 사이에 이 스테이크를 넣은 신 메뉴를 선보였다. 관람객들은 큰 호기심을 보였다. 이 음식이 현대의 햄버거가 되었다.

오늘날에는 치즈로 만들면 치즈버거, 닭고기로 만들면 치킨버거, 생선살로 만들면 피시버거라고 한다. 그렇다면 햄버거는 햄으로 만들어야 옳지 않을까? 이미 말한 대로 아니다. 햄버거에는 햄이 없다. 햄버거(hamburger)가 '햄+버거'가 아니라 함부르크(Hamburg)에서 나온 용어이기 때문이다.

자, 한 번 더 시계를 돌리자. 조금 더 과거로! 13세기 초반이다. 당시 몽골 고원에 칭기즈칸이란, 천 년에 한 번 나올까 말까 한 정복자가 등장했다. 칭기즈칸과 후계자들은 세계의 3분의 2를 차지하는 대제국을 건설했다. 몽골 병사들은 기동성이 뛰어났다. 고기를 말려 육포로 만들어 가지고 다니면서 먹었다. 말리지 않은 고기는 다른 양념과 섞어 육회처럼 만들어 먹었다. 이게 바로 타타르 스테이크였다. 유럽 사람들은 몽골을 타타르라 불렀다.

이제 햄버거 원조 논쟁의 결론이다. 햄버거를 전 세계에 퍼뜨린 사람은 미국인이 맞다. 하지만 현대식 햄버거를 처음 만든 이는 독일인이었다. 나아가 햄버거의 기원은 몽골 병사에 있었다. 이처럼 햄버거는 수세기에 걸쳐 동양과 서양의 문화가 교류하면서 탄생한, 역사적 작품이다.

안타깝게도 오늘날에는 '정크 푸드'라는 오명에, 비만을 비롯한 각종 질병의 원흉으로 지목되기도 한다. 최근에는 1980년대 미국에서 발견된 '용혈성 요독 증후군'이 한국에서도 발견되면서 시선은 더 차가워지고 있다. 이 병은 오염된 쇠고기를 잘 익히지 않았을 때

생긴다. 신장 등에 치명적인 손상이 생길 수 있다. 햄버거의 고기 덩어리인 패티가 주범으로 지목되고 있다.

사실 집에서 어머니가 만들어주시는 정갈한 음식만큼 좋은 게 어디 있겠는가. 하지만 바쁜 현대인들이 늘 '집 밥'을 먹을 수는 없는 노릇이다. 게다가 지방이 적당히 섞인 햄버거 패티의 고소함은 상당

히 중독성이 강하다. 그러니 정크 푸드란 오명을 받으면서도 햄버거의 인기가 시들지 않는 것이다. 어쩌면 햄버거는 음식계의 베스트셀러를 넘어 영원한 스타로 남을 수도 있을 것 같다.

햄버거라는 말이 유래한 독일의 도시 함부르크

지중해에서 시작된 프라이드치킨

수천 년의 역사가 버무려진 음식

문화는 높은 곳에서 낮은 곳으로 흐른다. 선진 문화는 문화 불모지로 전파되어 그 지역 주민의 삶을 풍요롭게 만든다. 음식도 마찬가지다. 수십, 수백 년 혹은 수천 년에 걸쳐 대륙을 이동하며 맛과 풍미를 더한다. 햄버거가 그런 사례다. 이미 말한 대로 이는 역사의 필연적 발전 법칙 중 하나다. 그런 음식이 또 있다. 바로 프라이드치킨(fried chicken)이다. 프라이드치킨 또한 탄생에서부터 진화, 성장에 이르는 스토리가 햄버거와 닮았다.

프라이드치킨은 미국 남부의 흑인 노예들이 처음 만들었다는 이야기가 있다. 백인 농장주들은 주로 오븐에서 닭고기를 굽는 형태의 로스트치킨(roast chicken)을 즐겼다. 통통하게 살이 오른 부위를 위주로 요리하다 보니 날개, 발, 목과 같은 부위는 거치적거렸다. 백인 농장주들은 그것들을 버렸고, 흑인 노예들이 주워서 기름에 튀겨 먹기 시작했다. 바로 이 요리가 훗날 프라이드치킨으로 발전했다는 것이다.

이 '가설'은 역사적 사실에
꽤 가깝다. 오늘날에는 닭발
을 술안주로도 먹지만 사실
별미라서 먹는 것이다. 살도
거의 없고 아드득 아드득 뼈만
씹히는 그것을 백인 농장주들이 먹을
리가 있겠는가? 목뼈나 날개 끝도 마찬가지. 요리하기 전에 버렸을
가능성이 상당히 높다. 버려진 닭발과 날개, 목을 기름에 튀겨 먹음
으로써 흑인들에게 부족한 영양 공급원이 되었다고 말하는 이도 있
다. 하지만 이는 사실과 다를 것이다. 거죽과 물렁뼈, 약간의 살……
이게 전부다. 게다가 신선하지도 않았을 것이다. 이것을 튀겨낸 기
름도 저질이었으리라. 그러니 이 재료들로 영양가 있는 음식을 만들
긴 쉽지 않았을 것이다. 그보다는 먹을 게 없어서, 배가 고파서 냄새
나는 이 치킨 조각들을 기름에 튀겼을 가능성이 높다.

이 이야기를 퍼뜨린 이들은 사람들의 감동을 노렸을지도 모른다.
공감대를 형성하려고 프라이드치킨의 탄생 스토리에 갖은 양념을
친 것인지도. 흑인 노예들이 먹었던, 저질 기름에 튀긴 닭 조각이 오
늘날의 프라이드치킨과 같았을 리가 없다. 미국에서는 19세기 중반
의 남북 전쟁 도중에 노예제가 폐지되었다. 만약 이 이야기가 사실
이라면 18~19세기 무렵에 처음으로 프라이드치킨이 나왔다고 볼
수 있다. 이 말을 오롯이 믿을 수 있을까? 인류가 신석기 시대부터
가축을 기르기 시작한 후로 수천 년이 흘렀다. 그 긴 시간이 흐르는
동안 닭고기를 튀긴 요리가 없었겠는가.

사실 닭고기를 기름에 튀겨 먹는 요리는 유럽 사람들이 북아메리카에 진출하기 전부터 이미 꽤나 퍼져 있었다. 여러 학설을 종합하자면, 지중해 일대의 여러 나라에서 중세 시대부터 닭고기를 기름에 튀겨 먹었다. 당시에 지중해 일대의 일부 지역에서 큰 솥에 기름을 넣고 닭을 튀긴 요리를 만들어 먹었다는 이야기도 전해져오고 있다.

아라비아반도에서 태동한 이슬람교 이야기를 잠시 해보자. 이슬람교도들은 돼지고기를 먹지 않는다. 종교적인 이유가 크겠지만 다른 이유도 있다. 바로 위생 문제 때문이었다. 소고기라도 먹으면 좋겠는데, 소는 귀중한 자산이니 먹을 수 없다. 그러니 아라비아인들은 염소나 양을 주로 잡아먹었다. 여기에 나중에 추가된 식용 가축이 바로 닭이었다. 닭은 오늘날에도 이슬람권에서 많이 먹는 식용 가축 중 하나다.

그렇다면 누가 가장 먼저 닭을 기름에 튀기는 요리를 시작했을까? 여러 설이 있지만 아라비아반도와 지중해 일대를 오가는 상인들이었을 확률이 높다. 어쩌면 이슬람 상인들이 가장 먼저 만들었을 수도 있고, 포르투갈과 스페인에 살던 유대인들이 가장 먼저 만들었을 수도 있다. 이랬던 요리가 미국으로 전해진 후 업그레이드된 것이다. 이제 업그레이드 과정을 리얼하게 살펴보자. 다시 18~19세기의 미국 남부다.

백인 농장주들은 대부분 잉글랜드 지역에서 온 이주민이었다. 그들은 기름에 튀긴 닭고기를 그리 좋아하지 않았다. 오븐을 사용한 요리 혹은 구운 치킨을 좋아했다. 하지만 스코틀랜드 지역에서 온 백인 이민자들은 기름에 튀긴 닭고기를 좋아했다. 백인 이민자들은 자신들이 버린 닭발과 날개, 목을 흑인 노예들이 기름에 튀겨 먹는 것을 목격했다. 아마도 잉글랜드 출신 백인들은 무시했겠지만 스코틀랜드 출신 백인들은 눈여겨봤을 것이다. 몇몇 스코틀랜드 백인들은 그 흑인 노예에게 요리 업무를 맡겼을 것이다. 그 흑인 노예는 닭고기를 튀기면서 양념을 하고 향신료를 뿌렸을 것이다.

이렇게 해서 살점 하나 없던 '튀긴 닭'이 본격적인 '프라이드치킨'으로 업그레이드되었다. 닭고기를 구워 먹기만 했던 잉글랜드 출신 백인들도 이후 프라이드치킨의 맛에 매료되었다. 남북 전쟁이 끝난 후에 노예 제도가 폐지되면서 흑인들은 여러 식당에서 요리사로 일을 하게 되었다. 당연히 프라이드치킨을 판매하는 식당이 많아졌다.

이때부터 프라이드치킨이 빠른 속도로 진화했다. 닭고기를 튀기기 전에 레몬즙에 푹 적실 것인지, 레몬즙 대신 버터를 사용할 것인지, 고기에는 어떤 향신료를 뿌릴 것인지, 튀김옷의 두께는 어느 정도로 할 것인지, 사이드 디시로는 무엇을 내놓을 것인지……. 치킨의 화려한 변신은 늘 화제가 되었다. 프라이드치킨은 일반 레스토랑에서 파는, 본격 식사 메뉴로 자리 잡았다.

상업적 성공의 가능성이 보이자 여러 실험이 시행되었다. 그런 실험을 시도한 인물 중 한 명이 미국 켄터키주에서 카페를 경영하던 커넬 샌더스(1890~1980)다. 그는 튀김 가루부터 색다르게 만들었다. 다양한 향신료를 섞어 독특한 맛을 냈다. 조리 시간을 단축시켜 짧은 시간에 더 많은 요리를 내놓을 수 있도록 조리법도 개발했다. 1952년, 그가 마침내 프라이드치킨 전문점을 차렸다. 이것이 바로 오늘날 전 세계에 체인점을 가지고 있는 켄터키 프라이드치킨(KFC)이다.

과거에 어느 시인이 이렇게 노래했다. "사람은 어떤 밥을 먹느냐

프라이드치킨을 대중화시킨 KFC 매장

에 따라 사회적 지위가 결정된다." 우리가 먹는 프라이드치킨은 어떤 지위를 반영하고 있을까? 백인 농장주? 아니면 흑인 노예? 프라이드치킨을 상품화한 샌더스? 이것도 저것도 아닌, 매일 바쁘게 살아가는 직장인의 한 끼 식사 혹은 맥주의 안주일 뿐이라고? 허참, 그러면 섭섭해진다. 이토록 긴 역사를 가진 치킨에 대한 모독이 아닌가.

미니툰

역사의
재발견

4

치느님은 알까?
우리가 감사하고
있다는 것을......

프랑스 삼색기, 국기의 표본이 되다

삼색기에 담긴 의미

태극기를 볼 때마다 참으로 수려한 국기(國旗)라는 생각을 한다. 물론 담겨진 뜻도 심오하다. 다만 좀 더 쉽게 그릴 수 있으면 얼마나 좋을까, 이런 생각도 한다. 실제로 태극기를 정확히 그리기는 쉽지 않다. 초등학생이나 중학생이 아니더라도, 그러니까 성인이라도 태극기를 잘 그리는 것은 어려운 도전이다. 간혹 아이들의 태극기 그리기 경연 대회에 나온 '작품'을 보면 비뚤배뚤 귀여워서 미소를 짓게 된다.

프랑스에도 국기 그리기 경연 대회 같은 것이 있을까? 만약 그런 대회가 있다면 우승자를 가리기가 정말 힘들 것 같다. 어려워서가 아니라 무척 쉬워서다. 종이와 물감만 준비하면 된다. 흰 종이를 정확히 3등분한 후에 직선을 긋고 왼쪽부터 파랑, 하양, 빨강 물감을 차례로 풀어 넣으면 완성. 아, 흰 종이니까 하양 물감은 칠할 필요가 없겠다. 참 쉽다. 그래도 프랑스 국기에 담긴 뜻은 의미심장하다. 세가지 색깔은 자유와 평등, 우애(박애)를 상징한다. 그래서 프랑스 국기를 삼색기라 한다.

사실 프랑스만 삼색기를 쓰는 것은 아니다. 유럽 여러 나라의 국기가 삼색기로 되어 있다. 벨기에, 이탈리아, 아일랜드가 프랑스와 비슷한 삼색기를 쓰고 있다. 독일, 네덜란드, 룩셈부르크, 러시아는 가로로 세 가지 색을 배열한 형태의 삼색기를 쓴다. 나라마다 세 가지 색깔은 다르다. 물론 그 색깔이 갖는 의미도 모두 다르다.

이 중에서 특히 프랑스의 삼색기를 주목할 필요가 있다. 이 삼색기가 프랑스 혁명의 산물이자 이후 탄생한 수많은 국민 국가들 국기의 원형이 되었기 때문이다. 삼색기는 프랑스 혁명 이후에 프랑스의 정식 국기가 되었다.

프랑스 혁명 이전까지만 해도 유럽에서 국가의 개념은 희박했다. 중세 봉건제의 잔재가 남아 있던 탓이다. 민중은 먼 국가의 왕보다는 가까운 장원의 영주를 더 무서워했다. 영주가 장원의 민중에 대

아시아

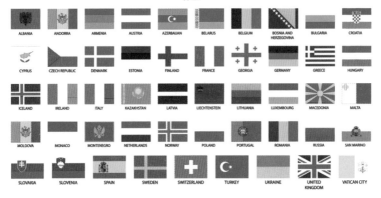

유럽

한 생사여탈권을 쥐고 있었기 때문이다.

프랑스 혁명은 낡은 제도를 시민의 힘으로 타파한 역사적 사건이었다. 시민들은 자유와 평등을 열망했고, 마침내 그것을 쟁취했다. "모든 인간은 태어나면서부터 자유와 평등의 권리를 부여받는다"라는 천부인권을 선언했다. 다시 말하자면, 프랑스 혁명을 통해 국민 주권에 토대를 둔 국민 국가가 태동했다.

프랑스는 혁명의 나라였다. 19세기로 접어든 이후에도 1830년의 7월 혁명, 1848년의 2월 혁명이 터졌다. 특히 2월 혁명의 영향은 실로 컸다. 유럽 전역에서 혁명이 일어났다. 그래서 유럽에서는 1848년을 '혁명의 해'라 부른다. 바로 이때 또 하나의 삼색기가 탄생했다. 아일랜드에서였다. 아일랜드 혁명가들은 영국으로부터 독립하기 위해 투쟁하고 있었다. 그들은 프랑스 2월 혁명을 축하하고, 나아가 자기네의 혁명 성공을 기원하면서 삼색기를 만들었다. 아일랜드의 삼색기는 녹색, 오렌지색, 흰색으로 되어 있다. 녹색은 구교, 오렌지색은 신교를 상징하며, 흰색은 두 종교의 화해와 우애를 뜻한다.

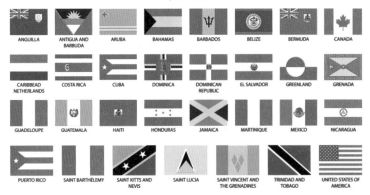

북아메리카

아일랜드 삼색기에서 보듯 프랑스의 삼색기는 자유주의와 민족주의의 상징이 되었다. 이 상징은 유럽을 넘어 라틴아메리카로 확산되었다.

19세기 초반, 라틴아메리카에서도 독립 열풍이 불었다. 라틴아메리카는 수백 년 동안 스페인을 비롯한 유럽 열강의 식민 지배에서 벗어나지 못했다. 라틴아메리카에 정착한 스페인의 귀족과 정복자의 후손을 '크리오요'라 불렀다. 이 크리오요들이 라틴아메리카 독립 투쟁을 이끌었다. 크리오요들은 프랑스 혁명으로부터 비롯된 자유주의와 민족주의 이념에 고무되었다. 본국의 횡포에 피가 끓어올랐다. 하지만 대대적인 저항은 쉽지 않았다. 정서적으로 상당히 혼란스러웠기 때문이다. 본국인 스페인에서는 크리오요들을 2등 시민 정도로 여기며 푸대접했지만 정작 크리오요들은 여전히 스스로를 스페인 국민으로 믿고 싶었다.

하지만 언제까지 이런 상태가 지속될 수는 없었다. 결단이 필요했다. 크리오요들은 결국 스페인을 버리고 라틴아메리카를 택했다.

남아메리카

오세아니아

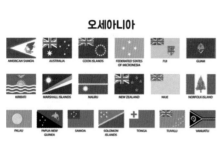

1811년 베네수엘라 출신의 혁명가 시몬 볼리바르가 스페인으로부터 베네수엘라를 독립시키는 데 성공했다. 볼리바르는 이어 콜롬비아, 키토(에콰도르)도 스페인의 마수에서 구해냈다.

볼리바르는 북아메리카의 미국 연방을 롤 모델로 삼기로 했다. 1819년 베네수엘라, 콜롬비아, 에콰도르 세 나라를 합쳐 대(大) 콜롬비아 공화국을 세웠다. 볼리바르는 프랑스의 삼색기를 모방해 가로로 된 삼색기를 만들었다. 가장 위쪽의 노랑은 황금빛 아메리카를 상징했다. 중간의 파랑은 대서양, 맨 밑의 빨강은 뿌리인 스페인을 상징했다.

볼리바르는 오늘날까지도 라틴아메리카의 독립 영웅으로 추앙받는다. 그의 이름을 딴 볼리비아가 1825년 탄생했다. 볼리비아의 국기 또한 삼색기다.

대 콜롬비아 공화국은 십여 년 후에 해체되었다. 세 나라는 각기 독립국을 건설했다. 하지만 삼색기만큼은 바꾸지 않았다. 현재도 세 나라는 노랑, 파랑, 빨강으로 된 삼색기를 고수하고 있다. 다만 국가마다 삼색기 위에 약간 다른 문양을 얹었다. 멕시코도 삼색기를 쓰고 있다. 왼쪽부터 초록, 하양, 빨강으로 되어 있는데, 이 중 빨강에는 독립을 위해 희생한 사람들을 기리는 의미를 담았다.

삼색기는 아프리카의 여러 나라에서도 볼 수 있다. 가나, 기니, 말리, 세네갈, 차드 등이 대표적이다. 이들 나라의 국기에는 유독 빨강이 많이 보인다. 이 빨강은 멕시코 삼색기의 의미와 같다. 독립 투쟁에 목숨을 바친 혁명가를 기리기 위한 것이다.

이밖에도 많은 나라에서 삼색기를 국기로 사용하고 있다. 어떤가? 자를 대고 쭉쭉 직선을 그리고 물감만 채워 넣으면 되는 국기라고 무시했는가? 그랬다면 이제 그러지 말자. 우리 태극기처럼 그들의 삼색기에도 많은 의미가 담겨 있다는 사실을 알았으니까 말이다. 무엇보다 자유와 평등, 국가의 독립과 같은 숭고한 이념, 그 이념을 지켜내기 위해 희생한 사람들을 기리는 마음이 들어 있다는 사실을 잊지 말자.

그래도 나는 우리 태극기가 가장 사랑스럽다. 물론 정확한 규격대로 그리라면 자신은 없지만 말이다.

아프리카

땅이 없다면 국가가 무색해진다

나라 이름에 담긴 의미

벌써 15년도 더 흘렀다. 세월 참 빠르다. 2002 FIFA 월드컵 때였다. 대한민국 국민은 완벽하게 하나가 되었다. 모두 우리 팀을 응원하며 "대한민국!"을 목이 터져라 외쳤다. 축구 강호들을 하나씩 제압하더니 마침내 4강전까지 올랐다. 흥분의 도가니였다. 목소리는 더욱 커졌다. "대~한 · 민 · 국, 짝짝짝 짝짝!" 그 이후로 "대~한 · 민 · 국, 짝짝짝 짝짝!"은 국가대표 경기 때마다 자연스럽게 등장했다. 대한민국을 하나로 결집시키는 상징 하나가 만들어진 것이다.

우리는 언제부터 '대한(大韓)'을 나라 이름에 썼을까? 1897년이었다. 그해 10월 13일 고종 황제가 대한 제국을 선포하면서 '대한'이 우리 국명(國名)에 본격적으로 사용되었다. 이 '대한'은 삼한(三韓)에서 비롯된 말이다. 고조선 이후 분리되어 있던 영토가 고려에 이르러 하나로 합쳐져 비로소 '큰' 나라인 대한이 성립했다는 것이다. '대한'에는 우리 영토가 소중하다는 정신이 고스란히 담겨 있다.

우리나라만 그런 게 아니다. 다른 대륙, 수많은 나라의 국명에서 영토에 대한 애착을 엿볼 수 있다. 홍수 신화가 곳곳에서 발견된 것처럼 영토에 대한 강한 애착 또한 역사 발전 과정에서 나타난 공통점인 셈이다.

땅을 뜻하는 접미어를 국명에 사용한 나라가 의외로 많다. 각국 대표가 한 자리에 모여 "우리, 나라 이름에 영토의 소중함을 담읍시다"라고 논의한 것도 아닐 텐데 말이다. 정말 흥미로운 일이 아닌가. 그저 우연이라고 단정할 수도 없다. 어쩌면 "땅이 만물의 근원이며 풍요로움의 원천이다"라는 사실을 모든 인류가 교감했다는 증거일 수도 있다. 즉, 국가를 구성하는 가장 기본적인 단위가 땅, 바로 영토라는 사실을 '말하지 않아도 모두 알고' 있었다는 이야기다.

먼저 유럽으로 가보자. 한때 대영 제국을 구성했던 잉글랜드, 스코틀랜드, 아일랜드의 국명이 모두 'land'로 끝난다. 다들 알겠지만, 'land'는 땅이란 뜻이다. 그러니 잉글랜드를 해석하자면 '앵글로족의 땅'이 된다.

네덜란드, 핀란드, 아이슬란드, 폴란드 등도 모두 'land'로 끝난다. 핀란드의 '핀'은 호수를 뜻하니 핀란드는 '호수의 나라(땅)'라는 뜻이 된다. 네덜란드는 '육지가 바다보다 낮은 땅'이란 뜻이다. 독일과 스위스도 자국어로는 도이치란트(Deutschland), 스위처란트(Switzerland)라고 쓰는데, 여기에도 'land'가 들어가 있음을 확인할 수 있다.

땅이란 뜻의 접미어가 또 있다. 바로 'ia'나 'cia'다. 우리말로 '~아'로 끝나는 나라들이 모두 여기에 해당한다. 로마 제국이 들어서기 전, 유럽 동쪽에 다키아라는 나라가 있었다. 로마는 이 나라를 정복한 후 루마니아로 바꾸었다. '로마인의 땅'이란 뜻이다. 불가리아는 '볼가강에 살던 민족의 땅'이란 뜻이다. 러시아, 오스트리아, 에스파냐(스페인), 슬로바키아, 슬로베니아, 크로아티아 등도 여기에 포함된다. 물론 국명이 정해지기까지는 다 그럴 만한 역사적 사연이 숨어 있다. 러시아는 스웨덴 계열의 노르만족이 들어와 세운 나라다. 그 노르만족을 루스인이라 불렀다. 그러니 러시아는 '루스인의 땅'에서 출발했다. 슬로바키아는 슬라브족이 세운 국가다. 당연히 '슬라브족의 땅'이라는 뜻이 된다. 프랑스는 프랑키아(Francia)에서 비롯되었다. 프랑키아는 '프랑크족의 땅'이란 뜻이다. 헝가리 또한 '훈족의 땅'이란 뜻의 헝가리아(Hungaria)에서 비롯되었다. 훈족은 헝가리에 정착한 후 마자르족이라고 불렀다. 이 마자르족이 헝가리의 다수를 구성했다.

중앙아시아로 가보자. 그곳에는 '스탄(stan)'으로 끝나는 나라들이 많다. 과거에 소련 연방의 일원이었다가 독립한 우즈베키스탄, 카자흐스탄, 키르기스스탄, 투르크메니스탄, 타지키스탄 등 5개국이 그렇다. '스탄'은 페르시아에서 유래한 말인데, 이 또한 '땅'이란 뜻이다. 그러니 우즈베키스탄은 '우즈베크족의 땅'이 된다.

중앙아시아와 서아시아의 경계 지점에 있는 아프가니스탄, 인도에서 독립한 파키스탄도 마찬가지다. 아프가니스탄은 '아프간족의 땅'이란 뜻이 된다. 다만 파키스탄의 뜻은 좀 다르다. 파키스탄은 인도에서 분리 독립한 국가다. 당시 인도로부터 떨어져 나온 지역들(펀자브, 아프가니아, 카슈미르, 신드)의 앞 글자에, '스탄'을 합쳐 나라 이름을 만들었다. 군이 해석하자면 '펀자브 등 여러 지역 주민의 땅'이 될 것이다.

유럽과 아시아에서는 고대 이후로 오랜 세월에 걸쳐 여러 왕조가 흥망을 거듭했다. 그 와중에도 각 부족과 민족들은 '내 땅'의 소중함을 잊지 않았다. 지금까지 거론했던 국명이 모두 그런 맥락에서 만들어진 것이다.

라틴아메리카의 상황은 좀 다르다. 이 지역의 나라들은 대부분 19세기 이후에 독립을 쟁취했다. 그 전까지 수백 년 동안 스페인, 포르투갈 등 유럽 국가들의 식민 지배를 받았다. 그 때문에 라틴아메리카 국명에는 식민 지배의 흔적이 남아 있다.

니카라과는 당시 이 지역 추장 '니카라오'의 이름에서 비롯되었다. 니카라오 추장은 스페인 정복자를 환영하고 크리스트교를 받아들인 인물이었다. 만약 그가 스페인 정복자와 싸웠다면? 어쩌면 니카라과의 국명이 바뀌었을지도 모른다. 도미니카는 콜럼버스가 도착한 날이 안식일이라고 해서 붙여진 국명이다(라틴어로 주일을 'dies Dominica'라 한다). 베네수엘라는 아메리고 베스푸치가 "이탈리아의 베네치아를 연상케 한다"라며 지은 국명이다. 이 말은 '작은 베네치아'란 뜻이다. 에콰도르는 스페인어로 '적도'란 뜻이다. 이 지역이 적도에 있기 때문이다. 콜롬비아는 '콜럼버스의 땅'이란 뜻이다. 브라질이란 국명은 이 나라에서 유럽으로 수출했던 목재가 당시 유럽의 브라질우드란 나무와 비슷하다고 해서 만들어졌다. 브라질의 뜻은 '브라질나무를 만드는 나라'가 되는 것이다. 아르헨티나는 '은의 나라'라는 뜻이다. 당시 스페인 탐험가들이 라플라타강을 거슬러 올라가 은을 많이 캤기 때문이다. 화학에서 은의 원소 기호가 Ag다. 아르헨티나의 영어 표기 'Argentina'와 비슷하지 않은가? 예외적으로 식민 지배에 대한 저항을 상징하는 국명도 있다. 바로 볼리비아다. 볼리비아는 라틴아메리카를 해방시킨 혁명가 시몬 볼리바르의 이름에서 비롯되었다.

언젠가 정부 부처 장관 후보자 청문회에서 있었던 해프닝이 떠오른다. 후보자의 땅 투기 의혹이 불거졌고, 국회 의원들이 이를 집중 추궁했다. 후보자의 답변은 이랬다. "제가 땅을 워낙 사랑해서요. 그래서 땅을 산 것이지, 투기한 게 아닙니다."

우리 영토를 사랑하는 것과 투기를 하는 것은 엄연히 다르다. 천지분간도 못하는 사람이 장관을 하겠다고 나섰으니……. 아, 지금 생각해도 열 받는다.

미니툰

역사의 재발견

5

바다에 국가를
세울 수는 없겠지?

미국이 총기의 천국이 된 까닭은?

미국 헌법의 함정

2018년 2월, 미국 플로리다주의 한 고등학교에서 총기 난사 사건이 발생했다. 이 사고로 17명이 목숨을 잃었다. 학생들은 분노했다. 전국적으로 "총기를 규제하라"는 시위가 확산되었다. 3월에는 학생들이 총기 규제를 촉구하며 가두행진을 벌이기도 했다. 안타까운 목숨이 총기 사고로 사라지는 사례가 미국에서는 꽤나 흔하다. 무차별 총기 난사뿐 아니라 홧김에 방아쇠를 당기는 사고도 많다. 잊을 만하면 총기 사고로 가족을 잃은 사람들이 오열하는 모습이 TV에 등장한다. 이래서야 어디 겁이 나서 미국에서 살 수나 있겠는가.

미국에서 총기 사고로 목숨을 잃는 사람이 연간 3만 명이 넘는다고 한다. 그러니 총기 사용을 규제해야 한다는 목소리도 심심찮게 나온다. 얼핏 생각하면 해법이 어렵지 않을 것 같다. 총을 다 회수해서 폐기처분하면 되는 것 아닌가. 그게 어렵다면 총기 제조업체와 유통업체에 대한 세무조사나 감사를 강도 높게 벌이는 건 어떨까?

백악관 앞에서 총기 규제를 촉구하는
시위를 벌이는 시민과 학생들

총기를 사고 팔 때 절차를 복잡하게 하거나 구입 자격을 엄격하게
하는 것도 방법이 될 것 같다. 어쨌든! 대책이 있어야 할 것 같다. 그
런데 이게 말처럼 쉽지 않다.

무엇보다 총기 산업이 공룡만큼이나 덩치가 커졌다. 현재 2억
5000만 정 이상의 총기류가 팔린 상태라고 한다. 시장 규모가 우리
돈으로 1조 원에 육박한다. 이로 인한 미국 정부의 세수도 꽤 짭짤
하다. 쉽게 말해 총기 산업을 죽일 수 없는 상황이란 얘기다. 물론
총기 제조업체나 협회의 정치적 로비도 상당히 거세다.

이미 말한 대로 미국에서 총기를 구하기는 아주 쉽다. 슬리퍼를
질질 끌고 동네 가게에 가서 과자를 사듯 총포상에 가서 돈을 주고

총을 사면 끝! 뭐, 간단한 신원 조회를 거치기는 한다. 범죄자에게 마구잡이로 총을 팔지는 않는다. 절차를 까다롭게 만든다고는 하지만 사실 아주 엄격하지는 않은 것 같다.

공급을 조절하거나 제한하는 것도 쉽지 않다. 사실 총기 판매 과정에서 규제가 강화된다면 총기 사고로 인한 인명 피해는 크게 줄어들 것이다. 하지만 규제 자체가 쉽지 않다. 자신과 가족을 보호하기 위해 총을 구입하겠다는 항변에 대응할 만한 논리가 없다. 총기 규제를 반대하는 사람들은 "헌법이 보장한 기본 권리를 왜 제한하려 하느냐?"고 따진다. 바로 이 점이 넘어야 할 가장 큰 산이다. 누구나 총기를 사용할 수 있도록 헌법이 허용하고 있다는 사실! 미국 정부는 이처럼 험악한 조항을 왜 헌법에 집어넣었을까? 총기 없는 나라에서 살고 있는 우리는 이해할 수 없다. 실제로 미국 사람들의 총기에 대한 인식은 우리와 많이 다르다. 도대체 미국인들은 총을 왜 그토록 좋아할까? 미국이 총기 천국이 된 이유를 알려면 미국 정부가 탄생할 시점으로 거슬러 올라가야 한다.

미국은 북아메리카 대륙의 동부 13개 식민지에서 출발했다. 본국인 영국은 식민지를 쥐어짰다. 차(茶)를 비롯해 온갖 물품에 세금을 부과했다. 식민지에도 의회가 있었지만 영국은 무시했다. 식민지 주민들은 "대표 없이 과세 없다!"라고 외쳤다. 영국 의회가 식민지에 세금을 부과할 때 식민지 의회의 대표가 참석하지 않았으니 무효라는 것이다.

영국과 식민지 주민들은 화해할 수 없는 강을 건넜다. 1776년 7월 4일, 13개 식민지 대표는 필라델피아에 모여 독립을 선언했다. 오늘날 미국의 독립기념일이 7월 4일인 것이 이 때문이다. 이어 전쟁이

영국군의 항복을 받아내는 식민지군.
가운데 말을 탄 이가 미국의 초대 대통령이 되는 조지 워싱턴이다.

시작되었다. 미국 혁명이라고도 한다. 처음에는 식민지가 열세였다. 하지만 프랑스, 스페인 등이 식민지를 지원하면서 전세가 역전되었다. 마침내 식민지가 승리했다. 1783년, 영국은 미국의 독립을 승인했다.

미국인들은 정부를 꾸리는 일에 착수했다. 우선 헌법이 필요했다. 1787년, 연방제를 기본 골격으로 하는 미국 헌법이 탄생했다. 13개 주의 3분의 2 이상이 비준하면 헌법은 효력을 발휘한다. 이듬해 6월, 어렵지 않게 9개 주가 비준을 마쳤다. 헌법은 즉각 효력을 발휘했다. 하지만 가장 영향력이 큰 뉴욕과 버지니아가 헌법을 비준하지 못했다. 연방주의자와 반(反)연방주의자가 갈등을 벌였기 때문이다.

그들은 여러 사안에서 대립했다. 반연방주의자들은 "연방 헌법이 개인의 자유를 침해할 수 있다"라고 맞섰다.

정치는 타협에 의할 때 가장 잡음이 작다. 또한 많은 사람들의 인정을 받을 수도 있다. 당시 미국 정치인들이 그랬다. 그들은 타협했다. 헌법을 비준하는 대신 연방 정부가 개인의 자유를 침해하지 못하도록 하는 10개 조항을 헌법에 신설했다. 이 10개 조항은 대체로 연방 정부와 연방 의회의 권력을 제한하는 내용으로 되어 있다. 이것을 수정 헌법이라고 한다. 양쪽의 의견이 골고루 반영되었으니 마침내 1790년 모든 주가 헌법 비준을 끝마쳤다. 모든 주가 헌법을 비준하기 1년 전, 조지 워싱턴은 미국의 초대 대통령에 올랐다.

이 수정 헌법 1~10조는 국민의 기본권을 크게 강화했다고 해서 '권리장전(Bill of Rights)'이라 부른다. 이후로도 미국은 그때그때 상황에 따라 수정 헌법을 만들었다. 현재 수정 헌법은 27조까지로 늘어났다.

살짝 살펴보자. 제1조에서는 연방 정부가 특정 종교를 강요하지 못하도록 했다. 연방 정부는 또 언론, 출판, 집회, 청원의 자유를 축소하거나 침해해서는 안 된다. 제2조에서는 개인이 무기를 소유하고 휴대할 수 있는 권리를 허용했다. 혹시 연방 정부가 군대를 동원해 각 주 혹은 개인을 억압할 경우 이에 맞서기 위해 총기로 무장할 수 있도록 한 것이다. 당시 미국인들은 200년 후 이 수정 헌법 제2조가 큰 골칫거리가 될 거라고는 상상도 하지 못했다. 물론 요즘에도 총기 소지를 기본권으로 여기는 미국인이 적지 않다. 200여 년간 헌법에 명시된 권리로 인식해왔기 때문이다.

요즘 국내에서도 잔혹 범죄 혹은 강력 범죄가 심심찮게 일어나고 있다. 총만 안 들었을 뿐 더 잔인하게 사람을 해치는 사이코패스도 간헐적으로 나타난다. 그렇다면 우리도 스스로를 보호하기 위해 총을 들어야 할까?

법에 의한 통치는 현명하다. 하지만 법 만능주의는 곤란하다. 국내 치안 상황이 더 나빠져 스스로 무장해야 한다는 목소리가 커져도 난 반대할 것이다. 그 부작용이 당장은 아니더라도 우리 후세에 큰 부담이 될 테니까!

카우보이 원조는 중남미 목동

왜곡된 카우보이의 초상

어디선가 휘파람소리가 들려온다. 긴장감이 감돈다. 삐걱거리며 선술집의 문이 열린다. 주인공의 등장이다. 그는 텐 갤런 모자(Ten Gallon Hat)라는, 챙이 넓은 모자를 비딱하게 썼다. 청바지에 가죽점퍼 차림. 허리춤에는 리볼버 권총을 근사하게 찼다. 그 다음은 빤하다. 선술집의 악당과 시비가 붙는다. 말을 아끼며 참던 주인공이 권총을 빼어든다. 악당은 쓰러지고, 주인공은 아무 일 없었다는 듯 술을 마신다.

미국 서부 영화에 등장하는 단골 장면이다. 주인공 혼자 있는 폼은 다 잡는다. 어렸을 때는 숨을 죽이며 봤더랬다. 서부 영화의 총잡이는 로망이었다. 지금은? 그저 웃음만 나올 뿐이다.

영화 속 주인공의 복장이 전형적인 카우보이(Cowboy)다. Ten Gallon Hat은 10갤런의 물을 나를 수 있다고 해서 이런 이름이 붙여졌는데, 사실과는 거리가 멀다. 1갤런은 약 4리터다. 어쨌든 이 모자

가 카우보이 모자다. 여기에 청바지와 가죽점
퍼, 징이 박힌 장화를 신으면 미국의 전통 복
장이 된다. 미국 역사가 짧으니 우리처럼 한
복이 있을 리 없다. 그러니 서부 개척자들
의 복장이 미국 전통 복장이 된 것이다.

　카우보이는 거친 남성을 상징하기
도 한다. 하긴 소 떼를 몰며 야생의
삶을 견뎌내야 했으니. 때로는 도
적을 만나 총질을 했을 것이다. 때
로는 아메리카 원주민과 충돌하기
도 했을 것이다. 실제로 카우보이는
거칠게 살았다. 하지만 영화 속 주인공
처럼 멋지지는 않았다. 제대로 씻지도
못해 추레했고, 오랜 야생 생활로 신경
질적이었으며 폭력적이었다. 아서라. 낭
만과는 거리가 멀다.

　카우보이는 원래 미국 독립 전쟁 당시
영국을 지지하는 왕당파를 비꼬기 위해
만든 말이라고 한다. 오늘날 우리가 알고
있는 카우보이와는 좀 거리가 있으니 일단 이건 무시하자.

　우리가 알고 있는 '마초' 카우보이의 역사는 19세기 중반에 시작
되었다. 미국 남서부 텍사스가 카우보이의 고향이다. 이 텍사스부터
캐나다까지는 쭉 대평원이 펼쳐져 있다. 서부 개척자들은 이 대평원
에서 소를 방목했다. 목동이 필요할 터. 그 목동이 바로 카우보이였

다. 대평원에 풀어놓은 소의 마릿수는 셀 수 없을 정도로 많았다. 카우보이가 해야 할 일도 그만큼 많았다. 소에 일일이 낙인을 찍어야 했고, 밧줄을 획 던져 소를 잡아채는 것도 잘해야 했다. 소 떼를 한 곳으로 몰아넣는 기술도 필요했다.

워낙 소가 많았으니 '소 값'이 '개 값'이었다. 당시 화폐 가치를 기준으로 텍사스에서 소 한 마리는 3달러가 조금 넘었다. 100마리 팔아봐야 300달러 벌면 땡이다. 하지만 미국 동부의 소시장에 가면 소 한 마리의 가격은 40달러까지 치솟았다. 그곳에는 소고기가 귀했기 때문이다. 자, 어쩔 텐가. 그냥 동네 소시장에서 3달러에 팔아치울 텐가, 아니면 동부로 가서 40달러를 받을 텐가. 돈 앞에 장사 없다. 목축업자들은 소 떼를 몰고 동부로 가기로 결심했다. 카우보이들의 소 떼 몰기 대장정이 이래서 시작된 것이다.

서부 영화에 나오는 카우보이들은 힘겹게 소를 몰지 않는다. 말을 타고 총을 쏘는 카우보이의 이미지만 인용했기 때문이다. 실제 카우보이들은 죽을 고생을 하며 소들을 동부로 끌고 갔다. 소나 금품을 노리는 약탈자를 수시로 만났다. 아메리카 원주민, 즉 인디언들과의 충돌도 자주 발생했다. 수천 마리의 소들이 농경지를 밟고 지나가는 바람에 농민들과 드잡이도 했다. 이러니 총이 필요할 수밖에 없었다.

어쨌든 카우보이들은 거칠게 살며 한 시대를 풍미했다. 덕분에 미국 남자의 상징이란 벼슬을 얻었다. 하지만 카우보이가 원래 미국에서 시작된 건 아니다. 카우보이는 중남미에서 먼저 탄생했다. 원조를 따지자면 미국이 아니란 얘기다.

소 떼를 모는 일은 원래 에스파냐에서 시작되었다. 에스파냐가 라

오늘날 남아메리카의 가우초

틴아메리카에 식민지를 건설하면서 그 직업이 신대륙에 이식된 것
이다. 에스파냐 정복자들은 식민지에 대농장을 건설했다. 이 농장을
'아시엔다'라고 한다. 원주민들은 아시엔다에서 노예처럼 죽어라 노
동만 하다가 정말로 종족 모두가 몰살될 정도로 죽어나갔다. 에스
파냐 정복자들은 아르헨티나, 우루과이, 브라질의 대평원 지대(팜파
스)에 대목장을 건설했다. 이 목장은 '에스탄시아'라 부른다. 바로 이
에스탄시아에서 카우보이의 원조인 '가우초'가 활동했다.

　가우초는 챙이 더 넓은 모자를 썼고, 판초를 입었다. 에스파냐 이
주민은 지배층이었다. 그러니 허드렛일을 할 턱이 없다. 가우초는
대체로 에스파냐인과 아메리카 원주민의 혼혈 인종이 담당했다. 오
늘날에도 아르헨티나, 브라질, 우루과이에 가면 가우초를 만날 수

있다. 물론 민속촌 같은 데 가서야 볼 수 있겠지만 말이다.

따지고 보면 카우보이 또한 문화의 교류를 통해 탄생한 산물인 셈이다. 어쩌다 가우초가 미국의 카우보이에 영향을 미친 것일까? 가우초들이 북상했기 때문이다. 1820년대 들어 라틴아메리카의 많은 국가들이 에스파냐로부터 독립했다. 텍사스를 비롯해 미국 서부와 남서부는 멕시코의 영토였다. 그러니 자유롭게 가우초들이 텍사스로 가서 소 떼를 몰았던 것이다.

1848년 이후 미국 서부 개척 시대가 활짝 열렸다. 서부로 달려간 백인들은 가우초를 업그레이드한 '카우보이'를 만들었다. 그런데 흥미로운 점이 있다. 영화 속의 멋있는 카우보이는 모두 백인이지만 실제 카우보이 중에 백인은 별로 없었다는 것이다. 워낙 거칠고 힘든 일이니, 백인들이 꺼린 걸로 해석된다. 하긴 영화 속의 카우보이와 실제 카우보이가 워낙 다르니까, 이런들 어떻고 저런들 어떻겠는가.

진짜가 미디어의 허상에 밀리는
안타까운 현실......

CHAPTER 2

세계를
움직이는 힘, 욕망

인간은 새로움을 추구하는 성향이 강하다. 그 욕망은 위대하다. 새로움을 향한 욕망이 없었다면 인류는 역사의 수레바퀴를 여기까지 굴리지 못했으리라. 욕망이 있어 인류는 퇴보하지 않고 개선과 진보를 이루었다. 반면 비뚤어진 욕망은 역사를 후퇴시킨다. 욕망의 노예로 전락한 독재자는 정의와 인륜을 저버렸다. 욕망은 양날의 칼과 같다.

욕망은 세계사를 움직이는 큰 힘이다. 긍정적이든 부정적이든, 결과적으로 역사에 큰 영향을 미쳐왔고, 현재도 그러하다. 욕망을 파헤쳐보고 싶은 이유다.

치명적 여인들, 중국을 무너뜨리다

중국 고대사 팜므파탈의 계보

1992년 제작된 미국 영화 〈원초적 본능(Basic Instinct)〉은 세계적으로 크게 흥행했다. 국내 관람객이 100만 명을 넘어섰다. 당시로서는 초대형 블록버스터였다. 이 영화의 최대 이슈는 단연 여주인공 샤론 스톤이었다. 남자들은 샤론 스톤이 다리를 꼬고 앉았을 때 속옷을 입었느냐, 입지 않았느냐를 놓고 맹렬한 토론을 벌이기까지 했다. 남자들이란……

샤론 스톤은 단숨에 섹스 심벌로 떠올랐다. 섹스 심벌이란 표현이 너무 노골적인가? 그렇다면 팜므파탈(Femme Fatale)이란 표현은 어떤가? 팜므파탈은 '치명적인 여자'란 뜻이다. 선정적이고 도발적인 몸짓, 강렬한 유혹 그리고 치명적인 욕망의 상징이다. 대체로 악녀 이미지와 겹친다. 군이 구분하자면, 〈원초적 본능〉에서의 샤론 스톤도 악녀에 속했다.

팜므파탈은 때때로 역사를 크게 흔들었다. 특히 고대 중국사에서 팜므파탈은 한 나라를 쥐고 흔드는 주연 배우였다.

중국에 가장 먼저 들어선 왕조는 하(夏)다. 중국에서는 하 왕조 이전에는 왕위를 세습하지 않았다. 가장 현명한 자에게 왕위를 넘겨주었다. 이를 선양(禪讓)이라 한다. 하 왕조 때부터 왕위가 세습되었다. 다만 하 왕조는 실존 여부가 불투명하다. 하 왕조의 것으로 보이는 유물이 발견되고 있지만 확신할 수 없다. 아직까지 하 왕조는 전설에 속해 있다.

하 왕조의 마지막 왕이 걸이다. 걸왕은 산둥의 유시씨를 토벌했다. 유시씨는 항복하며 진상품으로 말희라는 절세미녀를 넘겼다. 말희는 걸왕의 애첩이 되었고, 그의 애간장을 녹였다. 걸왕은 말희를 보면 넋을 놓았다. 그녀가 원하는 것이라면 뭐든 들어주었다. 하늘의 별만 따다 주지 못할 뿐이었다. 말희가 화려한 궁전을 지어달라 했다. 뚝딱 궁궐을 만들었다. 고급 비단이 찢어지는 소리가 좋다 했다. 궁궐의 뜰에 사람들을 풀어 연일 고급 비단을 쭉쭉 찢었다. 궁궐 뜰의 연못은 술로 채우고 나무에는 고기를 매달았다. 바로 주지육림(酒池肉林)이다. 주지육림에서는 연일 파티가 벌어졌다. 벌거벗은 남녀가 뛰어다녔다. 욕정이 식을 때쯤이면 술과 고기를 먹고, 다시 마구 뒤엉켰다. 타락의 극치였다.

백성은 도탄에 빠졌다. 민심은 하 왕조에 등을 돌렸다. 그러니 멸망하는 게 이상하지 않다. 정말로 상(商) 왕조가 하 왕조를 무너뜨렸다. 중국 최초의 팜므파탈 말희의 결말은 어땠을까? 추방되었거나 혹은 죽임을 당했다. 그 어느 쪽도 행복하지 않다.

상 왕조(기원전 1600?~기원전 1046)는 존재가 입증된 중국 최초의 왕조다. 상도 한때는 전설의 나라로 여겨졌지만 마지막 도읍 유적인 은

팜므파탈의 대명사인 마타 하리.
상류생활을 향한 욕구와 제1차 세계 대전이라는
국제 정세가 맞물리면서 그녀는 자의 반 타의 반으로
스파이 활동을 하다가 처형되었다.

허가 발견되면서 역사가 되었다. 마지막 도읍인 은(殷)의 이름을 따서 은 왕조라고도 한다.

상의 31대 주왕은 달기라는 여인을 총애했다. 달기는 음탕했다. 똑같이 주지육림을 만들었고, 똑같은 타락이 반복되었다. 달기는 권력을 향한 욕망이 강했을 뿐 아니라 잔인했다. 달기는 왕후가 자신을 비난하자 반역 음모를 뒤집어 씌웠다. 단칼에 목을 베지도 않았다. 눈알을 빼는 등 온갖 고문을 다 했다. 결국 왕후는 고통 속에 죽어갔다. 달기의 권력이 강해질수록 정치는 엉망진창이 되어버렸다. 보다 못한 재상이 왕에게 달기를 멀리하라고 간언했다. 그 사실을 알게 된 달기가 주왕을 살살 녹여 재상을 처형토록 했다. 잔인함은 또 드러났다. 달기는 재상의 심장을 도려냈다.

주왕은 하의 걸왕과 똑같은 운명을 맞았다. 주왕은 상의 마지막 왕이 되고 말았다. 상을 무너뜨린 주(周) 왕조의 무왕은 달기를 참수했다. 악녀의 비참한 말로다.

주는 서주(기원전 1046~기원전 771)와 동주(기원전 771~기원전 256)로 나뉜다. 나라가 한 번 망하는 바람에 수도를 동쪽으로 옮겨 다시 세웠기 때문이다. 이 역사의 이면에도 팜므파탈이 있었다.

서주의 12대 유왕은 포사란 여인을 총애했다. 포사는 나중에 왕후에까지 올랐다. 이 여인이 유왕과 서주를 망쳤다.

포사는 좀처럼 웃지 않았다. 이게 유왕을 미치게 했다. 유왕은 포사의 미소를 보기 위해 무슨 짓이든 했다. 그에게 인생 최대의 과제는 "포사를 웃겨라!"가 되어버렸다. 이 짓 저 짓을 다 하던 유왕이 봉홧불을 피웠다. 봉홧불은 외적의 침략을 알리는 신호다. 단지 여인의 미소를 보려고 그런 철부지 짓을 하다니, 한심한 왕이다. 영문을 모르는 제후들은 군대를 이끌고 득달같이 수도인 호경으로 달려왔다. 물론 외적이 있을 턱이 없다. 제후들은 멍한 표정으로 서 있었다. 그 모습에 포사가 '빵' 터졌다. 이솝 우화 '양치기와 늑대'의 이야기와 판박이다. 유왕은 포사의 웃음을 보고 싶을 때마다 가짜 봉홧불을 올렸다. 몇 차례 허탕을 친 제후들은 더 이상 군대를 보내지 않았다. 그러다가 정말로 유목 민족 견융이

포사

쳐들어왔다. 다시 봉홧불이 올랐다. 하지만 제후들은 썩은 미소를 날리며 무시했다. 견융은 주의 수도 호경을 유린했다. 한심한 유왕도 죽여버렸다. 포사는 견융의 포로가 되었다. 이후 포사의 생사는 확인되지 않는다.

유왕의 아들이 13대 평왕에 올랐다. 평왕은 견융이 무서워 수도를 동쪽의 낙읍으로 옮겼다. 서주 시대가 끝이 난 것이다. 이어 춘추 전국 시대의 대혼란이

이어졌다.

  춘추 시대의 막바지인 기원전 5세기에 중국 동남부에서는 오와 월이 대결을 벌였다. 와신상담(臥薪嘗膽), 오월동주(吳越同舟) 등 숱한 한자성어를 탄생시킨 바로 그 나라들이다. 처음에는 오가 월을 압도했다. 월왕 구천은 오왕 부차를 제압하기 위한 묘책을 물색했다. 구천의 참모 범려는 팜므파탈을 이용하자는 계책을 내놓았다. 바로 미인계다.

  범려는 절세미인 서시를 오왕 부차에게 보냈다. 부차는 서시를 보자마자 빠져들었다. 오호통재라! 정치는 뒷전이 되어버렸다. 이런 경우 결말은 늘 같다. 오왕 부차는 결국 월왕 구천에게 무릎을 꿇었다. 오는 멸망했고, 목적을 달성한 서시는 월로 돌아갔다. 이후 서시의 행적은 여러 설로 나뉜다. 범려와 함께 월을 떠났다는 이야기도 있고, 구천의 왕후에게 미운 털이 박혀 죽었다는 이야기도 있다.

  2,000년이 지난 지금은 어떨까? 아직도 팜므파탈은 존재한다. 하지만 이 시대의 팜므파탈은 미색이 아니라 권력과 재력으로 나라를 망친다. 거기에 기생하려는 자들과 함께.

7

교황령은 정치적 거래의 산물이다

바티칸 시국의 탄생 과정

이탈리아의 수도 로마에는 바티칸 시국이 있다. 바티칸 시국은 도시 안에 있는, 세계에서 가장 작은 나라다. 이 나라에는 전 세계 가톨릭의 본산인 교황청이 있다. 쉽게 말하자면 바티칸 시국에서는 가톨릭 교황이 '국가 원수'이고, 교황청이 '통치 기관'이다. 실제로 교황청에는 국무원을 비롯한 의회와 법원, 사무처와 평의회 등 여러 기관이 있다. 말 그대로 '정부' 역할을 제대로 수행하고 있는 것이다.

바티칸 시국은 세계적인 관광지이기도 하다. 성베드로 대성당, 바티칸 궁전, 바티칸 박물관 등 명소가 많다. 특히 성탄절 무렵에는 전 세계에서 찾아온 가톨릭 신도들로 인산인해를 이룬다. 전 세계의 가톨릭 신도는 대략 8억 명을 넘는다고 한다. 바티칸 시국은 가장 작은 나라이지만, 따지고 보면 엄청난 인구를 '정신적으로' 통치하는 나라다.

19세기까지만 해도 교황은 영토를 실제로 통치했다. 사실상 군주였다. 세속적 권력을 가졌다는 뜻이다. 중세 시대에는 교황이 통치하는 영토가 웬만한 왕이 다스리는 나라보다 넓었다. 이처럼 교황이 다스리는 영토를 교황령이라고 한다. 최초의 교황령은 8세기 중반에 탄생했다. 그런데 그 과정이 성스럽기보다는 좀 세속적이다. 정치적 거래가 있었다는 이야기다.

로마 제국이 동로마(비잔티움) 제국과 서로마 제국으로 분열하고, 서유럽에 게르만족이 우르르 들이닥칠 무렵부터 시작해야 할 것 같다. 이후 5세기가 되자 서로마 제국은 게르만 용병에게 멸망했다. 서로마 제국의 옛 땅에는 여러 게르만 국가가 들어섰다.

481년, 클로비스란 인물이 프랑크 왕국을 건설했다. 클로비스는

단신왕 피핀(Pepin the Short)

크리스트교로 개종하고, 로마 교황과 우호적인 관계를 유지했다. 덕분에 민심의 지지를 얻을 수 있었다. 그 결과 다른 게르만 국가들이 곧 멸망한 것과 달리 프랑크 왕국은 오랫동안 번영했다. 이후로 프랑크 왕국에서는 클로비스의 혈통이 왕위를 이어나갔다. 이 왕조를 메로빙거 왕조(481~751)라고 한다.

751년, 카롤링거 가문의 피핀이란 인물이 메로빙거 왕조의 마지막 왕 힐데리히 3세를 수도원에 가둔 뒤 왕위에 올랐다. 이로써 카롤링거 왕조의 시대가 열렸다. 여기서 잠깐! 프랑크 왕국의 역사를 조금 알고 가는 게 좋을 것 같다. 오늘날의 독일, 프랑스, 오스트리아 등 여러 나라의 시조가 바로 이 프랑크 왕국이다. 방계 친척의 개념을 적용하면 영국을 뺀 유럽 거의 모든 국가가 프랑크 왕국의 후손이다. 그러니 프랑크 왕국의 역사는 유럽 전체의 중세사와 다르지 않다.

카롤링거 왕조의 전성기는 피핀의 아들 카롤루스 대제(샤를마뉴, 742~814)가 열었다. 카롤루스 대제에 이르러 서유럽 세계가 비로소 틀을 갖추었고 문화가 부흥했기 때문이다. 하지만 그가 죽고 난 후 프랑크 왕국은 쪼개졌다. 자식들의 권력 투쟁 때문이었다. 9세기 무렵 베르됭 조약과 메르센 조약을 통해 각국은 완전히 딴 살림을 차렸다. 이후 서프랑크 왕국은 오늘날의 프랑스로, 동프랑크 왕국은

독일, 오스트리아 등으로 발전
했다. 중프랑크 왕국의 남부는
이탈리아가 되었다. 각국은 독
자적으로 발전하다가 19세기 후
반 대부분 통일 국가를 건설한
다.

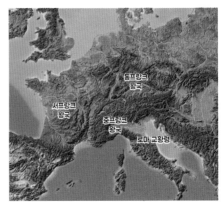

세 나라로 쪼개진 프랑크 왕국

자, 이제 다시 카롤링거 왕조
의 문을 연 피핀으로 돌아가자.

피핀의 왕위 찬탈은 명백한
반란이었다. 그런데도 로마 교회는 침묵했다. 사실상 피핀을 지지한
다는 표현이었다. 메로빙거 왕조가 출범할 때부터 로마 교회는 메로
빙거 왕조에 우호적이었다. 그랬던 로마 교회가 피핀을 두둔한다면
배신행위라 볼 수도 있다. 뭔가 정치적 노림수가 있다. 로마 교회의
진짜 속내는 무엇이었을까?

3년이 지난 754년, 또 다른 게르만 국가인 롬바르드(랑고바르드)
왕국이 이탈리아 북부를 장악했다. 롬바르드 왕국은 곧 로마에서 그
리 멀지 않은 라벤나를 정복했다. 로마 교회에도 위기가 닥쳤다. 교
황의 선택은 어땠을까? 당시 라벤나, 로마 모두 비잔티움 제국의 영
토였다. 이 무렵 로마 교회는 비잔티움 제국 황제의 지배를 받았다.
그러니 원칙대로라면 비잔티움 군대가 출동해야 옳다. 하지만 교황
스테파노 2세는 비밀리에 프랑크 왕국의 피핀에게 도움을 요청했
다. 왜? 교황은 비잔티움 황제의 지배를 받고 싶지 않았던 것이다.

피핀은 즉각 군대를 동원해 롬바르드 왕국을 제압했다. '통' 크게
라벤나를 교황에게 주면서 교황령으로 삼도록 했다. 교황이 얼마나

무솔리니와 히틀러

기뻤을까? 그러니 교황도 선물을 주어야 했다. 756년, 교황은 피핀
을 '로마 교회의 보호자'로 칭했다. 피핀의 아들 카롤루스가 왕에 오
른 후인 800년에는 더욱 성대한 잔치를 열었다. 교황 레오 3세가 카
롤루스에게 황제의 관을 씌워준 것이다. 카롤루스가 서로마 제국의
황제가 되었다!

　주거니 받거니……. 이처럼 프랑크 왕국과 로마 교회는 '정치적
거래'를 통해 성장했다. 사실 피핀은 왕에 오르기 전부터 로마 교회
가 파견한 신부와 꾸준히 접촉했다. 그러니 라벤나 기증은 오랜 시
간 지속된 정치 거래의 결실이었던 것이다.

바로 이 라벤나가 교황령의 시초였다. 교황령은 교황이 통치하는 땅이란 뜻이다. 그 전에도 로마 교회의 영토가 없었던 것은 아니다. 다만 그때는 교회가 통치자라기보다는 지주에 더 가까웠다. 이 교황령이 생김으로써 로마 교황은 세속적인 정치권력을 확보하게 되었다. 이후 로마 교회는 유럽 전역에 교황령을 확대해나갔다. 이미 말한 대로 중세 후기에 로마 교황은 왕이나 황제가 부럽지 않은 '땅 부자'가 된다.

교황청은 이후 1,000년 넘게 탄탄대로를 달렸다. 그러다 1870년 위기가 닥쳤다. 당시 이탈리아가 통일을 추진하면서 로마를 합병해버렸다. 로마를 잃었으니 교황령의 터전이 사라지게 되었다.

1929년 교황청은 무솔리니의 파시스트 정부와 타협했다. 로마 안에 바티칸 시국을 세우기로 하고, 그 안에서 교황의 지위를 인정받았다. 교황은 그 대가로 무솔리니의 통치를 인정해야 했다. 결과적으로 보면 피핀 때보다 훨씬 위험한 정치적 거래였다. 세속적 욕망과 종교 본연의 정신 사이에는 얼마나 큰 간극이 있는 것일까? 역시 욕망은 종잡을 수 없는 것 같다.

신이 내린 바람, 그런 게 있을 리가

가미카제와 개신교의 신풍

　세상살이가 팍팍하다. 행복은 갈수록 멀어지는 것 같다. 절대자를 찾는다. 간절한 마음으로 신(神)에게 빈다. 부디 이 역경을 잘 헤쳐 나갈 수 있도록 힘을 주소서……. 믿을 수 없는 일이 일어나면 기적 이라 부른다. 신이 응답한 것인지는 인간의 능력으로 가늠할 수 없 다. 좌절할 때는 신을 탓하며 중얼거린다. 역시 신은 없어…….

　적과 전투 중에 아군에게 행운이 찾아온다면 신이 도운 거라고 단 정할 수 있을까? 만약 그렇다면 신은 불평등하다. 적군을 악(惡)으 로 여겼기에 아군을 도운 것일 테니 말이다. 신은 모든 인간을 평등 하게 대한다는 믿음이 사라질 수도 있다.

　중세 일본과, 근대로 접어들 즈음의 영국에서 바로 국운을 가르는 대형 전투가 일어났다. 결과는 일본과 영국의 승리였다. 두 나라는 그 승리를 "신이 도왔기 때문에" 얻은 거라 여겼다. 정말 신이 두 나 라만 사랑한 것일까?

13세기에 세계 제국을 건설한 몽골은 고려를 복속시킨 후 일본을 노렸다. 몽골은 고려와 연합군을 구성했다. 900여 척의 함대에 3만 3,000여 명의 병사, 여기에 사공까지 합쳐 약 4만 명에 이르는 대규모 원정군이었다. 1274년, 몽골이 마침내 일본을 쳤다. 출발은 순조로웠다. 하루 만에 쓰시마섬을 정복했다. 이어 규슈에 상륙했다. 규슈는 일본 열도를 구성하는 4개의 큰 섬 중 하나로, 일본 최남단에 있다. 다음 날 몽골이 전투를 재개하려던 찰나 바다가 심상찮았다. 태풍이 들이닥쳤다. 시꺼먼 파

몽골과 고려군의 공격 당시 '신풍'을 묘사한 일본 화가 키쿠치 요사이의 그림

도가 몽골 함대를 향해 빠른 속도로 다가왔다. 파도는 몽골 함대를 집어삼켰다. 아수라장이 되었다. 40퍼센트의 병력이 순식간에 사라졌다. 몽골은 철수할 수밖에 없었다. 일본인들은 만세를 불렀다. 이 태풍이 갑자기 들이닥치지 않았다면 일본은 절대로 몽골과 고려 연합군을 막을 수 없었을 것이고, 일본은 몽골의 속국이 되었을 것이다. 일본인들은 이 태풍을 '신의 바람'이라는 뜻의 신풍(神風)이라 불렀다.

7년 후인 1281년, 몽골은 제2차 일본 원정을 단행했다. 몽골과 고

려군은 약 4만 명. 여기에 후발대로 남송 병사 10만 명을 따로 동원했다. 고려가 900척의 함대를 댔고, 남송이 600척을 댔다. 1차 원정군을 능가하는 규모다. 하지만 결과는 1차 원정과 다르지 않았다. 세상에 이런 우연이 또 있을까. 이번에도 갑자기 들이닥친 태풍이 함대를 집어삼켰다. 피해는 1차 원정 때보다 더 컸다. 몽골의 일본 원정은 실패했다.

일본 정치인들은 신풍을 부각시켰다. "하늘이 일본을 돕고 있다, 일본은 선택받은 민족이다"라며 입에 거품을 물었다. 그들의 주장대로라면 신은 몽골과 고려, 남송 백성을 모두 버렸다. 그럴 리가 있는가! 우연히 불어 닥친 행운의 태풍은 정치 조작을 통해 자기 민족만이 우월하다는 선민사상으로 둔갑했다.

이와 비슷한 현상을 300여 년 후 영국에서도 확인할 수 있다. 16세기 후반까지 스페인은 유럽 최고의 강대국이었다. 특히 스페인 해군은 최강의 전력을 자랑했다. 그래서 무적함대(아르마다)라 불렸다. 바다는 스페인의 것이었다. 이때까지만 해도 영국은 약소국으로 여겨졌다. 그런 영국이 스페인에 도전장을 던졌다. 영국의 엘리자베스 1세는 해적을 부추겨 스페인 상선을 약탈하도록 했다. 네덜란드가 스페인으로부터 독립하려는 움직임을 보이자 즉각 네덜란드를 돕겠다고 선언했다. 스페인 왕 펠리페 2세에 대한 도발이었다. 화가 난 펠리페 2세가 마침내 영국을 응징하기로 했다.

1588년, 130여 척으로 편성된 무적함대가 스페인의 리스본항을 출발했다. 갑자기 파도가 높아지고 바람이 거세졌다. 조짐이 영 좋지 않았다. 항해가 길어졌다. 7월, 무적함대는 영국 해협으로 진입했다. 이어 프랑스 북부 칼레 앞바다에 진을 쳤다. 영국은 플리머스

항에 함대를 대기시키고 기회를 엿보고 있었다. 갑자기 바람이 남풍에서 북풍으로 바뀌었다. 영국 함대가 바람을 등에 업게 되었다. 이 기회를 놓칠쏘냐. 총력을 동원해 화공을 펼쳤다. 무적함대의 함선들이 여기저기서 침몰했다. 병사들은 바다에 빠

칼레 해전을 묘사한 그림

져 죽었다. 아수라장이었다. 무적함대가 퇴각하기 시작했다. 이마저도 쉽지 않았다. 바람의 방향이 또 바뀌었다. 태풍도 몰아쳤다. 본국으로 돌아가는 과정에서 또 수많은 병사가 목숨을 잃었고 함선이 파괴되었다. 무적함대는 처절하게 몰락하고 말았다.

영국인들은 신이 영국을 도왔기에 칼레 해전에서 승리했다고 믿었다. 그래서 이 폭풍우를 '개신교의 신풍(Protestant God's Wind)'이라 불렀다. 스페인의 국교는 구교인 로마 가톨릭이었고 영국은 개신교인 국교회(성공회)를 국교로 하고 있었다. 영국 정치인들은 구교를 강요한 스페인을 벌하기 위해 개신교 신이 바람을 일으켰다고 선전했다. "신이 영국을 택했다!" 여기에서도 선민의식이 배어나온다.

사실 이 승리는 영국의 철저한 대비가 있었기에 가능했다. 영국은 이미 막강한 해군력을 보유하고 있었다. 특히 엘리자베스 1세가 왕에 오른 후 해군력이 강화되었다. 함선 또한 더 많은 대포를 장착할수 있도록 첨단으로 개편했다. 반면 스페인은 세계 최강의 무적함대를 가지고 있다는 자만심에 빠져 있었다. 이러니 전쟁의 승패가 명확하지 않겠는가. 그런데도 신풍 때문에 이겼다니! 이 또한 정치 조

작에 다름 아니다. 영국 정치인들의 승리인 셈이다.

일본은 훗날 군국주의의 길을 걸었다. 정치는 언제든 조작이 가능한 생물이다. 일본은 제2차 세계 대전 때 또 다시 신풍 사상을 부활시켰다. 제2차 세계 대전이 끝나갈 무렵 일본은 전쟁 역사상 전무후무한 작전을 펼쳤다. 조종사들이 전투기에 폭탄을 장착하고 적진으로 돌진하는 무모한 공격이다. 전세를 역전시켜보려는 마지막 발악. 오늘날의 자살 테러와 흡사하다. 당시 전투기를 몰고 자살 공격을 한 일본군을 가미카제라 불렀다. 가미카제는 신풍(神風)의 일본어다.

군국주의에서 개인은 중요하지 않다. 그러니 나라를 위해 희생하는 것을 영광으로 여긴다. 이 자살 공격에 1,000명 이상의 병사들이 동원되었다. 그들에겐 천황을 지킨다는 맹목적 욕망만 남아 있었다. 뇌는 마비되었다. 일본 정치인들은 그들의 죽음을 다시 정치적으로 이용했다. "저들의 죽음을 헛되이 해서는 안 된다"라며 민중을 전쟁터로 끌어들였다. 신풍이 애초에 존재하지 않는다는 사실은 이 무모한 공격에서 입증되었다. 일본은 끝내 미국의 항공모함을 파괴하지 못했다. 일본은 패망했다.

하늘은 스스로 돕는 자를 돕는다고 했다. 신의 의지보다 더 중요한 것은 인간의 의지다. 정치 조작은 욕망을 왜곡하는 행위다. 눈을 부릅뜨고 지켜보자.

미니툰

역사의
재발견

8

나를 믿고 따르세요!
신의 바람이 불어올 겁니다!

OO대 대통령 선거

神風

지금이 몇 세기인데…

기호ㅇ번

그놈의 신풍…

국민을 바보로
아는 것들이 꼭 있어.

흡연, 그것은 권력과의 싸움?

담배와 권력의 관계

아메리카 원주민 소녀가 있었다. 그 소녀는 불행했다. 추한 얼굴 때문이었다. 소녀는 남자들의 관심과 사랑을 원했다. 하지만 남자들은 소녀에게 시선을 주지 않았다. 소녀는 절망했다. 자신이 싫고 남자들이 싫었다. 삶이 싫어졌다. 결국 스스로 목숨을 끊었다. 그때 간절하게 빌었다. "다음 생에 태어나면 이 세상의 모든 남자와 키스하고 싶습니다. 부디⋯⋯."

소녀가 죽은 자리에 풀이 자라났고, 담배 나무가 되었다. 사람들은 잎을 따서 담배를 피웠다. 현재 전 세계 남성의 절반 정도가 흡연자이거나 흡연 경험을 가지고 있다. 담배로 환생한 소녀는 적어도 지구촌 남성의 절반과 입을 맞추었다. 소녀의 소원은 이루어졌다.

전설로 짐작하건대 담배는 이처럼 태생부터가 욕망의 덩어리였다. 오랜 시간이 흐른 지금도 담배는 여전히 욕망의 상징이다. 욕망은 다른 욕망과 충돌하는 법이다. 흡연에 대한 욕망은 때로 권력을 향한 욕망과 충돌했다. 의도했든 그러지 않았든 권력자는 흡연을 통제하려 했고, 다수의 흡연자는 그 권력자에게 저항했다.

담배의 고향은 아메리카다. 담배는 콜럼버스가 아메리카 대륙에 첫 발을 내디딘 후 유럽으로 전파되었다. 담배를 본격적으로 유럽에 소개한 인물은 영국의 월터 롤리(1552 혹은 1554~1618)였다. 월터 롤리는 엘리자베스 1세의 충신이었다. 그는 여왕의 명령에 따라 미국에 첫 식민지를 개척했다. 탐험대가 처음 도착한 곳은 오늘날의 미국 노스캐롤라이나였다. 현재 노스캐롤라이나주의 주도는 롤리다. 물론 월터 롤리의 이름을 땄다.

월터 롤리가 감자와 담배를 영국으로 가지고 왔다. 롤리는 골초였다. 아마도 그는 흡연을 자랑스럽게 여겼을 것이다. 가장 먼저 신대

담배를 피우는 월터 롤리

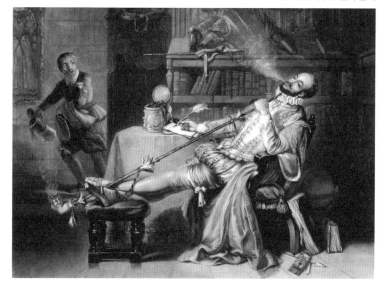

류의 문물을 받아들인 '초기 수용자(Early Adopter)'가 아닌가. 그러니 자부심이 하늘을 찔렀다 해도 이상할 게 없다.

롤리는 주군 엘리자베스 1세가 세상을 떠나면서 처량해졌다. 1603년 영국 왕에 오른 제임스 1세는 독재자였다. 제임스 1세는 왕의 권력은 신이 내렸다는 '왕권신수설'을 주창했다. 엘리자베스 1세의 충신들을 그대로 둘 리가 없었다. 롤리는 권력 투쟁의 소용돌이에 휘말렸다. 반역 사건에 연루되어 12년 동안 런던탑에 갇히기도 했다. 그러다가 결국 제임스 1세는 롤리를 처형했다. 일설에 따르면 제임스 1세가 담배 연기를 무척 싫어해 금연을 명했는데, 월터 롤리가 듣지 않아 처형했다고 한다. 이 이야기가 사실일까?

제임스 1세가 담배를 지독히도 싫어한 것은 사실이다. 제임스 1세는 한때 금연 구역을 지정할 정도로 담배를 혐오했다. 제임스 1세는 "담배를 태울 때 나오는 검고 악취 나는 연기는 깊은 갱 속에서 분출된 지옥의 연기와 비슷하다"라고 말했다고 전해진다. 이런 사실 때문에 금연 명령을 어긴 롤리가 처형되었다고 알려진 것 같다. 하지만 진짜 이유는 따로 있다. 제임스 1세의 명령을 월터 롤리가 어겼고, 나아가 반항까지 했기 때문이다.

엘리자베스 1세는 스페인에 적대적이었다. 반면 제임스 1세는 스페인과 우호적이었다. 제임스 1세는 월터 롤리가 탐험을 떠날 때 스페인과 무력 충돌하면 처형하겠다고 으름장을 놓았다. 롤리는 알겠다고 해놓고는 스페인 사람들과 대판 싸웠다. 그 대가는 처형이었다. 상상력을 보태면 제임스 1세가 이렇게 말했을 것도 같다. "금연 명령도 흘려듣고, 스페인 사람들과 싸우지 말라고 한 명령도 대놓고 어겼어? 그럼 죽어봐!"

롤리가 지독한 골초였으니, 권력 욕망과 흡연 욕구가 정면 충돌한 사건이라고 볼 수도 있다. 어쨌든 현실 세계에서는 정치권력을 가진 자가 '승리'했다.

비슷한 시기에 오스만 제국의 술탄 무라트 4세도 흡연을 금했다. 이유가 노골적이다. 흡연자들이 커피하우스에 모여 권력 찬탈을 모의한다는 것이다. 무라트 4세는 저항의 싹을 자근자

오스만 제국의 커피하우스

근 밟으려 했다. 금연 명령에 이어 커피하우스도 폐쇄했다. 이를 어기면 무조건 처형! 약 3만 명의 흡연자가 목숨을 잃은 것으로 전해진다.

흡연자들이 커피하우스에 모여서 술탄에 대한 반역을 도모했다는 이야기가 사실일까? 그럴 수도, 그렇지 않을 수도 있다. 흡연자들이 사람들과 어울려 담배를 피우면서 잡담이나 하려고 커피하우스에 들렀을 수도 있다. 물론 혁명을 은밀하게 논의하려고 커피하우스에 모였을 수도 있다. 이 경우 흡연은 토론 중간 중간에 생각을 가다듬기 위한 충전제 역할을 했을 것이다.

계몽주의가 활짝 피어난 18세기 이후의 유럽에서도 비슷한 상황이 연출되었다. 프랑스, 영국 등 여러 나라에 커피하우스(카페)가 들어섰다. 계몽주의자들은 그곳을 아지트로 삼았다. 카페는 담배 연기로 자욱했다. 계몽주의자들은 담배를 뻑뻑 피워대면서 절대 왕정을

신랄하게 비판했다. 계몽주의는 프랑스 혁명의 사상적 배경이 되었다. 왕의 권력을 해체하고 공화국을 세우려는 열망은 소비되는 담배와 비례하여 커져갔다. 이 또한 권력 욕망과 흡연 욕망의 충돌이다.

프랑스 혁명 이후 자유주의와 민족주의 바람이 거세졌다. 19세기 중반 군부 국가에 가까운 프로이센에서도 혁명의 불길이 타올랐다. 왕은 당황했다. 민중을 달래기 위한 조치가 필요했다. 왕은 "공공장소에서 담배를 피워도 좋다"고 했다. 민중의 흡연 욕구를 해소해주면 권력에 대한 저항이 줄어들지 않을까 하는 얄팍한 계산이었다.

제2차 세계 대전의 주범인 독재자 히틀러는 원래 골초였다. 그러나 권력을 잡은 후로는 강력한 금연 운동을 벌였다. 순수한 독일 혈통을 보존한다는 것이 이유였다. 담배가 독일 민족을 퇴화시키니 없애야 한다는 것이다. 히틀러는 유대인이 퇴폐적인 담배를 퍼뜨렸다며 박해했다. 흡연 욕망을 인종주의로 몰고 가는 '미친 권력'이다.

인류가 담배를 즐기기 시작한 후 많은 시간이 흘렀다. 요즘에는 권력 욕망과 흡연 욕구가 적절히 조화를 이루고 있을까? 민주주의 시대, 최고의 권력자는 민중이다. 그렇다면 다수의 민중이 흡연을 싫어한다면 담배를 없애야 하는 걸까? 소수 흡연자의 권리는 무시해도 되는 걸까? 그렇다. 여전히 두 욕망은 충돌 중이다.

이런저런 논리를 배제하고 건강을 생각한다면 흡연 욕망을 억제하는 게 정답이다. 금연하자.

9

한 갑에 3만 원쯤 하면
끊을 수 있을까……

발레는 권력을 극대화하는 수단이었다

루이 14세가 무대에 오른 이유

민주 공화국의 주권은 국민에게 있다. 하지만 16~18세기 서유럽에서 주권은 왕에게 있었다. 왕들이 절대적 권력을 누렸기에 이를 절대 왕정이라 한다. 절대 왕정 체제의 왕들은 귀족을 제압하고 관료를 양성했다. 왕의 명령이 직접 하달되는 군대도 육성했다. 이 관료제와 상비군이 절대 왕정 체제를 뒷받침했다.

부유한 상공업자들이 왕을 경제적으로 지원했다. 왜? 왕이 귀족을 제압해주었으니까! 덕분에 상공업자들이 수월하게 경제 활동을 할 수 있어 보답한 것이다. 이처럼 절대 왕정 체제 하에서 시민 계급이 크게 성장했다. 절대 왕정은 봉건 사회에서 근대 시민 사회로 나아가는 징검다리 역할을 했다.

유럽에서 절대 왕정 체제가 처음 등장한 나라는 스페인이다. 16세기 중반의 펠리페 2세가 주역이다. 펠리페 2세는 스페인, 네덜란드, 시칠리아, 포르투갈, 아메리카 등을 지배했다. 가장 먼저 '해가 지지 않는 제국'을 만든 인물이 바로 펠리페 2세다. 펠리페 2세의 최고 자랑거리였던 무적함대는 영국 함대에 참패했다. 영국 엘리자베스 1세 통치 시절의 일이다. 영국에서는 이 엘리자베스 1세와, 그의 뒤를 이어 왕권신수설을 주창한 제임스 1세 때 절대 왕정이 확립되었다.

독일, 오스트리아 등 유럽 동쪽에 있는 나라들은 17세기에 가서야 절대 왕정 체제가 수립되었다. 독일(프로이센)은 스스로

스페인의 절대 왕정을 완성한
펠리페 2세

를 '국가 제일의 심부름꾼'이라 부른 프리드리히 2세 때, 오스트리아는 마리아 테레지아 여왕 때, 러시아는 표트르 대제 때 각각 절대 왕정 전성기를 맞았다. 프랑스에서는 영국과 비슷한 시기인 16세기 중반의 앙리 4세 때 절대 왕정이 시작되었다. 그러다 17세기 중반 왕에 오른 루이 14세 때 절정기를 맞았다. 루이 14세 시절 프랑스는 군사, 문화 등 모든 분야에서 유럽의 최고 강대국으로 부상했다. 루이 14세는 "짐이 곧 국가다"라고 선언했다. 정말 대단한 자신감이 아닌가.

루이 14세는 특히 발레를 사랑했다. 얼마나 사랑했느냐면, 발레리노로 직접 무대에 오를 정도였다. 이쯤 되면 정말 지독한 발레 사랑이다.

1653년, 프랑스 파리 쁘띠부르봉 극장에서 〈밤의 발레(Ballet de la

그리스 신화의 아폴론 복장을 하고
공연을 하는 루이 14세

Nuit)〉라는 아주 특별한 작품이 공연되었다. 4막으로 구성된, 무려 13시간짜리 작품이었다. 이 발레가 특별한 이유는 긴 공연 시간 때문이 아니다. 당시 열다섯 살의 어린 왕 루이 14세가 무대에 올랐기 때문이다.

루이 14세는 이 작품에서 태양신 아폴론을 연기했다. 온몸을 황금빛 옷으로 감쌌다. 머리에는 태양을 연상케 하는 왕관을 썼다. 발레리노들은 그의 주변을 돌면서 연기를 펼쳤다. 태양계의 중심이 태양인 것처럼, 아니 더 정확히 말하면 태양신을 연기하고 있는 루이 14세가 태양인 것처럼 말이다.

중세 시대, 유럽 왕들에게는 종종 별명이 붙었다. 비슷한 이름이 많으니 제대로 구분하기 위함이었다. 신체적 특징이나 성격을 반영한 별명이 많았다. 종교적 신앙심이 돈독한 루이(루트비히)는 '경건왕 루이'라 불렸다. 머리숱이 적은 샤를(카롤루스)은 '대머리 샤를'이라고 했다. 영국에도 같은 사례가 있다. 용맹하다고 해서 '사자심왕 리처드 1세', 영토를 많이 잃었다고 해서 '실지왕 존'이라고 불렀다. 루이 14세는 '태양왕'이라 부른다. 바로 이 발레 덕분에 얻은 거창한 별명이다. 그가 태양신을 연기하지 않았더라면 태양왕이란 별명은 얻지 못했을 것이다.

이 작품에 출연한 발레리노들은 전문 무용수가 아니었다. 모두 귀족이었다. 귀족들이 왜 무용수로 나선 것일까? 왕에게 잘 보이기 위해서? 물론 그랬을 것이다. 또 다른 이유가 있다. 발레리노로 무대에 오르는 것이 귀족의 특권이었기 때문이다.

중세 교회는 민중에게 엄격한 삶을 요구했다. 춤과 무용은 궁중 귀족들의 전유물이었다. 화려한 선율에 맞추어 춤을 추는 것은 권력을 가진 자만 누릴 수 있었던 엄청난 특권이었다. 여성도 이런 특권을 누릴 수는 없었다. 오로지 남성 귀족의 특권이었다.

발레는 귀족들의 궁정 문화였던 사교댄스에서 비롯되었다. 그 계기는 르네상스 때 만들어졌다. 르네상스는 15세기 이탈리아에서 시작된 문예 부흥 운동이다. 이탈리아의 예술가들은 명문 가문의 후원을 받아 다양한 창작 활동을 벌였다. 이 과정에서 귀족들의 사교댄스가 '작품'으로 무대 위에 오르게 된 것이다.

여러 설이 있지만 최초의 발레 작품은 15세기 말 밀라노 공국의 공작 결혼식 때 등장했다는 설이 가장 유력하다. 연회에는 거창한 요리를 빼놓을 수 없다. 이전 요리를 치우고 다음 요리가 나올 때까지의 시간은 지루하다. 그래서 짧은 무용극을 선보였다. 그리스 신화의 내용을 빌려와 만들었는데, 이 소문이 사방으로 퍼졌다. 이 짧은 무용극이 곧 발레로 발전했다. 본격적인 예술로서의 발레가 태동한 것이다. 뭐, 그렇다고 해도 여전히 귀족 문화일 뿐이었다.

프랑스는 전쟁 와중에 이 발레 문화를 수입했다. 16세기 중반, 프랑스가 발레가 태동한 나라 이탈리아의 밀라노 공국을 점령했다. 나아가 프랑스 왕 앙리 2세는 이탈리아 피렌체 공화국 지배자인 메디

프랑스 화가 에드가 드가의
〈무대 위에서의 발레 연습〉

치 가문의 여성과 정략결혼을 했다. 이 두 사건 덕분에 발레는 프랑스 궁정으로 세력을 넓힐 수 있었다.

그로부터 100여 년이 흘러 루이 14세가 통치할 무렵, 어느새 프랑스는 발레의 중심지로 우뚝 서 있었다. 루이 14세는 자연스럽게 어렸을 때부터 발레를 배웠다. 그러니 무대에 오른 게 이상하지 않다. 루이 14세는 전문 무용수를 양성하기 위한 발레 학교도 만들었다. 이제 발레리노가 전문 직업이 되었다. 얼마 후에는 여성에게 문호를 개방했다. 발레리나라는 전문 직업이 17세기 후반에 탄생한 것이다.

이후 러시아가 새로운 발레 강국으로 떠올랐다. 러시아 절대 왕정을 이끈 표트르 대제가 '서유럽 따라잡기'를 하면서 발레를 수입해 적극 육성했기 때문이다. 오늘날에도 러시아는 최고의 발레 강국이다.

　의문이 있다. 절대 왕정 군주들은 왜 발레를 그토록 양성했던 것일까? 권력과 직결되었기 때문이다. 루이 14세는 베르사유 궁전을 짓고, 매일 파티를 열었다. 귀족들은 그 파티에 댈 돈과 선물을 마련하느라 허리가 휘었다. 파티가 성대하고 잦아질수록 귀족의 경제적·정치적 지위는 하락했다. 반대로 왕의 권력은 점점 강해졌다. 그랬다. 루이 14세에게 춤과 발레는 단순한 취미나 예술이 아니었다. 그에게 발레는 '권력을 유지하는 도구'였다. 고도의 정치적 책략인 셈이다. 욕망은 이토록 복잡하다.

제국주의 야심으로 시작된 돈가스

욕망이 만들어낸 음식들

포크커틀릿(pork cutlet). 돈가스의 영어식 표현이다. 미국에 여행 가서 식당에 들렀다 치자. 그 식당에서 "Don-gas, please."라고 하면 종업원은 알아듣지 못한다. 혹시 다른 식당에선 돈가스를 팔까? 이런 생각을 하며 돌아다니지 말라. 발만 아플 뿐이다. 애초에 서양에는 돈가스가 없다. 돈가스는 일본에서 비롯된 음식이기 때문이다. 우리가 즐겨먹는 카레라이스도 비슷하다. 인도의 '먹자골목'을 이잡듯이 뒤져도 우리가 원하는 형태의 카레라이스는 찾을 수 없다. 혹시나 일본식 요리를 파는 곳에 가면 우리에게 익숙한 카레라이스를 먹을 수 있을지도 모른다.

돈가스, 카레라이스, 고로케를 일본의 3대 양식(洋食)이라고 한다. 어떤 사람들은 고로케 대신 스키야키(쇠고기 전골)를 3대 양식에 넣기도 한다. 이 요리들은 서양 음식을 바탕으로 하되 일본만의 독특한 조리법으로 재탄생했다. 그러니 고로케가 크로켓이란 서양 음식

과 다르고, 돈가스 역시 포크커
틀릿이 아닌 것이다.

1185년 일본에서는 가마쿠
라 막부가 출범했다. 일본 최초
의 무사 정권이다. 가마쿠라 막
부에 이어 무로마치 막부, 에도
막부(도쿠가와 막부)가 들어섰다.
약 700년 동안 일본의 왕(천황)
은 왕 구실을 하지 못했다. 권력
은 막부의 일인자인 쇼군이 장
악했다.

에도 막부의 마지막 쇼군인 도쿠가와 요시노부가
메이지 천황에게 정권을 넘기는 것을
선언한 장면을 그린 그림

19세기 들어 에도 막부는 미
국의 압력에 굴복해 문호를 개방했다. 일단 문이 열리자 다른 열강
들이 너도나도 일본으로 진출했다. 서양의 문물이 쏟아졌다. 일본
민중의 삶은 고달파졌다. 에도 막부로 비난의 화살이 쏟아졌다. 결
국 막부가 무너졌다. 권력은 다시 왕에게 넘어갔다. 이 왕이 메이지
다. 그래서 메이지 정부라 부른다.

1868년 메이지 정부가 출범했다. 메이지 정부는 서양 열강을 따
라잡기 위한 개혁에 돌입했다. 이를 메이지 유신이라 한다. 학교와
공장을 세웠다. 서양식 군대를 양성했다. 리트머스 용지처럼 서양
문화를 쭉쭉 빨아들였다. 일본은 열강이 되고 싶었다. 하지만 제도
만 개혁한다고 해서 서양을 따라잡을 수 있을까 하는 의문이 제기되
었다. 서양인과 비교하면 일본인의 체격은 왜소했다. 정치인들은 일
본이 진정한 열강이 되려면 서양인과 비슷한 수준까지 덩치를 키워

야 한다고 생각했다. 도대체 서양 사람들은 뭘 먹기에 저렇게 덩치가 좋은 것일까……? 메이지 정부는 서양 음식을 면밀히 검토했다. 곧 나름의 답을 찾았다. "오호라! 서양 사람들은 소고기와 돼지고기 같은 육류를 많이 먹는구나."

쇠뿔도 단김에 빼라 했다. 메이지 왕은 즉각 "앞으로 소고기와 돼지고기를 먹도록 하라!"라는 조서를 내렸다. 없어서 못 먹지, 주기만 하면 득달같이 달려드는 게 고기다. 그러니 '왕의 조서를 모두 환영했겠지'라고 생각하면 오산이다. 일본 국민은 이 조서를 반기지 않았다. 의외로 많은 국민이 이 정책에 반기를 들었다. 왜 그랬을까? 사실 일본 국민은 그 전까지 소고기를 먹어본 적이 거의 없었다. 뿐만 아니라 육류 자체를 별로 즐기지 않았다. 이유가 있다.

7세기의 일본 40대 천황 덴무는 독실한 불교 신도였다. 그는 살생을 금했다. 이때부터 일본인들은 육류를 잘 먹지 않았다. 어느덧 1,000년이 넘는 시간이 흘렀다. 그 긴 기간 동안 육류를 즐기지 않는 정서가 일본에 깊숙이 자리 잡았다. 그런데 갑자기 고기를 먹으라니! 반발이 생기는 게 어쩌면 당연하다. 극단주의자들은 "고기는 불결하고 영혼을 더럽힌다"며 저항했다.

메이지 정부는 소고기를 먹일 방법을 연구해야 했다. 의외로 쉽게 풀렸다. 군대의 병사들부터 소고기를 먹였다. 군대는 상명하복의 질서가 명확한 곳이다. 그러니 병사들은 거절하지 못하고 고기를 먹었다. 뜻밖의 상황이 나타났다. 막상 먹어보니 맛이 기가 막혔다. 병사들은 제대한 후 각자의 고향으로 돌아가서 소고기 예찬론을 폈다.

서양 문물을 많이 수입하다 보니 이미 많은 서양 요리가 소개되어 있었다. 하지만 여전히 지배층의 일부만 이 서양 요리를 즐겼다.

이 요리를 일본 사람들이 좋아하도록 개선할 방법이 없을까? 요리사들은 이런 고민을 시작했다. 물론 정부의 지침이나 명령이 있었을 터다.

일본인은 우리처럼 쌀로 만든 밥을 늘 먹는다. 고기 위주의 식사는 부담스러워한다. 그렇다면 서양과 일본의 식습관을 절묘하게 섞어 쌀밥과 고기를 같이 먹게 하자. 이런 생각에 따라 서양 요리를 바탕으로 한 일본만의 독특한 음식이 여럿 탄생했다. 대표적인 것이 이미 말한 대로 돈가스, 쇠고기 전골, 카레라이스, 고로케였다.

이 맛있는 음식들이 이런 탄생 비화를 가지고 있을 줄이야……. 오늘날까지 한국인들이 간혹 복용하는 약 중에도 일본의 제국주의적 속성이 근원인 것이 있다. 바로 정로환이다.

일본은 1903년 만주를 장악하기 위해 군대를 보냈다. 러시아가 딴죽을 걸었다. 일본은 한반도 문제를 놓고도 러시아와 갈등을 벌이고 있었다. 결국 일본은 러시아와 정면 승부했다. 그게 바로 러일 전쟁이다.

전쟁이 터지기 전, 만주에 있던 일본 병사들이 설사에 시달렸다.

당시 위생도 엉망이었고 영양 상태도 좋지 않았다. 설사병을 이기지 못하고 픽픽 죽어나간 병사들이 많았다. 일본은 약을 개발해 병사들에게 먹였다. 일본 병사들은 러일 전쟁 중에도 단체로 이 약을 먹었다.

러일 전쟁에서 승리한 일본은 득의양양했다. 이 약에 그럴 듯한 이름을 붙여주었다. 그 이름이 정로환(征露丸)이었다. 우리말로 풀면 '러시아를 정벌한 약'이다. 러시아로서는 자존심이 팍팍 상할 일이다. 나중에 일본은 정벌을 뜻하는 '征'을 바르다는 뜻의 '正'으로 바꾸었다. 그렇다면 '러시아를 바르게 하는 약'이란 뜻이 되나?

다시 메이지 정부로 돌아가서, 소고기 섭취 운동의 결과는 어땠을까? 다들 짐작한 대로 별 효과가 없었다. 물론 영양 상태가 좋아지면 체격과 체력이 좋아진다. 요즘 우리나라 청소년들의 체격이 10~20년 전보다 월등히 좋아진 걸 보면 이 사실을 알 수 있다. 하지만 단기간에 그렇게 될 수 있겠는가? 언감생심이다.

요즘 일본이 수상하다. 주변국과의 갈등이 꽤 커지고 있다. 자위대 무장을 비롯해 군사적 시위도 꺼리지 않는다. 혹시 다시 군국주의와 제국주의 시대로 돌아가려는 것일까? 제2의 소고기 섭취 운동은 어떤 형태로 구체화할지……. 신경이 쓰이는 것은 어쩔 수 없다.

제발 좋은 것만 따라 하자, 쫌!

좌우 이념의 뿌리와 허상

좌파와 우파의 탄생

1972년 5월, 리처드 닉슨 미국 대통령이 구(舊) 소련을 방문했다. 전략 무기 제한 협정, 즉 SALT(Strategic Arms Limitation Talks)를 체결한다는 발표가 나왔다. 전략 무기는 말 그대로 전략적으로 중요한 무기다. 대륙의 경계를 넘는 대륙간탄도미사일(ICBM), 잠수함에서 발사할 수 있는 잠수함발사탄도미사일(SLBM) 같은 것이 대표적이다. SALT를 통해 미국은 ICBM과 SLBM을 각각 1,054기와 710기로, 소련은 1,618기와 950기로 제한 또는 동결하기로 했다.

두 나라는 1979년에 제2차 SALT를 체결했다. 추가로 두 나라는 새로운 공격용 전략 무기를 더 이상 개발하지 않기로 했다. 냉전 체제가 일찍 무너질 수도 있었다. 제2차 SALT를 체결한 바로 그 해에 소련이 아프가니스탄을 침공하지 않았으면 말이다. 미국은 소련을 믿을 수 없었다. 결국 미국에서부터 조약 비준이 흐지부지되어버렸다. 1982년, 제3차 SALT 협정이 재개되었다. 당시 로널드 레이건 미국 대통령은 새로운 제
안을 덧붙였다. 미사일과 핵탄
두까지 감축하자는 것이었다.
그래서 협정 이름도 SALT에서
START(Strategic Arms Reduction
Talks)로 바뀌었다.

　1992년 소련이 붕괴했다. 미국의 대화 상대가 사라졌다. 협상 파
트너는 러시아, 우크라이나 등 소련 연방에 속했던 핵보유국으로 바
뀌었다. 이 나라들이 조약에 서명했다. 세계 평화를 위한 노력은 아
직도 진행 중이다.

　이 무렵 등장한 용어가 있다. 바로 회색 무기(Gray Zone Weapon)
다. 전략 무기인지 아닌지 불분명한 무기를 가리킨다. 사정거리가
대륙을 넘어서면 전략 무기가 되지만 그보다 짧다면 강력한 무기라
해도 전략 무기에 해당하지 않는다. 애매모호하다.

　냉전 시대에 미국과 소련, 그 어느 강대국의 엄포에도 꿈적하지
않는 지역이 있었다. 대표적인 곳이 중동이다. 중동은 지금도 미국,
러시아의 엄포가 먹혀들지 않는다. 이런 지역을 정치적으로는 회색
지대(Gray Zone)라고 한다. 이처럼 회색은 대체로 모호함과 중립의
이미지를 갖고 있다. 물론 악의적으로 쓰기도 한다. 예를 들면, 심지
가 곧지 못하고 박쥐처럼 오락가락할 때 회색분자라고 한다. 회색의
이미지는 어쩌면 백색과 흑색의 중간에 위치한 탓이리라. 이념의 스
펙트럼에서 실제로 회색은 중간의 자리를 차지한다. 정치적 중립 혹
은 중도 이념을 표방한다. 급진적이고 진보적인 성향을 좌파라고 한
다. 점진적이고 보수적인 성향은 우파라고 한다. 스펙트럼의 왼쪽이

좌익, 오른쪽이 우익이다. 우리는 언제부터 이런 식으로 이념을 구분했을까?

1789년 프랑스 혁명이 발발했다. 시민군은 바스티유를 습격했다. 혁명은 성공했다. 드디어 시민의 손에 권력이 들어왔다. 혁명 지휘부인 국민 의회는 봉건제를 폐지하고 국민에게 주권이 있다는 인권 선언을 발표했다. 새 정부를 구성하기 위한 진통이 시작되었다. 낡은 체제를 엎었지만 새로운 체제에 대한 의견이 엇갈렸다. 부유한 상공인, 혁명에 동참한 일부 귀족이 속한 왕당파는 입헌 군주제를 주장했다. 반면 다수의 시민 계급은 공화제를 주장했다.

초록은 동색이라 했다. 같은 욕망을 품은 사람들끼리 몰려 있는 것은 어쩌면 당연한 일이다. 입헌 군주제를 주장하는 파벌은 의장의 오른쪽에, 공화제를 주장하는 파벌은 왼쪽에 앉았다. 우익과 좌익이란 용어가 생긴 기원이다.

입헌 군주제를 주장한 라파예트와 미라보가 국민 의회를 장악했다. 1791년 9월, 그들은 입헌 군주제를 골격으로 한 헌법을 만든 후 국민 의회를 해산했다. 이어 입법 의회가 들어섰다. 일단 우익의 승리다.

왕은 식물인간과 다름없었다. 권력은 입법 의회가 장악했다. 입법 의회에는 부유한 상공인과 금융가, 법률가 등이 다수 포진했다. 그들 중 일부는 공화제를 주장했지만 그보다는 부르주아를 위한 나라를 만드는 게 더 중요했다. 온건한 공화파인 셈인데, 이들을 지롱드파라 했다. 지롱드파가 의장의 오른쪽에 앉았다. 왼쪽에는 급진적 공화주의자인 자코뱅파가 앉았다. 다시 좌익과 우익으로 나뉜 것이다. 비록 입헌 군주제가 시행되었지만 어쩌면 프랑스는 '서서히' 공화제로 갔을지도 모른다. 전쟁 만 일어나지 않았다면 말이다.

프로이센과 오스트리아는 프 랑스 혁명이 성공한 것이 못마 땅했다. 혁명 정신이 자기네 나 라로 퍼지는 것을 두려워했다. 두 나라는 프랑스를 응징하기로 했다. 1792년 4월, 전쟁이 터졌 다. 이 전쟁은 프랑스 민중을 다 시 흥분시켰다. 프랑스 민중은 왕궁을 습격했다. 루이 16세는 달아나다 붙잡혔다. 자코뱅파로 서는 판세를 뒤엎을 절호의 기 회. 자코뱅의 리더 로베스피에

로베스피에르. 공포정치를 했던 그는 자신이 처형한 루이 16세와 똑같이 단두대에서 처형되었다.

르는 정변을 일으켜 입법 의회를 장악했다. 이어 1792년 8월 공화제 를 선포하고, 다음 달 새 정부(국민 공회)를 출범시켰다. 좌익의 반격 이 성공했다!

1793년 1월, 로베스피에르는 루이 16세를 반역음모죄로 처형했 다. 우익 인사, 즉 지롱드파를 대대적으로 숙청했다. 공포정치가 시 행되었다. 이념 때문에 사람들이 죽어나갔다. 폭정을 휘두른 로베스 피에르 또한 1794년 7월, 단두대에서 처형되었다. 민중의 지지를 받 지 못한 탓이다. 민중은 이념보다는 좋은 정치를 원한다. 지롱드파 가 부유한 부르주아를 위한 정치를 지향한 점이나, 자코뱅파가 과격 한 공포정치를 한 점이나 민중에게는 모두 권력 다툼일 뿐이다.

흥미로운 점이 있다. 좌익, 우익이 그토록 피터지게 싸웠지만 권력은 나폴레옹이 가져갔다. 죽 써서 개 준 격이다. 한 가지 더. 프랑스 혁명을 이끌었던 이 지도자들이 대부분 자코뱅 클럽에서 활동했다. 자코뱅 클럽은 처음에는 다양한 사상을 모두 받아들인, 열려 있는 혁명 단체였다. 권력을 장악하는 과정에서 산산조각이 나버렸다. 가장 먼저 입헌 군주제를 주장하는 파벌이 클럽을 박차고 나갔다. 이어 지롱드파가 탈퇴했다. 악에 받친 과격 자코뱅파만 남았다.

　이념은 본디 한 뿌리일지도 모른다. 생각의 다름을 인정하는 것은 민주주의의 기본 정신이다. 오늘날의 대한민국은 어떤가? 자신에 대한 성찰은 없고, 상대 이념을 공격하는 데 혈안이 되어 있지는 않은가? 비뚤어진 이념은 파괴적 욕망의 투영이다.

정치란 이념의 승리가 아니라
국민의 승리를
이끌어내야 하는 것

최초의 흑인 공화국이 탄생한 곳은?

라이베리아와 아이티, 착취의 역사

라이베리아(Liberia).

어디선가 이 단어를 들어봤을 것이다. 혹시 열대 지방에서 나는 열매? 이렇게 생각했다면 지리 공부가 좀 필요할 것 같다. 하긴 전 세계의 국가 이름을 다 알 수는 없는 노릇이다. 지금부터라도 알아 두면 되지 않겠는가.

라이베리아는 아프리카 중서부에 있는, 인구 400만 명의 나라다. 영토는 남한보다 조금 크다. 원래 이름은 몬로비아였다. 미국의 5대 대통령 제임스 먼로의 이름을 땄다. 이 나라의 건국에 먼로의 공이 컸기 때문이다.

1821년 미국식민협회의 도움으로 해방된 흑인 노예와 혼혈인들이 이 땅으로 이주하기 시작했다. 착취가 없고 자유가 충만한 곳. 그들이 원하는 세상이었다. 그들은 아프리카의 중서부에 보금자리를 틀었다. 그래서 이 나라의 이름이 라이베리아다. '자유(liberty)의 땅'

혹은 '자유의 나라'란 뜻이다. 라이베리아가 공화국으로 정식 출범한 해는 1847년. 라이베리아는 '해방된 흑인 노예들이 세운' 최초의 공화국이 되었다. 물론 아프리카 최초의 공화국이기도 하다.

아프리카의 **라이베리아(붉은색)** 위치

권력은 망각을 동반하는 것일까, 아니면 권력을 맘껏 누려야 직성이 풀리는 게 인간의 본성일까? 이후 라이베리아의 흑인과 혼혈 통치자들은 그릇된 길로 갔다. 자신들이 미국에서 당했던 고통스런 삶을 현지 원주민에게 고스란히 '갚아'준 것이다. 지배와 피지배의 사슬이 현지 주민을 옭아맸다. 해방된 노예가 다시 노예를 부리는 상황이 연출되었다. 인간성을 상실한 정치는 치가 떨릴 정도로 가혹하다.

라이베리아는 미국과 영국 등 서방 세계의 원조를 받았다. 강대국들과 우호적으로 지낸 덕분에 아프리카 대륙에서 드물게 제국주의 열강의 식민지가 되지 않았다. 하지만 현지 원주민과의 관계는 더욱 악화되었다. 노예 제도는 국제적 비난의 대상이 되었다. 정치도 늘 불안했다. 아주 최근까지 내란이 횡행했고, 독재와 부정부패가 판쳤다.

2006년 민주 선거가 치러졌다. 조금은 나아진 듯하다. 하지만 여전히 불안하다. 아직은 자유의 땅이 아니라 고통의 땅인 것 같다. 언제 라이베리아라는 이름에 걸맞은 명성을 찾을 수 있을까.

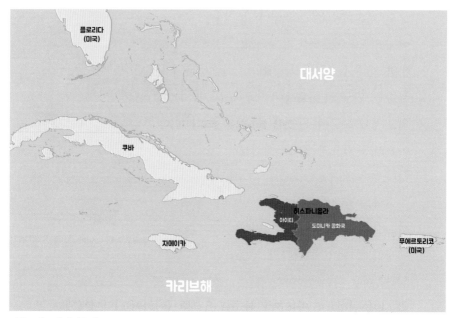

**서인도제도의 나라들과
히스파니올라 위치**

　라이베리아가 최초로 세워진 흑인 공화국은 아니다. 세계 최초는
따로 있다. 라이베리아보다 최소한 40여 년 먼저 탄생했다. 그것도
아프리카가 아닌, 북아메리카 카리브해에서다. 이 나라가 바로 아이
티 공화국이다.

　1791년 8월, 아이티에서 흑인 노예들이 봉기했다. 그들은 프랑스
지배자를 몰아내기 위해 목숨을 걸었다. 이후 4년 넘게 흑인 노예들
은 프랑스, 영국, 스페인 군대와 싸웠다. 이 독립 투쟁에 아메리카 원
주민은 동참할 수 없었다. 이미 '멸종'했기 때문이다. 어쩌다 이런
지경이 되었을까?

　카리브해에는 히스파니올라섬이 있다. 서인도제도에서 두 번째로

큰 섬이다. 이 섬의 서쪽에는 아이티, 동쪽에는 도미니카가 있다. 이 히스파니올라가 유럽 사람들에게 '발견'된 해는 1492년, 콜럼버스의 첫 항해 때다. 히스파니올라 근처에서 콜럼버스 일행이 타고 간 배 3척 중 산타마리아호가 좌초했다. 두 척의 배에 선원이 다 탈 수는 없는 노릇. 콜럼버스는 선원 40여 명에게 명령을 내렸다. "여기에 식민지를 건설하고 기다려. 곧 올 테니까."

이듬해 콜럼버스는 2차 탐험대를 이끌고 히스파니올라에 갔다. 선원들은 보이지 않았다. 원주민과의 전투에서 패해 전멸했던 것이다. 콜럼버스는 무력으로 원주민을 제압했다. 히스파니올라는 스페인의 식민지가 되었다. 이때부터 학살로 원주민 인구가 급격하게 줄었다. 학살보다 더 큰 문제는 질병이었다. 독감, 홍역, 천연두, 매독 등 유럽 사람들이 질병을 옮겼다. 원주민의 씨가 마를 지경이 되어 버렸다. 이때부터 아프리카의 흑인들을 이곳으로 실어 나르기 시작했다.

16세기 후반부터 17세기 중반까지는 '해적의 시대'였다. 대서양을 오가는 부유한 스페인 상선을 노리는 해적선이 자주 출몰했다. 스페인을 견제하기 위해 영국이나 프랑스 정부가 은근슬쩍 해적을 지원하기도 했다. 그러니 해적들은 살판이 났다. 땅 하나 빼앗는 거야 식은 죽 먹기였다.

17세기 초반, 프랑스 해적이 스페인 정복자들로부터 아이티를 빼앗았다. 17세기 말에는 정식으로 프랑스령으로 삼았다. 아이티의 '주인'이 스페인에서 프랑스로 바뀐 것이다. 이 무렵 아이티에서 아메리카 원주민의 모습은 거의 찾아볼 수 없었다. 아프리카에서 끌려온 흑인 노예들만이 농장과 금광, 은광에서 죽을 때까지 일하고 있

**아이티 독립운동의 지도자
투생 루베르튀르**

었다. 흑인들은 대를 이어 핍박과 착취를 당했다. 죽음보다 더한 고통의 200여 년, 참았던 울분이 1791년에 터졌다. 흑인 봉기군이 프랑스 군대를 몰아내면 스페인 군대가 몰려왔다. 그들을 몰아내자 다시 영국 군대가 쳐들어왔다. 흑인 봉기군은 죽기 살기로 그들을 모두 물리쳤다.

마침내 흑인들이 승리했다. 1804년 1월, 흑인들은 공화국을 세웠다. 세계 최초로 흑인 공화국이 들어서는 순간이었다. 또한 라틴아메리카에서 유럽 지배자의 사슬을 처음으로 끊는 순간이기도 했다. 이 나라가 바로 아이티 공화국이다.

권력은 정말로 요물인가 보다. 아이티의 흑인들은 프랑스 혁명 이념에 고무되어 봉기했다. 하지만 공화국을 세운 후에는 이웃 국가인 도미니카를 괴롭혔다. 나중에는 아예 도미니카를 지배해 22년 동안 온갖 착취를 했다.

정치와 경제 후진국이 대개 그렇듯 아이티도 라이베리아처럼 기구한 역사를 이어갔다. 내란에 독재, 부패……. 판박이가 따로 없다. 아이티는 세계에서 극빈 국가 중 하나다.

아이티는 지진 피해가 큰 나라이기도 하다. 2010년 1월에는 리히터 규모 7.0의 대지진으로 나라 전체가 풍비박산이 났다. 당시 대통령궁과 국회 의사당이 모두 무너졌고, 22만 명 이상이 죽었다. 부상자만 30만 명이었다.

아이티 혁명 때 백인 시민들을 살해하는 흑인들을 묘사한 그림

최초란 수식어는 늘 매력적이다. 가장 먼저 도전했고, 그에 합당한 성취를 이루었기 때문이다. 하지만 최초보다 '시작할 때의 마음'이 더 중요하다. 라이베리아와 아이티는 그 초심을 팽개쳤다. 지배하려는 욕망에 사로잡혔다. 어쩌면 지금의 혼란은 그들 스스로 자초한 것인지도 모른다.

세기의 사랑, 그 진실은?

윈저 공과 심슨 부인

권력, 돈, 명예 이 모든 것을 가진 남자가 프러포즈를 한다면? 아마도 적잖은 여성분들이 소녀 시절 이런 상상을 해봤으리라. 성인이 되었으니 이런 상상을 공상이나 망상쯤으로 여기는가? 그럴 필요까지는 없다. 꿈은 원래 비현실적이니까. 그 대신 짧은 순간이나마 행복해지지 않는가? 그걸로 족하다.

이번엔 남자의 관점에서 보자. 만약 내가 백마 탄 왕자라면? 동화 속의 주인공처럼 모든 기득권을 버리고 평민 여성과 결혼할 수 있을까? 아마 꽤 고민이 될 것이다. 물론 불가능하지는 않다. 신분의 장벽을 부수고, 경제적 어려움을 극복할 용기만 있다면 말이다. 사랑으로 무엇인들 이루지 못하겠는가? 실제로 1930년대에 영국에서 이런 일이 있었다.

1936년 1월 20일, 영국 왕 조지 5세가 사망했다. 42세의 왕태자가 제40대 영국 국왕에 즉위했다. 바로 에드워드 8세. 그는 왕자 시절 군대 총사령관, 내각 장관, 대학 총장 등을 거치며 충실하게 후계 수업을 받았다. 그러니 모든 것은 순조로웠다. 왕위 계승 선포식 때 에드워드 8세의 곁에는 한 여성이 있었다. 두 살 아래의 연인 월리스 심슨이었다. 왕실 가족과 내각 관료들은 그녀를 못마땅한 시선으로 바라보았다.

왕위 즉위 후 처음 영국 의회를 방문했을 때의
에드워드 8세

이로부터 채 1년도 흐르지 않은 1936년 12월 11일, 에드워드 8세는 떨리는 목소리로 라디오 방송 마이크 앞에 섰다. 그의 성명은 영국 전역으로 방송되었다.

"몇 시간 전, 국왕으로서 마지막 업무를 끝냈습니다. 나는 사랑하는 여성과 함께하지 않고는 국왕의 책무를 다할 수 없습니다. 나는 왕위를 내놓기로 했습니다."

성명을 발표한 후 에드워드 8세는 동생에게 왕위를 이양했다. 그가 조지 6세다. 에드워드 8세는 윈저 공작으로 신분이 하향 조정된 채 영국을 떠났다. 도대체 무슨 일이 벌어진 것일까? 그놈의 '사랑' 때문이었다. 이루지 못할 사랑을 기어코 이루려는 욕망 때문이었다.

에드워드 8세는 왕자 시절인 1930년경 연회에서 심슨을 만났다. 그녀는 영국인이 아니라, 미국인이었다. 게다가 유부녀였다. 두 사람은 '불륜'을 시작했다. 이때까지만 해도 미래까지 걱정하진 않았

**젊은 시절의
에드워드 8세를 그린 초상화**

으리라. 에드워드 8세는 왕이 된 후 심슨 부인의 남편에게 이혼을 요구했다. 왕이니까 모든 것이 마음대로 되는 것 아니냐고? 아니다. 영국의 법은, 왕이 이혼녀를 아내로 맞을 수 없도록 규정해놓고 있었다. 심슨 부인도 에드워드 8세와의 결혼을 포기하는 쪽으로 마음을 굳혀가고 있었다.

이 사실이 언론을 통해 보도되었다. 왕실이 발칵 뒤집혔다. 왕실의 품위가 추락했다며 해명을 요구하는 목소리가 터져 나왔다. 내각의 스탠리 볼드윈 총리는 에드워드 8세에게 마음을 바꿀 것을 간청했다. 에드워드 8세는 "심슨 부인의 신분을 격상하지 않아도 좋으니 왕위를 유지하게 해달라"라고 호소했다. 총리는 거절했다. 이제 방법이 없었다. 사랑이냐, 왕위냐를 놓고 선택만 남았다. 에드워드 8세는 사랑을 택했다.

영국을 떠난 에드워드 8세, 아니 윈저 공은 프랑스에 정착했다. 하지만 심슨 부인의 이혼 소송이 아직 끝나지 않아 당장 결혼할 수는 없었다. 1937년 6월 3일이 되어서야 두 사람은 프랑스의 조그만 성에서 결혼식을 올릴 수 있었다. 하객은 고작 16명. 영국 왕실 하객은 한 사람도 없었다. 이후로도 영국 왕실은 심슨에게 작위를 내리지 않았다. 그러니 심슨은 그저 '심슨 부인'일 뿐이었다.

이 러브 스토리는 전 세계를 뒤흔들었다. 로맨틱하다는 반응에서부터 무책임하다는 반응까지 다채로웠다. 또한 온갖 억측과 의혹도 흘러나왔다. 그 이면을 들여다보자.

우선 두 사람은 뜨겁게 사랑했을까? 확실히 그랬던 것 같다. 단, 두 사람이 모두 순정파는 아니었다. 에드워드 8세는 왕자 시절부터 유부녀와 자주 바람을 피웠다. 사실 심슨 부인도 에드워드 8세가 사귀던 유부녀로부터 소개받았다. 그 유부녀가 잠시 여행을 떠난 사이에 에드워드 8세와 심슨 부인이 깊은 관계로 발전한 것이다. 심슨 부인도 에드워드 8세와 교제하는 동안 다른 유부남과 바람을 피우기도 했다.

사실 가장 심각한 의혹은 따로 있었다. 에드워드 8세가 나치주의자가 아니냐는 것이다. 그는 재위 중에 "독일과 우호적으로 지내자"라고 내각에 제안하기도 했다. 히틀러를 직접 만나기도 했고 퇴위한 후에도 나치주의자들과 가깝게 지냈다. 영국은 그런 에드워드 8세가 못마땅했다. 연합국의 리더인 영국 왕실 인사가 나치주의자라니! 세계가 비웃지 않겠는가.

이 의혹은 상당히 큰 국제적 논쟁으로 비화했다. 불똥은 심슨 부인에게로도 튀었다. 심슨 부인이 나치 스파이였고, 의도적으로 에드워드 8세에게 접근했다는 것이다. 이 의혹이 사실이라면 '세기의 사랑'은 순식간에 '세기의 스파이전'으로 돌변한다.

사실은 2002년에야 밝혀졌다. 아마 미국에서도 심슨 부인을 예의주시했나 보다. FBI가 비밀 보고서를 이때 공개했는데, 심슨 부인을

1935년 오스트리아의 스키장에서
에드워드 8세와 심슨 부인

스파이로 의심할 만한 여지가 전혀 없다고 기록되어 있었다. 오히려 성실하고 독립적이란 평판이 들어 있었다. 영국에서도 비밀리에 심슨 부인을 사찰했는데, 아무런 혐의도 찾아내지 못했다고 한다.

두 사람의 삶은 행복했을까? 주변 사람들의 전언에 따르면 두 사람은 죽을 때까지 서로를 챙겼다고 한다. 일단 합격점이다. 하지만 에드워드 8세는 중간에 딱 한 번 영국을 방문했을 뿐, 죽을 때까지 고국으로 돌아가지 못했다. 말년의 에드워드 8세는 고국이 그리웠다. 동생인 조지 6세에게 귀국 허가를 요청했다. 하지만 조지 6세는 거절했다. 나아가 "내 명령을 거역하고 돌아온다면 왕실에서 지원하는 비용을 모두 끊겠다"라고 협박했다.

1972년, 에드워드 8세는 프랑스에서 생을 마감했다. 조지 6세의 뒤를 이어 영국 왕에 오른 엘리자베스 2세는 그제야 심슨 부인을 버킹엄궁에서 살게 했다. 뒤늦게나마 '가족'으로 인정한 것일까? 두 사람은 죽은 뒤 영국 왕실 묘지에 나란히 묻혔다.

사랑은 본능에 가까운 욕망이다. 하지만 역사 속의 통치자들은 대부분 사랑이란 욕망보다 권력을 더 중요하게 여겼다. 아내, 남편, 자식을 모두 죽인 비정한 통치자가 많았다. 그런 점에서 에드워드 8세와 심슨 부인의 '세기의 사랑'은 울림이 크다. 물론 그 이면에는 우리가 모르는 이야기들이 더 숨어 있을지 모른다. 하지만 더 알고 싶지는 않다. 권력을 초월한 순수한 러브 스토리 한 편쯤은 지키고 싶다.

잔혹과 열정 사이의 이름, 비키니

현대사를 뒤흔든 두 가지 사건

태평양의 도서국 마셜제도 공화국은 비운의 나라다. 마셜제도는 총 1,200개의 작은 섬과 5개의 산호섬, 29개의 환초로 되어 있다. 이미 몇몇 섬이 바다에 잠겼다. 기후 변화의 영향이다. 2014년 기준으로 이 나라의 인구는 5만 5,000여 명. 이 가운데 1,200여 명은 이미 다른 섬으로 이주했다.

기후 변화의 영향을 받고 있는 태평양의 도서국이 어디 마셜제도 뿐이겠는가. 몰디브나 투발루 같은 나라들도 수몰 위기에 처해 있다. 지금도 해수면이 계속 상승하고 있다. 지난 100여 년 동안 19센티미터가 상승했으며 향후 100여 년 동안 26~82센티미터 더 높아질 거란다. 이러다가 수십 년 내로 이 나라들이 지도에서 사라질지도 모른다.

특히 마셜제도가 비운의 나라인 까닭이 있다. 마셜제도에 있는 섬, 정확히는 환초인 비키니(Bikini) 환초의 비극 때문이다. 비키니는 원주민의 언어로 코코넛섬이란 뜻이다. 예전에는 코코넛이 꽤 유명했나 보다. 여성들의 수영복 비키니가 바로 이 섬의 이름에서 비롯되었다.

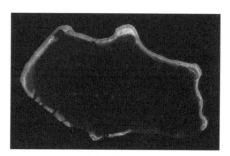
비키니 환초를 공중에서 촬영한 모습

환초는 섬의 중앙부가 바다 속으로 가라앉은, 고리 또는 원형 모양의 산호초 섬들을 가리킨다. 산호초 섬 안쪽으로는 호수로 변한 바닷물이 들어찬다. 비키니 환초는 23개의 산호초 섬으로 구성되어 있다. 호수로 변한 바닷물의 넓이가 서울시 면적과 비슷하다. 이 비키니섬에는 현재 사람이 살지 않는다. 잠시 머물 수는 있지만 장기 체류는 불가능하다. 가벼운 산책 정도만 가능하다. 에메랄드빛 바다에 수십 개의 산호로 둘러싸여 신비감마저 자아내는 이 비키니섬에 도대체 무슨 일이 있었기에……

이 지역은 태평양 전쟁 때 일본군의 점령 하에 있었다. 전쟁이 끝나자 미군이 점령군으로 들어왔다. 이어 미국의 신탁 통치가 이어졌다. 여기까지는 별 문제가 없었다. 미국은 히로시마와 나가사키 두 곳에 원자 폭탄을 떨어뜨려 일본의 항복을 받아냈다. 미국은 그 핵무기의 성능을 개선했고, 테스트할 장소를 찾고 있었다. 비키니섬이 선택되었다. 비극의 시작이었다.

1946년 2월, 미군은 비키니섬 주민 167명에게 "섬에서 나가라!"라고 통보했다. 미군의 결정은 법보다 강했다. 섬 주민들은 거부할 권리가 없었다. 결국 주민들은 100킬로미터 이상 떨어진 무인도로 강제 이주되었다. 그나마 다행인 것은 "20년 이내에 돌아올 수 있

**비키니 환초에서
핵실험을 하던 당시의 모습**

다"라고 미군이 말했다는 것이다. 그 약속이라도 지켜지기를 간절히
빌었다.

　1946년 7월 1일, 미국은 비키니섬에서 핵실험을 실시했다. 미국은
이 사실을 전 세계의 언론에 공개했다. 당시에는 소련과 미국을 중
심으로 냉전이 벌어지고 있었다. 미국은 막강한 핵무기 능력을 소련
과 공산주의 진영에 과시하고 싶었을 것이다. 미국은 이때부터 1958
년까지 이 비키니섬에서만 23회 핵실험을 했다. 이를 포함해 마셜제
도에서 총 63회 핵실험이 이루어졌다. 1954년의 해저 수소 폭탄 실
험 때는 비키니 환초의 섬 3개가 사라져버렸다.

　비키니섬의 주민 중 일부가 1969년 고향으로 돌아왔다. 에메랄드
빛 바다는 죽음의 바다로 변해 있었다. 지하수는 오염되었다. 방사
능 감염으로 암에 걸리는 주민이 속출했고, 기형아가 태어났다. 결
국 1978년 주민들은 다시 섬을 떠나야 했다. 그들은 이 섬 저 섬을

돌면서 떠돌이 삶을 살아야 했다. 다시는 고향으로 돌아가지 못했다. 2014년 미국 대학 연구팀이 조사한 결과 비키니섬의 방사선 수치는 많이 떨어졌다고 한다. 하지만 여전히 식수 오염 가능성이 있어 거주하는 것은 어려워 보인다.

비키니섬 주민들은 1970년대 중반부터 미국에 맞서 싸웠다. 국제적 여론 또한 미국에 썩 우호적이지 않았다. 미국도 모른 척할 수 없는 상황. 결국 미국은 비키니섬의 주민들을 돕기 위한 기금을 만들었다. 하지만 액수가 크지는 않았다. 이 기금만으로는 피해를 입은 비키니섬의 주민 모두에게 피해 배상을 하는 것이 불가능했다.

마셜제도는 1986년 미국으로부터 독립해 공화국을 세웠다. 이후 마셜제도 공화국은 본격적으로 미국과의 법적 싸움을 벌였다. 마셜제도는 미국, 영국, 프랑스, 러시아, 중국 등 9개의 핵보유국을 국제사법 재판소에 고소했다. 이 나라들의 핵무기 경쟁에 지구가 희생되고 있다는 문제의식을 보여주기 위해서였다. 어쩌면 마셜제도를 비롯한 태평양 일대가 수몰 위기에 처한 것도 수십 번의 핵실험과 직접 혹은 간접적으로 연관이 있을 거라고 말하는 사람들도 상당히 많다.

이처럼 비키니섬의 추억은 상당히 암울하다. 안타깝기까지 하다. 그런데 어쩌다가 여성 수영복인 비키니가 이 섬의 이름에서 유래했을까?

비키니섬에서 첫 핵실험이 벌어지고 4일이 지난 7월 5일, 프랑스 파리의 피신몰리토르 수영장에서 이색적인 수영복을 선보이는 패션쇼가 열렸다. 여성 모델이 등장하자 참석자들은 경악했다. 19세의 여성 모델 미슐랭 베르나르디니는 성인 손바닥 크기의 천으로 가

습과 은밀한 국소 부위만 가리고 있었다. 한 손에는 성냥갑을 들었다. 돌돌 감으면 비키니 수영복을 그 상자 안에 넣을 수 있다는 뜻이었다. 당시의 수영복은 대체로 전신을 가리는 형태였다. 신체를 드러내는 것은 경박할 뿐 아니라 불경스럽다고 여기던 때였다. 그러니 이 모델이 입은 수영복은 그야말로 충격 그 자체였다. 알고 보니 그 모델은 무명 댄서였다. 수영복이 워낙 파격적인 데다 노출이 심해서 모델들이 착용하기를 거부했던 것이다. 이 수영복을 디자인한 루이 레아르는 수영복의 이름을 '비키니'라고 지었다. 4일 전에 미국이 공개 실시한 핵실험이 전 세계적으로 화제가 된 데서 착안했다. 자신이 만든 수영복도 전 세계적으로 화제가 될 것이란 점을 강조하기 위해서였다.

비키니 수영복은 핵실험만큼이나 큰 파장을 불러일으켰다. 다만 긍정적이지는 않았다. 극단적이다 싶을 정도로 비키니 수영복에 대한 멸시와 천대가 이어졌다. 교황청 또한 비키니 수영복을 죄악이라며 꾸짖었다. 패션의 나라라는 이탈리아에서도 비키니 착용을 금지했다. 하지만 1960년대 이후 비키니 수영복은 여성 해방의 상징으로 여겨졌다. 1970년대 이후 히피 문화가 확산되면서 미국, 유럽 등에서 큰 인기를 얻었다.

냉전 주도권을 잡으려는 미국의 욕망, 여성의 아름다움을 극단적으로 드러내려는 디자이너의 욕망, 성의 해방을 부르짖는 여성의 욕망⋯⋯. 서로 다른 방식으로 '비키니'라는 이름은 현대사에 큰 영향을 남긴 것 같다. 비키니섬은 2010년 8월 2일 유네스코 세계 문화유산으로 등재되었다. 기억해야 할 역사란 뜻이다.

콜럼버스는 더 이상 영웅이 아니다

콜럼버스에 대한 역사의 재평가

미국의 수도는 워싱턴 D.C.다. D.C.는 컬럼비아 특별구(District of Columbia)의 약자다. 크리스토퍼 콜럼버스(1451~1506)의 아메리카 대륙 '발견'을 기념하기 위해 이런 이름을 붙였다. 아메리카 대륙의 여러 나라에서 10월 12일을 '콜럼버스의 날(Columbus Day)'로 부른다. 콜럼버스가 아메리카 대륙에 상륙한 날짜(1492년 10월 12일)를 기념하기 위해서다. 다만 미국은 날짜를 고정하지 않고 10월 둘째 주 월요일로 정했다.

콜럼버스는 유럽 사람으로서는 처음으로 아메리카 대륙을 발견했다. 그러니 수세기 동안 영웅 대접을 받아왔다. 미국의 수도에 이름을 넣었고, 따로 기념일까지 만든 것이 그 증거다. 하지만 더 이상 콜럼버스는 아메리카 대륙, 게다가 미국에서까지 영웅 대접을 받지 못하고 있다. 찬밥 신세가 되었다. 아니, 악당으로 추락하기까지 했다.

1492년 8월 3일, 콜럼버스는 대서양으로 나아갔다. 산타마리아호를 모선으로 한 3척의 함선에 120여 명의 선원이 탔다. 목적지는 인도. 후추를 비롯한 향신료를 구하기 위해서였다. 이 항해는 스페인 왕실이 지원했다. 스페인은 포르투갈이 아프

미국 뉴욕에서 열린
콜럼버스의 날 퍼레이드

리카 남단을 돌아 인도로 가는 바닷길을 개척하자 위기감을 느꼈다. 그러던 차에 콜럼버스가 나타나 "대서양을 가로지르면 최단 시간에 인도에 도착할 수 있다!"라고 호언장담하는 게 아닌가. 요즘의 지리 상식으로는 말도 안 되는 이야기다. 어쩌면 역사에서 가장 '멍청한 항해'인지도 모른다. 하지만 당시의 스페인 왕실은 재고 자시고 할 여유가 없었다.

10월 12일, 함대가 육지에 닿았다. 콜럼버스는 그 땅을 인도로 여겼다. 이 1차 항해에서 쿠바와 히스파니올라(오늘날의 아이티와 도미니카 공화국)를 '발견'했다. 인도가 아니었기에 후추는 없었다. 그 대신 금덩어리 몇 조각을 가지고 스페인으로 돌아갔다. 신대륙이 황금으로 뒤덮였다는 헛소문이 퍼져 나갔다. 일확천금을 꿈꾸는 사람들이 콜럼버스의 2차 항해에 합류했다. 그러나 황금은 없었다. 유럽의 모험가들은 행패를 부리기 시작했다. "금을 가져오란 말이야!" 죄 없는 원주민을 학살했고, 강제로 배에 태워 스페인으로 돌아갔다. 그 원주민들은 유럽에서 노예로 팔려나갔다.

1502년 콜럼버스는 4차 항해에 나섰다. 이것이 마지막이었다. 끝

아메리카 대륙에 도착한
콜럼버스를 묘사한 그림

내 콜럼버스는 후추도, 금도 구하지 못했다. '실패한 항해'였다.

아메리카 원주민에게는 이 네 번에 걸친 콜럼버스의 항해가 '죽음의 항해'가 되었다. 일확천금을 노리고 유럽의 모험가들이 몰려왔다. 그들은 원주민을 닥치는 대로 학살했다. 그들은 질병도 퍼뜨렸다. 면역력이 없는 원주민은 속수무책으로 죽어야 했다. 바로 이 부분에서 콜럼버스에 대한 평가가 엇갈린다. 유럽의 행패가 시작된 계기를 만든 장본인이 콜럼버스란 것이다. 영웅이 악당으로 추락하기 시작했다. 그 계기는 1970년대에 만들어졌다.

1972년 미국의 역사학자 앨프레드 크로스비는 『콜럼버스의 교환(The Columbian Exchange : Biological and Cultural Consequences of 1492)』이라는 저서를 통해 콜럼버스의 영웅 이미지를 무참하게 깨

부수었다(2000년 이후 이 책이 다시 출간되었으며 국내에서는 '콜럼버스가 바꾼 세계'란 이름으로 출간되었다). '콜럼버스의 교환'이란 콜럼버스가 아메리카에 도착한 후 벌어진 다양한 교류를 가리키는 용어다. 옥수수, 감자와 같은 아메리카 작물이 유럽과 아시아에 전파되었다. 받은 것이 있으니 주는 것이 있어야 한다. 유럽 사람들도 아메리카에 전파한 게 있다. 천연두, 홍역, 매독과 같은 질병이다. 면역력이 없는 아메리카 원주민은 질병과 학살로 죽어나갔다. 80퍼센트의 원주민이 목숨을 잃었다. 누가 봐도 공평하지 못한 '교환'이다. 이 용어가 1990년대를 전후해 미국의 역사 교과서에 실리기 시작했다. 학생들은 콜럼버스의 '신대륙 발견'이 어떤 결과를 낳았는지 정확하게 알게 되었다.

후폭풍이 컸다. 아메리카 대륙 전체에서 콜럼버스를 '규탄'하기 시작했다. 콜럼버스의 날은 연방 휴일이다. 하지만 일부 지역에서는 정상적으로 학교를 연다. 사실상 휴일을 거부하는 셈이다. 원주민의 후손이 많은 지역에서는 이런 흐름이 더욱 강해졌다.

1992년 미국 미네소타 대학교에서 학생들이 콜럼버스에 대한 모의재판을 열었다. 12명의 배심원은 10개의 혐의를 심의했다. 그 결과 노예 범죄, 강제 노동, 살인, 폭행, 고문, 유괴, 절도 등 7개 혐의에 유죄를 인정했다. 배심원단은 각 혐의에 대해 50년씩, 모두 350년의 사회봉사 판결을 내렸다. 콜럼버스의 명예가 추락하기 시작했다. 1998년에는 중앙아메리카 온두라스에서 더 무거운 판결이 나왔다. 원주민들은 콜럼버스 모의재판에서 노예무역, 대량학살, 성폭력 등을 인정해 사형을 선고했다. 원주민들은 아메리카에 처음 도착했을 때의 복장을 한 콜럼버스 초상화에 사형을 집행했다.

심지어 어린이들조차 더 이상 콜럼버스를 영웅으로 인정하지 않았다. 2009년, 미국 펜실베이니아주의 한 초등학교에서 학생들이 콜럼버스에 대한 모의재판을 열었다. 열띤 토론 끝에 학생들은 콜럼버스가 스페인 왕실을 빙자해 사기, 절도 등의 범죄를 저질렀다며 무기징역을 선고했다. 콜럼버스가 설 땅이 점점 좁아지고 있다.

최근으로 올수록 이런 경향은 더 강해지고 있다. 2017년, 미국 캘리포니아주 로스앤젤레스 시의회가 콜럼버스의 날을 폐지했다. 그날은 '원주민의 날(Indigenous Peoples Day)'로 바뀌었다. 최초로 이 법안을 제안한 시 의원의 말이 그럴 듯하다. "콜럼버스가 도착하기 전에 원주민이 살고 있었다. 그러니 콜럼버스가 아메리카 대륙을 발견했다는 이야기부터 틀렸다. 콜럼버스는 원주민을 학살하고 노예로 삼았을 뿐이다. 콜럼버스가 오기 전의 원주민을 기려야 한다. 그들이 이 땅의 주인이었다."

물론 아직도 콜럼버스를 기리려는 사람들이 미국에는 많다. 콜럼버스의 날은 여전히 연방 공휴일이다. 하지만 콜럼버스와 그의 '업적'에 대한 역사 재평가 작업은 속도를 올리고 있다.

영웅에서 사기꾼, 악당으로 추락하는 콜럼버스를 보면 무모한 욕

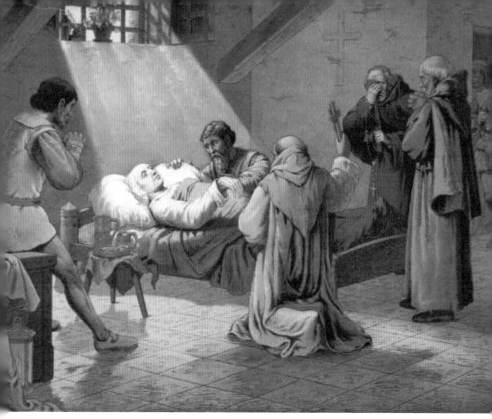

죽음을 맞은 콜럼버스를 묘사한 그림.
콜럼버스는 죽는 순간까지도 자신이 발견한 땅을 인도로 알았다.

망의 끝을 명쾌하게 알 수 있다. 콜럼버스의 추락은 자신의 이익을
위해 타인을 희생시키는 것을 당연하게 여기는 부패한 권력자들에
대한 경고다. 우리의 현대사를 떠올려보라. 독재자들은 협박과 조작
으로 공포정치를 폈다. 하지만 그들은 결국 역사의 심판을 받았다.
졸렬한 변명은 통하지 않는다. 역사란 그런 것이다.

CHAPTER 3

도전과
응전의 하모니

현실에 안주하는 순간, 역사의 수레바퀴는 작동을 멈춘다. 삶도 멈춘다. 끊임없이 새로움에 도전하는 사람들이 수레바퀴를 끌고 간다. 때로는 시대를 거스르려는 자들의 핍박에 맞서야 할 수도 있다. 그 핍박을 피하지 않고 온몸으로 저항하는 이들. 그들이 없었다면 역사는 정체되었을 것이다.

도전과 응전에는 늘 위험이 동반한다. 기득권을 내놓아야 한다. 스스로를 개혁하지 않으면 어떤 도전도, 어떤 응전도 성공할 수 없다. 따라서 도전과 응전은 역사를 담보로 한 도박이다.

University 명칭은 길드에서 유래했다

초기 대학의 모습

등록금은 대학 재정의 가장 큰 비중을 차지한다. 학생들은 매년 1,000만 원이 넘는 돈을 등록금으로 낸다. 이런데도 "대학의 주인은 학생이다!"라고 외치면 순진한 놈 소리를 듣는다. "무슨 ×소리냐? 대학의 주인은 재단이야!"라는 퉁바리가 돌아올 것이다. 허참, 대학이 처음 생길 때만 해도 이렇지 않았다. 대학의 주인은 학생이었다. 교수들? 학생들에게 꼼짝도 못했다. 학생들이 조합을 만들어 대학 행정을 완전히 장악하기도 했다.

현대적 의미의 대학은 12세기경 중세 유럽에서 태동했다. 가장 먼저 등장한 게 이탈리아의 볼로냐 대학이었다. 얼마 후에 프랑스의 파리 대학, 영국의 옥스퍼드 대학이 만들어졌다. 이 중에서 볼로냐 대학의 학생 조합이 가장 강했다. 이탈리아 북부의 볼로냐라는 도시에 있는 이 대학, 도대체 어떤 연유로 학생들이 조합을 구성한 것일까? 공부하기도 벅찰 텐데, 조합 활동까지 하려면 꽤나 부지런했을 것 같다.

볼로냐 대학에는 유명한 법학
자가 있었다. 바로 이네리우스
였다. 그는 비잔티움 제국의 황
제 유스티니아누스가 6세기 초
반에 만든 『로마법대전』의 해설
서를 쓴 법학 전문가다. 그가 11
세기 말부터 볼로냐 대학에서
법학을 가르쳤다. 그에게 강의
를 듣겠다며 유럽 전역에서 학
생들이 벌떼처럼 볼로냐 대학으
로 몰려왔다. 하지만 법학자의
부푼 꿈을 안고 볼로냐로 간 유
학생들은 인상을 찡그렸다. 학
생들이 머물 숙소가 태부족이었

이네리우스

던 것이다. 하숙집이 워낙 적었다. '부르는 게 값'이란 말처럼 하숙
비가 천정부지로 치솟았다. 하숙집 주인들은 "싫으면 나가. 너 말고
도 유학생 많아"라는 식으로 배짱 장사를 했다.

학생들은 뿔이 났다. 혼자 싸우면 버겁지만 뭉치면 이길 수 있다.
마침 12세기 중반에 신성 로마 제국 황제 프리드리히 1세가, 볼로냐
대학이 교회나 외부 기관의 압력을 받지 않도록 학생 집단을 별도
의 자치 단체로 인정했다. 학생들은 즉각 길드를 조직했다. 길드는
같은 업종 종사자들이 이익을 도모하기 위해 만든 조합이다. 보통은
상인과 수공업자들이 길드를 만들지만, 뭐 학생이라고 해서 만들지

말란 법은 없었다.

여러 개의 학생 조합이 만들어졌다. 시간이 흐르면서 조합이 점차 통폐합되었다. 그러다가 14세기 초 단일 학생 조합이 등장했다. 이때부터 학생 조합은 사실상 대학 본부의 역할을 하며 학교 행정을 담당했다. 학생 조합은 자치권을 가졌다. 조합의 회장은 사법권도 보유했다. 조합의 권력은 학생의 범위를 넘어 지역 주민에까지 미쳤다. 그러니 학생 조합의 권력은 오늘날의 대학 본부 이상으로 강력했다.

당시 학생 조합을 라틴어로 '우니베르시타스(universitas)'라고 불렀다. 이 라틴어에서 비롯된 영어가 바로 '유니버시티(university)'다. 오늘날 종합 대학의 어원이 이 학생 조합에서 유래한 것이다.

학생 조합은 곧 "방세를 인하하라!"라며 하숙집 주인들과의 투쟁에 돌입했다. 학생 조합의 기세가 워낙 등등했기에 하숙집 주인들은 무릎을 꿇을 수밖에 없었다. 학생 조합은 이어 교수들과의 투쟁을 시작했다. 학생 조합이 내건 요구 사항이 볼 만하다. "교수들은 수업 시간을 지켜라. 강의를 대충대충 하지 마라. 교수 마음대로 휴강을 하지 마라." 아주 직설적이다. 학생들이 버릇없다고? 아니다. 길드는 상호 부조와 자기 방어를 기본 원칙으로 한다. 철저히 자신의 이익을 위해 움직인다. 학생 조합이라고 해서 다를 것이 없다. 학생 조합은 길드의 원칙에 따라 당당하게 권리를 행사했을 뿐이다. 게다가 당시 교수에게 주는 강의료를 학생 조합이 부담했다. 강의료 액수 또한 교수와 학생 조합이 협상하여 결정했다. 사실상 학생 조합

이 교수를 고용한 것이다. 결국 학생 조합이 학교를 운영한 것과 다를 바 없다.

학생 조합은 더 나아갔다. 교수들에게 "수업을 잘하겠다"는 서약을 받아냈다. 시류에 영합하거나 역사에 반하는 반동 교수의 수업은 조직적으로 거부했다. 만약 교수가 난해한 부분을 슬쩍 넘어가면 정확히 설명하라고 항의했다. 심지어 교수에게 벌금형을 선고하기도 했다. 만약 교수가 학생 조합의 결정에 따르지 않으면 교수 명단에서 지워버렸다. 그러면 그 교수는 어느 곳에서도 강의를 할 수 없었다. 볼로냐 대학이 유럽에서 가장 유명한 대학이었으니까.

사실 교수들도 학생 조합에 맞설 조직을 갖고 있었다. 그게 바로 교원 조합이었다. 고대 로마 제국 시절부터 신앙이나 어떤 특정한 목적을 가지고 뭉치는 집단을 '콜레지아(collegia)'라고 불렀다. 일종의 동맹이다. 교수들은 이 '콜레지아'를 결성해 자신들의 이익을 지키려 했다. 오늘날의 단과 대학, 즉 '콜리지(college)'가 이 라틴어 '콜레지아'에서 비롯된 것이다.

볼로냐 대학, 파리 대학 등 여러 대학에서 교원 조합이 만들어졌다. 파리 대학에서는 교원 조합의 힘도 만만치 않았다. 다만 볼로냐 대학의 교원 조합은 학생 조합에 눌려 큰 활약을 하지 못했던 것 같다.

학생 조합은 학생이면 누구나 가입할 수 있었다. 하지만 교원 조합에 가입하려면 엄격한 심사를 거쳐야 했다. 조합원들 앞에서 강의를 시연해야 했고, 이 예비 강의에서 합격점을 받아야 조합원이 되었다. 오늘날의 교수 채용 시험과 비슷한 절차인 것 같다.

나중에 볼로냐시 정부가 대학 행정에 개입했다. 시 정부가 직접 박사와 교수를 임명하고 급료를 주었다. 대학교 개혁 위원회를 설치했고, 이 위원회는 학생 조합의 권력을 하나씩 빼앗았다. 그 결과 18세기 후반에는 학생 조합이 사라졌다.

볼로냐 대학은 명문 중의 명문이었다. 단테, 에라스무스, 페트라르카, 코페르니쿠스가 이 대학을 나왔다. 볼로냐 대학은 2000년 교훈을 '모든 학문이 퍼져나간 곳(Alma Mater Studiorum)'이라고 지었다. 요즘엔 주 정부가 재정을 댄다.

우리나라 대학에는 총학생회라는 자치 조직이 있다. 과거에는 총학생회가 주로 사회 민주화 투쟁에 앞장섰지만, 요즘에는 학내 민주화 투쟁이나 복지 증진에 많이 신경 쓰는 것 같다. 하지만 많은 학생들이 학생회 활동에 소극적이라는 이야기가 들려온다. 취업 걱정 때문이다. 청년이 서야 나라가 바로 서는 법이다. 자유롭게 진리를 탐구하고 사회 개혁을 추구하는 것이 젊음의 특권이자 의무인데…….'진리는 나의 빛'이라는 어느 대학의 슬로건이 무색해진다. 안타까운 노릇이다.

인류 유산을 지켜낸 아랍 문명

중세 시대 아랍의 찬란한 문화

오늘날 우리가 쓰는 숫자를 아라비아 숫자라고 한다. 중세 유럽 사람들은 아랍 상인들과 접촉하면서 이 아라비아 숫자를 처음 보았다. 원래 유럽에서는 로마 숫자를 썼다. 로마 숫자는 모양은 멋있을지 모르나 사용하기에는 불편했다. 반면 아라비아 숫자는 0이란 기호와 숫자 1~9의 조합을 통해 간편하게 모든 숫자를 나타낼 수 있다. 유럽 사람들은 그 편리성에 감탄하면서 이를 아라비아 숫자라 명명했다.

사실 아라비아 숫자의 고향은 아라비아반도가 아니다. 인도가 고향이다. 4세기에 출범한 인도 굽타 왕조 시절에 수학과 천문학이 크게 발달했다. 당시 인도 수학자들이 처음으로 0의 개념을 고안해냈다. 이것을 이슬람 수학자들이 받아들였다. 8~9세기에 활동했던 이슬람 수학자 알 콰리즈미가 인도에서 수입된 이 숫자를 활용해 수학을 획기적으로 발전시켰다. 알 콰리즈미는 사칙연산과 일차·이차

방정식을 처음 다루었다. 오늘
날 대수학(Algebra)이란 용어는
그가 쓴 책의 제목에서 비롯되
었다. 그의 책은 유럽으로도 널
리 퍼졌다. 유럽 수학자들은 그
의 책으로 공부했다.

8세기 중반, 이슬람 군대가 중
앙아시아 탈라스강에서 당의 군
대와 격돌했다. 이슬람 군대의
대승이었다. 이슬람 사령관은
당의 포로를 이끌고 개선했다.
포로 중에는 제지 기술자들도

아바스 이븐 피르나스
© Eulogia Merle

있었다. 아랍인들은 그 전까지 파피루스를 썼다. 포로로 잡혀온 중
국인 기술자들이 중국 제지술을 이슬람 세계에 전파했다. 아랍 상인
들은 이를 또 다시 유럽에 전파했다. 이번에도 최종 혜택은 유럽 사
람들이 본 것이다.

9세기 중반, 오늘날의 스페인에 살던 아랍인 아바스 이븐 피르나
스는 처음으로 비행에 도전했다. 그는 날개를 단 장치를 메고 높은
탑에 섰다. 적당한 바람이 불 때, 그가 허공으로 뛰어올랐다. '비행
기'는 아주 잠시 하늘을 날았다. 하지만 공중에 머문 시간은 그리 길
지 않았다. 추락했고, 그는 허리를 크게 다쳤다. 첫 비행의 열매는 이
처럼 썼다.

첫 시도는 후세 사람들의 도전 욕구를 자극한다. 르네상스 시대에
는 레오나르도 다빈치가 비행 장치를 설계했다. 그도 하늘을 날지는

**몽골피에 형제가 기구를 띄우는
모습을 묘사한 그림**

못했다. 하늘을 처음으로 난 것은 1783년의 일이다. 프랑스의 몽골피에 형제가 기구를 띄워 올렸다. 2명이 탄 기구는 900미터 높이까지 올라갔다. 공중에 머문 시간은 25분. 이후 기구 열풍이 불었다.

19세기 중반에는 글라이더가 처음 등장했다. 20세기 초에는 라이트 형제가 가솔린 엔진을 단 비행기를 발명했다. 마침내 인간은 하늘을 원 없이 날게 되었다. 이 모든 시초가 아랍인이었던 것이다.

고대 그리스는 역동적인 사회였다. 서양 철학의 원류가 갖추어졌고, 과학의 뿌리가 만들어졌다. 아시아에서도 이 무렵 철학과 과학이 모두 발전하고 있었다. 대체로 동양의 문화가 좀 더 우월해 보였지만, 양쪽은 균형을 맞추며 발전하고 있었다. 중세 시대는 달랐다. 중세 유럽은 침체된 늪과도 같았다. 역동성을 잃었다. 최근 들어 중세 유럽을 재평가해야 한다는 목소리도 나오지만 아직 대세를 이루지는 못하고 있다. 그래서 중세 유럽을 '암흑의 시대'라 부른다. 중세 유럽 사람들은 찬란했던 고대 그리스와 로마의 문화유산을 지키지 못했다. 바로 크리스트교 문화 때문이다. 중세 유럽에서는 모든 것을 크리스트교의 잣대로 보았다. 학문은 신학 위주로 발달했다. 과학은 침체했다. 역사의 수레바퀴는 진흙탕에 빠졌다.

반면 아랍에서 시작된 이슬람이란 파도는 크고 역동적이었다. 불

과 100년도 되기 전에 동으로는 인도와 중국 국경에서 서
로는 북아프리카를 넘어 스페인과 프랑스 남부
를 정복했다. 이전까지 이렇게 광대한
제국은 없었다. 로마 제국의 영토보다
넓었다. 훗날 몽골 제국이 등장하기
전까지 이 기록은 깨지지 않았다.

　공교롭게도 고대 그리스-로마의 문화유산은
유럽 사람이 아닌, 이슬람교를 믿는 아랍 민족이 지켜냈다. 대략 7세
기부터 13세기까지의 이슬람 왕조들, 그러니까 우마이야 왕조와 후
(後) 우마이야 왕조, 아바스 왕조가 보존하고 발전시켰다. 그래서 학
자들은 중세 시대의 주역을 아랍인으로 본다. 또한 이 시기를 아
랍 문명이라 부른다.

　우마이야 왕조는 수도 다마스쿠스에 최초의 아랍 도서
관을 설립했다. 그리스어로 기록된 수많은 서적이 여기에
보관되었다. 그 뒤를 이은 아바스 왕조도 수도 바그다드
에 대형 도서관을 두었다. 그리스는 물론 페르시아, 인
도, 중국 등 전 세계의 서적을 수집해 여기에 보관했다.
나아가 아바스 왕조의 칼리프들은 이 모든 서적을 아랍어로
번역토록 했다. 아마 아바스 왕조가 없었다면 오늘날 아리스토텔
레스의 철학을 제대로 해석하지 못했을 수도 있다. 아리스토
텔레스의 저서를 아랍어로 번역해 보관해둔 덕분에 오
늘날 그 심오하고 방대한 철학이 살아남은 것이다.
중세 유럽에서 최고의 정복자라는 샤를마뉴(카
를 대제)는 글자도 읽지 못하는 까막눈이었다. 하

아랍 세계는 중세에 찬란한 문화를 꽃피움으로써
암흑기의 유럽 문화를 대체했다.

지만 이슬람 제국의 칼리프들은 지적 호기심과 지적 수준 모두 월등
히 높았다. 또한 개방과 관용의 통치를 했다. 그러니 유럽의 많은 학
자들이 학문을 위해 이슬람 세계로 망명했다.

철학, 문학, 수학, 천문학, 의학, 화학 등 모든 분야에서 발전이 일
어났다. 특히 과학 분야의 발전이 경이로웠다. 수학과 물리, 화학은
물론 의학에서도 새로운 발견이 이루어졌다. 인체의 혈액 순환 원리
도 알아냈다. 더불어 해부학도 발전했다. 이 무렵의 이슬람 제국은
그야말로 전 세계의 지식 창고였다. 이들이 바로 인류의 찬란한 문
화유산을 보존하고 발전시킨 주역이다. 하지만 아랍인들은 13세기
이후 역사의 뒤안길로 사라졌다. 몽골과 튀르크족이 이슬람 세계의
새로운 주인이 되었기 때문이다. 다행히 문화유산만큼은 사라지지
않았다.

15세기 이후 유럽은 눈부신 속도로 발전했다. 그 첫 계기가 르네상스였다. 르네상스는 아랍 문명의 덕을 톡톡히 본 결과물이다. 만약 아랍인들이 고대 그리스와 로마의 문화유산을 보관하지 않았다면 르네상스는 그렇게 역동적으로 진행되지 않았으리라.

이후 유럽은 세계의 주역으로 우뚝 서게 된다. 어쩌면 근대 이후 유럽의 도약은 상당 부분 아랍 문명 덕분이라 할 수 있다. 이처럼 큰 업적을 쌓은 아랍인에 대한 시선이 요즘엔 그리 좋지 않다. 전쟁과 테러의 대명사처럼 되어버렸다. 대다수의 선량한 아랍인은 억울하다. 그들이 없었다면 인류의 역사는 크게 후퇴했을 테니까 말이다.

필리핀 세부섬의 지혜로운 역사 대처법

세계 일주와 민족 저항의 현장

20~30년 전만 해도 가장 많이 찾는 신혼여행지는 제주도였다. 하지만 해외여행이 일반화하면서 예비 신혼부부의 생각이 달라졌다. '평생 한 번뿐인데, 색다른 신혼여행을 보내야 하는 것 아냐?' 필자 주변에도 멀리 아프리카로 신혼여행을 떠난 후배가 있다. 일부러 오지로 떠난 후배도 있다. 그들 나름대로 인생을 즐기는 법이 참 보기 좋다. 하지만 아직까지는 휴식을 선택하는 신혼부부가 더 많다. 에메랄드빛 바다가 넓게 펼쳐진 휴양지에서 신혼여행을 즐기는 거다. 그 때문에 동남아시아의 여러 지역이 최고의 신혼여행지로 각광받고 있다.

그런 여행지 중 한 곳이 필리핀 세부섬이다. 세부섬의 리조트에는 요즘에도 한국인 관광객들이 상당히 많다. 그래서인지 아주 가끔은 한국인을 상대로 한 범죄도 일어난다. 구더기 무서워서 장 못 담그겠는가. 세부섬을 찾는 발길은 앞으로도 끊어지지 않을 것 같다.

혹시 세부섬으로 여행을 간다면, 이 섬의 역사 정도는 미리 알아 두자. 에메랄드빛 바다에서 낭만을 만끽하는 거야 말리지 않겠지만, 알고 보면 이 섬이 상당히 사연이 많다. 특히 중세에서 근대로 넘어 가는 16세기에 격동의 세계사를 치열하게 겪은 섬이다.

당시 스페인과 포르투갈이 신항로 개척 시대를 열었다. 포르투갈 은 남아프리카를 돌아 인도에 도착했고, 스페인은 대서양을 건너 아 메리카에 닿았다. 두 나라는 성에 안 찼는지 계속 바다로 나아갔다. 바다에 미래가 있었기 때문이다. 두 나라는 아시아·태평양 지역에 도 식민지를 개척하기 시작했다.

1519년 9월 20일, 포르투갈 출신의 탐험가 페르디난드 마젤란 (1480~1521)이 스페인 왕실의 지원을 받아 대양으로 나아갔다. 5척 의 함선에 264명의 선원이 탑승했다. 마젤란은 대서양을 항해했다. 남아메리카의 급류를 힘겹게 빠져나가자 드넓고 평화로운 바다가 나타났다. 마젤란은 이 바다를 '고요한 평화의 바다'라고 명명했다. 이 바다가 바로 태평양(Pacific Ocean)이다.

1521년 4월 7일, 마젤란 함대는 필리핀의 세부섬에 도착했다. 마 젤란은 원주민을 설득하고 협박해 스페인 왕에 대한 충성 맹세를 하 도록 했다. 크리스트교를 전파하는 일도 잊지 않았다. 유독 세부섬 동쪽에 있는 막탄섬의 왕 라푸라푸가 마젤란의 말을 듣지 않았다. 마젤란은 라푸라푸를 응징하기로 했다. 전투가 벌어졌다. 전투는 치 열했다. 4월 27일, 마젤란이 전사했다. 남은 선원들도 목숨이 위태로 워졌다. 선원들은 얼른 세부섬을 떠나야 했다. 선장을 잃은 탐험대 는 갈팡질팡 흔들렸다. 스페인으로 돌아가는 길도 험난했다. 포르투 갈 군함의 공격을 받아 배 한 척을 잃었다. 1522년 9월 6일, 마침내

**필리핀 마닐라에 있는
라푸라푸 동상**

스페인에 도착했다. 출발할 때는 5척이었는데 고작 1척만 돌아왔다. 살아남은 선원은 18명에 불과했다. 얼마나 힘든 항해였는지를 알 수 있다.

그래도 이 마젤란의 탐험은 세계 역사에 획을 그은 업적이었다. 지구가 둥글다는 것을 처음으로 입증한, 최초의 지구 일주 항해였기 때문이다. 하지만 필리핀 사람들의 관점에서 본다면 마젤란은 유럽의 침략자일 뿐이다. 필리핀 사람들에게는 막탄섬의 왕 라푸라푸가 위대한 영웅이다. 예를 들어보자. 우리 역사에서 원(몽골)은 고려를 침략하고, 내정 간섭을 한 원흉이다. 하지만 세계 역사에서 몽골 제국의 건국자인 칭기즈칸은 천 년에 한 번 나올까 말까 한 위대한 영웅이다. 어떤 관점에서 보느냐에 따라 역사 해석은 달라진다.

세계사의 흐름을 거부할 수는 없다. 동시에 개별 국가의 특수성, 그러니까 독립과 투쟁 같은 중요한 가치를 무시해서는 안 된다. 지구 일주라는 업적과 민족의 저항이라는 상충하는 가치를 필리핀은 어떻게 다루어야 할까? 세부섬에는 역사박물관이 있다. 그곳 광장에는 두 개의 기념비가 세워져 있다. 하나의 기념비에는 다음과 같이 적혀 있다.

'페르디난드 마젤란의 죽음 : 그는 1521년 4월 27일, 막탄섬의 라
푸라푸 병사들과 전투 중 부상을 입고 사망했다. 그해 5월 2일 마젤
란의 부하가 지휘해 빅토리아호가 세부섬을 떠났다. 그들은 1522년
9월 6일 스페인 산루카르항에 도착했다. 이로써 최초로 세계 일주에
성공했다.'

이 기념비 옆에 또 다른 기념비가 있다. 라푸라푸를 기념하기 위
한 것이다.

'1521년 4월 27일, 라푸라푸와 그의 군대가 스페인 침략자를 격
퇴했다. 스페인 지휘관인 페르디난드 마젤란은 이 자리에서 죽었다.

**필리핀 세부에 있는
마젤란의 기념비**

라푸라푸는 유럽 침략자를 격퇴한 최초의 필리핀 사람이 되었다.'

흥미롭다. 그리고 현명하다. 사실 라푸라푸는 필리핀뿐 아니라 동남아시아 전역을 통틀어 유럽 침략에 맞서 싸운 최초의 영웅이다. 필리핀은 그런 자국의 역사를 잊지 않으면서도 세계사적인 가치를 존중했다. 절묘한 한 수다.

라푸라푸의 저항 이후 스페인은 필리핀에 여러 차례 함대를 보냈다. 그중 네 번째 함대가 필리핀을 점령하는 데 성공했다. 함대를 이끈 루이 로페스 빌라보로스 제독은 당시 스페인 왕인 펠리페 2세의 이름을 따서 이 지역을 필리핀이라 불렀다. 이때가 1564년. 필리핀은 스페인의 식민지가 되었다.

필리핀은 이후 300여 년 동안 스페인의 식민 지배를 받았다. 1898년 스페인이 미국과의 전쟁에서 패하면서 미국의 식민지가 되었다. 1934년에는 미국 의회에서 필리핀 독립이 승인되었다. 하지만 태평양 전쟁이 터진 후 일본의 식민지가 되었다. 전쟁이 끝난 1946년 필리핀은 마침내 독립에 성공했다.

막탄섬 북서부에는 라푸라푸의 이름을 딴 도시가 있다. 그의 동상과 사당은 필리핀 전역에 흩어져 있다. 필리핀 사람들에게 라푸라푸는 여전히 영웅이다.

우리나라 근현대사도 복잡하다. 우리 또한 제국주의 일본의 침략을 받았다. 일본의 제국주의 침략은 마젤란의 세계 일주처럼 가치 있는 일이 아니다. 당시에 어쩔 수 없었다는 것은 비겁한 변명이고 명백한 책임 회피다. 반드시 사과와 보상을 받아내야 한다. 이는 우리의 요구를 넘어 세계사가 요구하는 시대적 사명이다.

역사는 결코
'과거'의 일이 아니다.

통조림은 전투 식량으로 출발했다

필요와 발명의 역사

30년도 더 지난 옛날이야기다. 중고교 시절의 추억을 소환하려 한
다. 유쾌하면서도 은근히 집안 경제 수준이 비교되는 시간, 점심이
다. 젓가락과 숟가락을 든 녀석들은 부유한 부모를 둔 친구 주변으
로 몰려들었다. 왜? 맛있는 반찬을 얻어먹기 위해서다. 필자도 젓가
락을 든 부류였다. 한번은 친구가 색다른 반찬을 가지고 왔다. 참치
캔이었다. 1980년대 초반이었다. 당시만 해도 참치는 쉽게 먹을 수
없는, 값비싼 음식이었다. 그 친구가 참치 캔을 따자 젓가락들이 광
속으로 달려들었다. 그 친구는 울상을 지었다. 필자는 그날 처음으
로 참치의 맛을 보았다. 아, 지금 생각해보니 그 친구에게 미안하다.
그 친구는 다른 친구의 도시락을 탐하는 부류가 아니었다.

요즘에는 캔이라고 부르는 게 더 익숙한 통조림. 이 통조림은 원
래 전투 식량으로 개발되었다. 통조림을 만든 이유는 명백하고 단순
했다. 오래 보관하고 쉽게 먹기 위해서다. 요즘에는 철로 된 캔을 주

로 쓴다. 하지만 최초의 통조림은 병으로 만들었다. 이른바 병조림이었던 것이다.

병조림은 파리에서 제과점을 운영하는 한 셰프가 발명했다. 발명의 계기를 제공한 인물은 나폴레옹이었다. 1789년 프랑스 혁명이 일어났다. 민중은 승리했지만 최종 권력은 나폴레옹이 장악했다. 나폴레옹은 유럽 전역을 정복할 야심을 굳이 숨기지 않았다. 그러려면 군대가 강해야 한다. 군대가 강해지려면 병사가 튼튼해야 한다. 병사들이 튼튼해지려면 잘 먹어야 한다. 하지만 요즘처럼 먹을 게 많은 시절이 아니었다.

나폴레옹의 지시에 따라 프랑스 육군은 고민 끝에 병사들이 먹을 수 있는 전투 식량을 개발하기로 했다. 전투 식량의 기본은 첫째, 장기간 보존할 수 있어야 한다. 둘째, 영양도 어느 정도 충분해야 한다.

워털루 전투에서의 프랑스 군대

셋째, 뭐니 뭐니 해도 먹기 편해야 한다. 전투 도중에 성찬을 차려 먹을 수는 없잖은가.

1795년, 프랑스 육군은 1만 2,000프랑의 상금을 걸고 전투 식량 공모전을 벌였다. 프랑스 파리에서 11년 동안 사탕과 빵을 파는 가게를 운영하던 니콜라스 아페르(1749~1841)가 공모전에 응하기로 했다. 장사를 하고 요리를 하다 보면 음식이 썩는 것을 자주 목격했을 것이다. 그러니 음식을 장기 보관하는 방법에 관심을 가지는 것이 이상할 게 없다. 게다가 거금의 상금까지 걸렸잖은가. 하지만 의외로 연구 기간이 길어졌다. 셀 수 없이 많은 시행착오를 거쳤다. 포기하고 싶은 마음도 여러 번 들었으리라. 꾹 참고 노력에 또 노력, 5년, 10년을 넘겼다. 다시 15년을 막 넘길 무렵 아페르는 마침내 음식물을 장기 보관할 수 있는 방법을 개발하는 데 성공했다.

우선 입구가 넓은 유리병에 음식물을 넣었다. 대체로 수프, 야채, 주스, 우유, 젤리, 잼, 시럽 등과 먹으면 좋을 음식물을 골랐다. 이어 그 병을 끓는 물에 넣었다. 충분히 '중탕'이 되면 병을 꺼내 입구를 코르크로 막고 왁스로 단단히 밀봉했다. 병에 음식을 넣었으니 병조림이다. 바로 이 병조림이 통조림의 시초였다. 어찌 보면 참으로 간단한 방법이다. 이게 무슨 발명이냐고 할 수도 있다. 하지만 그런 식의 평가는 옳지 않다. 아무리 사소하고 하찮아 보여도 처음으로 그것을 이루어낸 사람이 있으니 후세 사람들이 더 나은 것을 만드는 법이다. 시도하지 않으면 아무것도 얻을 수 없다.

1810년 1월, 아페르는 이렇게 해서 만든 병조림을 프랑스 육군에 제출했다. 그 결과 1만 2,000프랑의 상금을 차지할 수 있었다. 아페르는 이어 『고기와 야채를 보호하는 예술』이란 책을 펴냈다. 이 책은

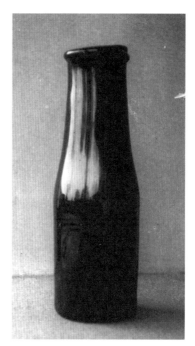

니콜라스 아페르와 그가 발명한 병조림

음식의 장기 보관에 대해서 쓴 첫 근대적 요리책이라고 할 수 있다.

병조림은 전투 식량으로 손색이 없었다. 다만 용기가 유리 재질이라는 점은 해결해야 할 과제였다. 조금 덜 신경을 쓰면 용기가 깨졌다. 내용물이 고스란히 쏟아졌다. 이래서야 적과 싸우면서도 항상 병조림을 신경 써야 할 판이다. 아페르가 요리책을 펴내고 얼마 지나지 않아 영국 출신 상인 피터 듀란이 새로운 보관 용기를 개발했다. 그는 양철로 된 용기를 사용했다. 이 통을 'tin canister'라고 불렀다. 바로 이 명칭에서 오늘날의 캔(can)이 나온 것이다.

1810년 8월, 듀란은 영국 정부로부터 특허장을 받았다. 병조림이 통조림으로 바뀌는 순간이다. 깡통은 마구 던져도 깨지지 않았다. 게다가 유리병보다 식품 보존 기간이 더 늘어났다. 완벽한 전투 식량이 탄생했다!

이후 통조림 제조법은 대륙을 건너 아메리카로 가서 더욱 발전했다. 물론 아페르가 첫 발을 내디뎠고, 듀란이 길을 만들었다. 하지만 또 다시 새로운 문제점이 나타났다. 금속으로 캔을 만든 것까진 좋은데, 캔을 따기가 어려워진 것이다. 캔을 따려면 뾰족한 송곳이나 망치가 필요했다. 병사들은 총기에 장착하는 칼로 용기에 구멍을 뚫었다.

요즘에는 원터치 캔이 많다. 뚜껑에 달린 따개에 손가락을 집어넣고 당기면 캔이 개봉된다. 이런 통조림에 익숙한 요즘 세대는 무식한 금속 용기를 따는 것이 얼마나 어려운지 모른다. 40대까지는 이 점을 잘 안다. 1980년대에도 따개가 없는 통조림이 적지 않았다. 그때는 드라이버나 송곳을 사용해 캔을 땄다. 혹은 별도의 통조림 따

개를 써야 했다. 참치 캔 같은 것을 사면 그런 따개가 딸려왔다. 이런 따개는 1850년대에 처음 발명되었다. 처음에는 크고 이용하기가 어려웠다. 점차 크기가 작아지고 사용법도 편해졌다. 나중에는 캔의 윗부분에 대고 구멍을 낸 뒤 빙 돌려주면 캔의 윗부분을 분리할 수 있을 정도로 사용하기 좋은 따개가 사용되었다.

최근 들어 통조림의 부정적인 면이 자주 부각되고 있다. 금속 용기가 녹이 슬어 내용물에 스며든다든지, 위생 상태가 엉망이라거나 질병의 원인이라든지……. 앞으로도 많은 문제점이 나타날 수 있다. 이럴 때 통조림의 발전사를 떠올려보자. 결핍은 새로운 기술 창조의 원동력이다. 지금 이 순간에도 누군가는 이 부작용들을 개선하기 위한 연구를 진행하고 있을 것이다. 곧 새로운 형태의 용기가 '짠' 하고 나타날 수도 있다. 부족함과 불편함을 느끼면 도전하라. 그래야 역사가 발전한다.

632년 만에 완공한 작품, 쾰른 대성당

중세와 근대가 결합된 건축물

독일 쾰른에 두 번 가봤다. 숙소에서 나와 라인강이 흐르는 다리를 건너면 쾰른 대성당이 나왔다. 입구에서 꼭대기를 올려다보면 금세 나를 덮칠 것처럼 위압적이었다. 그런 느낌은 성당의 외형 때문일지도 모른다. 하늘을 찌를 듯 치솟은 두 개의 첨탑과 건물의 회색빛이 먹구름과 어우러지면 그로테스크한 이미지를 연출한다. 고딕 양식의 이 성당 높이는 157미터다. 높이만 따지면 독일에서 가장 높은 성당은 울름 대성당(뮌스터 교회, 161미터)이다. 이 외에도 쾰른 대성당보다 높은 성당이 더러 있다. 하지만 독일의 그 어떤 성당도 앞지를 수 없는 쾰른 대성당만의 기록이 있다. 바로 공사 기간이다. 1248년에 착공해 1880년에 완공했으니, 무려 632년이 걸렸다. 10년이면 강산도 변한다는데, 이 성당이 완공되는 동안 강산이 예순세 번 바뀐 셈이다. 어쩌다 이렇게까지 공사 기간이 길어졌을까?

서유럽에서 크리스트교가 공인된 것은 313년 밀라노 칙령을 통해서다. 그 전까지 기독교인들은 비밀리에 집회를 가졌다. 쾰른도 그런 지역 중 하나였다. 종교의 자유가 허용된 뒤 삼삼오오 예배를 드리던 곳이 자그마한 성당으로 발전했다. 이 소박한 성당은 12세기 중반에 이르러 독일을 대표하는 성당으로 발돋움한다. 계기가 있었다.

신성 로마 제국 황제 프리드리히 1세(1152~1190 재위)는 여섯 번에 걸쳐 이탈리아 원정에 나섰다. 그는 교황을 자신의 발밑에 두려했다. 교황에 반대하고 황제를 옹호하는 대주교를 재상에 임명했다. 그런 인물 중 한 명이 라인란트 폰 다셀이었다. 1164년, 라인란트 폰 다셀 대주교는 이탈리아 밀라노에서 동방 박사 세 사람의 유골을 가져왔다. 이탈리아 원정 덕분에 유골을 확보할 수 있었다. 이 성물(聖物)을 쾰른의 성당에 보관했다. 당연히 순례자가 쾰른 성당으로 몰려들었다. 성당을 확장해야 했다. 개축 공사가 시작되었다. 예기치 않게 화재가 발생해 성당이 홀라당 타버렸다. 이제 선택은 둘 중 하나다. 포기하든지, 국책 사업으로 다시 짓든지. 신성 로마 제국은 고딕 양식의 거대한 성당을 짓기로 했다. 왜 고딕 양식이냐고? 웅장함이 돋보이기 때문이다.

당시 고딕 양식 건축술은 프랑스가 가장 앞서 있었다. 신성 로마 제국은 프랑스 건축가 게르하르트를 초빙했다. 그는 쾰른 대성당의 설계도부터 완성했다. 이어 1248년, 역사적인 공사에 돌입했다.

워낙 공사 규모가 컸기 때문에 단계적으로 공사를 진행해야 했다. 우여곡절 끝에 동쪽 건물은 어느 정도 완성했다. 하지만 서쪽 건물과 가장 중요한 탑을 세우는 공사가 잘 진척되지 않았다. 공사비가 부족했고, 사제단의 요구도 각양각색이었다. 그래도 꿋꿋하게 300

독일 쾰른.
두 개의 첨탑이 솟아 있는 건물이 쾰른 대성당이다.

여 년 동안 공사가 진행되었다. 하지만 완공을 보지 못한 채 1560년에 공사가 전면 중단되었다. 남쪽 탑은 60미터 올라갔고, 북쪽 탑은 채 20미터도 올라가지 못한 상황이었다. 탑을 쌓는 데 쓰이는 기중기는 건물에 틀어박힌 채 멈추었다. 이런 풍경이 이후 수백 년 동안 이어졌다.

대성당의 존재는 사람들의 뇌리에서 잊혀져갔다. 설계도도 사라졌다. 설계도가 없으면 당초 의도한 쾰른 대성당의 모습을 알 수가 없다. 모든 걸 무시하고 공사를 강행할 수도 있지만 대성당의 원형은 기대할 수 없다. 건축 양식과 설계를 무시했다가 자칫 붕괴할 우려도 있다. 게다가 여전히 공사비가 부족했다.

기적이 일어났다. 1814년, 쾰른 남쪽의 다름슈타트 성당 지붕에

서 대성당 서쪽 정면 설계도가 발견되었다. 2년 후에는 나머지 설계도가 프랑스에서 발견되었다. 18세기 후반에 퀼른 지역은 한때 프랑스에 넘어간 적이 있었다. 그때 설계도가 프랑스로 넘어갔던 모양이다.

공사를 재개하자는 목소리가 높아졌다. 국민들도 원했다. 공사 재개 결정이 떨어졌다. 독일 건축가 에른스트 프리드리히 츠비르너(1802~1861)가 지휘봉을 잡았다. 최대한 설계도에 충실하기로 했다. 준비 작업만 30여 년. 공사비는 복권을 발행해 충당했다. 퀼른 대성당 공사는 국민의 염원이 응집된 국가사업이 되었다.

1842년, 공사가 재개되었다. 280여 년 만이었다. 그로부터 38년이 흘렀다. 1880년 10월 15일, 마침내 퀼른 대성당이 완공되었다. 남쪽 탑은 156미터, 북쪽 탑은 157미터였다. 632년 만에 중세와 근대 건축술의 역사적 합작품이 탄생한 것이다.

퀼른 대성당 완공은 역사적 의미가 상당히 크다. 근대 건축가들은 중세 설계도를 그대로 살려 설계자의 머릿속에 있던 원형을 변형시키지 않았다. 그야말로 수십 세대를 이어 장인정신이 발휘된 것이다.

사실 퀼른 대성당의 운명은 그 후로도 순탄치 않았다. 제2차 세계 대전 때는 폭격으로 건물의 지붕과 탑의 일부가 훼손되기도 했다. 폭격의 흔적은 지금도 남아 있다. 외벽이 검게 그을린 모습도 볼 수 있다. 쾰른 대성당은 현재까지도 복구 작업이 계속되고 있다.

노후에 관한 관심이 커지면서 전원주택 붐이 일고 있다. 터파기 공사부터 최종 완성까지의 공사 기간은 채 6개월이 걸리지 않는다. 건축 기법이 발달하면서 건물의 공사 기간이 점점 단축되고 있다. 미리 공장에서 각 부분을 만들었다가 나중에 조립하는 모듈 주택도 있다. 모듈 주택의 건축비는 평당 300~400만 원. 30평을 기준으로 1억 원 정도면 얼추 맞출 수 있다. 공사 기간은 한 달 정도다. 독촉하면 3주 이내에도 가능하다고 한다.

나는 건축 전문가가 아니고, 조립식 주택에 대해서 왈가왈부하고 싶지도 않다. 다만 쾰른 대성당이 완공된 과정을 되돌아보면서 우리네의 조급증이 떠오르는 것은 어쩔 수 없다. 632년까지는 아니더라도 하나씩 꼼꼼하게 점검하면서 내 영혼이 깃든 집, 보고만 있어도 뿌듯해지는 건물을 짓는 것이 정답 아닐까.

부자(父子)가 시골에 땅을 사서 함께 집을 짓고 있다는 이야기를 친구에게서 들었다. 두 사람은 1년이 걸리든 2년이 걸리든 상관하지 않는다고 한다. 그들에게 집은 단순한 주거 공간이 아니다. 집을 짓는 과정에서 부자의 정이 쌓여가고 있단다. 집이 모양새를 갖추어갈수록 느끼는 보람도 크단다. 어쩌면 친구와 그의 아버지는 과정 자체를 즐기고 있는지도 모른다. 쾰른 대성당 같은 묵직함이 느껴진다.

15

우직하게, 여유롭게
그리고 단단하게

골드러시(Gold Rush)의 명암

서부 개척 시대와 청바지의 역사

미국의 중서부와 서부는 절경으로 유명하다. 짜릿함에 머리카락이 곤두설 지경이다.

서부 캘리포니아주에는 시에라네바다산맥이 있다. 미국 본토에서 가장 높은 산인 4,481미터의 휘트니산, 미국의 대표적 국립 공원인 요세미티 국립 공원이 이 산맥에 걸쳐 있다. 요세미티 국립 공원은 일주일 정도 느긋하게 머물러야 진가를 알 수 있다고 할 만큼 넓고 방대하다. 이 시에라네바다산맥 서쪽 기슭에서 발원한 강이 있다. 바로 아메리칸강이다. 아메리칸강은 캘리포니아의 주도인 새크라멘토를 관통해 흐른다. 강줄기는 새크라멘토강으로 합쳐진 다음 태평양으로 흐른다. 아메리칸강은 미국 역사에서 중요한 의미를 가진다. 이른바 골드러시(Gold Rush)가 이 강에서 비롯되었다. 골드러시는 서부 개척의 신호탄을 쏘아 올린 사건이었다.

1848년 1월의 어느 날 아침이었다. 목수 제임스 마셜(1810~1885)

은 여느 때와 마찬가지로 제재소의 수차를 점검했다. 수차 밑바닥에서 눈부시게 반짝이는 물질들이 발견되었다. 혹시 금? 마셜은 여러 방법을 동원해 물질의 정체를 탐색했다. 그리고 내린 결론. 금이 확실하다! 그것도 순도가 아주 높은 최고급 품질의 금이었다. 이 소식은 제재소의 주인이자 농장주인 존 서터(1803~1880)의 귀에 들어갔다. 서터는 기뻐했을까? 사실 난감했다. 이 사실이 알려지면 일확천금을 노리는 사람들이 부나비처럼 몰려올 테니까 말이다.

서터는 스위스 출신의 이주민이었다. 그가 미국에 정착한 1834년에는 캘리포니아가 멕시코 영토였다. 서터는 멕시코 정부로부터 새크라멘토의 일부 지역을 불하받았다. 서터는 요새처럼 공고한 정착촌을 건설했다. 그 안에서 황제처럼 떵떵거리며 살았다. 그 부귀영화를 잃고 싶지 않았다. 하지만 쉬쉬한다고 해서 금이 발견되었다는 사실을 감출 수는 없다. 곧 세상 모두가 이 사실을 알게 되었다.

금이 발견될 무렵 미국과 멕시코는 과달루페-이달고 조약을 체결했다. 이 조약에 따라 캘리포니아는 미국의 영토가 되었다. 가장 먼저 동부의 미국인이 서부로 달려왔다. 라틴아메리카 사람들이 그 뒤를 이었다. 유럽에서 건너온 사람도 있었고, 심지어 중국에서 넘어온 사람도 있었다. 골드러시다.

1849년, 인구 대이동이 시작되었다. 이 해에만 8만 명 이상이 캘리포니아에 정착했다. 이동 중에 목숨을 잃은 사람도 허다했다. 그러니 얼마나 많은 사람들이 이 대이동에 참여했는지 알 수 없다. 미국에서는 이 사람들을 '포티나이너스(49ers)'라 불렀다. '49년도의 사람들'이란 뜻이다.

1860년까지 약 10년 동안 무려 5억 달러 가치가 넘는 금이 채굴

금을 캐는 모습을 묘사한 그림

되었다. 캘리포니아 인구가 순식간에 급증했다. 1850년대에는 약 1만 4,000여 명이었다. 1860년대에는 38만 명이 되었다. 인구가 늘어나니 도로가 깔렸고, 각종 시설이 들어섰다. 상인이 늘어났고, 곳곳에 대도시가 생겨났다. 서부 개척 시대가 화려하게 개막한 것이다.

하지만 서터와 마셜의 운명은 얄궂게 되었다. 서터의 정착촌은 그야말로 난장판이 되어버렸다. 금을 찾아온 사람들은 강가 주변에 진을 치고 망나니처럼 행동했다. 닥치는 대로 땅을 파헤쳤다. 서터는 죽을 맛이었다.

만약 금이 발견되지 않았더라면 마셜은 제재소에서 평범하게 목수와 농부의 삶을 살았을 것이다. 하지만 금이 발견되는 바람에 일터를 잃었다. 마셜은 이곳저곳을 떠돌다 골드러시 열기가 주춤해진 1850년대 후반에 돌아왔다. 다시 농사를 지었지만 성과는 좋지 않았다. 뒤늦게 마셜도 금맥을 찾기 시작했다. 허사였다. 완전히 파산했다. 서터 또한 비슷한 길을 밟았다. 금이 발견되기 전 번창하던 사업은 망해버렸다. 땅은 누더기가 되어버렸다. 게다가 미국 연방 대법원은 서터가 멕시코 정부로부터 받은 토지 문서를 인정하지 않았다. 졸지에 농장을 잃었다. 서터는 죽을 때까지 농장에 대한 보상을 받지 못했다. 금맥은 그의 삶을 불우하게 만들었다.

반면 골드러시 인파에 끼어 서부로 달려온 리바이 스트라우스

(1829~1902)는 큰 성공을 거두었다. 그는 금을 캐서 부자가 되지 않았다. 인부들의 작업 바지를 만들어 큰돈을 벌었다. 청바지를 최초로 만든 인물이 바로 스트라우스다. 스트라우스는 독일에서 태어난 유대인이다. 캘리포니아에서 금이 발견되기 한해 전인 1847년, 18세의 나이에 미국으로 이주했다. 모두가 금

리바이 스트라우스

에 열광할 때 스트라우스는 금에 냉정했다. 그 대신 새로운 사업 아이템을 찾았다. 1850년대 캘리포니아의 모습을 상상해보라. 일확천금을 노리고 이곳에 온 사람들이 묵을 곳이 있었을까? 아니, 설령 있다 한들 그 가난뱅이들이 숙박비를 댈 여유까지는 없었다. 그들은 천막을 세우고, 그곳에서 먹고 자면서 금을 채굴했다. 스트라우스는 그 인부들이 묵을 천막을 팔았다. 사업이 좀 안정되자 1853년에는 샌프란시스코에 '리바이 스트라우스 & 컴퍼니'를 세웠다. 의류와 관련된 제품을 팔았다. 이를테면 옷에 다는 단추나 버튼, 캔버스 천 같은 것이었다.

어느 날 스트라우스는 선술집에서 인부들의 작업 바지가 많이 닳아 있는 것을 보게 되었다. 더 튼튼하고 질긴 바지가 있다면……. 퍼뜩 새로운 사업 아이템이 떠올랐다. 만약 천막 재료인 캔버스 천으로 바지를 만든다면? 마침 캔버스 천이 많이 남아돌던 타이밍이었다. 그의 사업 감각은 탁월했다. 이 캔버스 바지는 날개 돋친 듯 팔

려 나갔다.

　바지는 재봉사 제이코브 데이비스(1834~1908)가 제작했다. 인부들은 데이비스에게 "뒷주머니가 헐거워 물건이 자꾸 빠져나간다"라고 푸념했다. 1872년 데이비스는 뒷주머니 모서리에 리벳을 박아 넣었다. 청바지 상징처럼 여겨지던 리벳의 첫 등장이다.

　스트라우스는 나중에 인디고페라라는 나뭇잎에서 추출한 염료로 옷을 파랗게 염색했다. 또 옷감 소재를 캔버스에서 더 두껍고 질긴 데님으로 바꾸었다. 이렇게 해서 오늘날의 청바지가 탄생했다. 1928년 이 회사는 청바지 상표 하나를 등록했다. 그것이 바로 오늘날까지 청바지의 대명사로 꼽히는 '리바이스'다.

　하나의 사건이 이렇게 서로 다른 운명을 만들었다. 현재가 풍족하다고 해도 미래까지 보장되는 것은 아니다. 끝없는 자기 혁신이 필요한 이유다. 아 참, 포티나이너스는 오늘날 미국 미식축구(NFL)에 흔적을 남겼다. 샌프란시스코의 팀 이름이 샌프란시스코 포티나이너스(San Francisco 49ers)다.

16

역사의 흐름 속에서
누군가는 새로운 길을 발견한다.

자유의 여신상과 에펠탑은 한 사람의 작품이다

에펠이 세운 두 개의 건축물

프랑스 파리만큼 가슴을 설레게 하는 도시가 또 있을까? 마천루가 솟아 있는 뉴욕, 짙은 안개가 자욱하게 내려앉은 런던, 거대한 중국의 심장이라는 베이징 그리고 일본의 도쿄와 독일의 베를린……. 세계적인 도시들은 각자 나름대로의 멋과 장점을 가지고 있다. 하지만 파리만큼 매력적이지는 않다. 필자와 같은 생각을 가진 사람이 많은 것 같다. 죽기 전에 꼭 가보고 싶은 도시를 조사할 때 파리는 항상 최상위권에 랭크된다. 어느 나라에서 조사해도 비슷한 결과가 나온다.

파리를 두어 번 가본 적이 있다. 센강의 고색창연한 다리들, 전통과 첨단 유행이 공존하는 샹젤리제, 그 중심에 서 있는 개선문, 고개만 돌리면 시야에 들어오는 수많은 박물관들, 사람들의 얼굴에서 느껴지는 여유……. 파리 시내를 걷다 보면 내가 자유인이 된 것 같은 느낌이 들었다.

파리에서 유독 눈에 띄는 게 있다. 바로 하늘높이 솟은 에펠탑이다. 에펠탑을 오르려면 인내가 필요하다. 관광객이 생각보다 훨씬 많았다. 긴 줄의 끝에 서서 두세 시간은 기다려야 비로소 에펠탑에 오를 기회를 얻게 된다. 성격이 급한 탓에 필자는 에펠탑에 오르지 못했다. 두세 시간을 기다린다는 게 도저히 엄두가 나지 않았다. 그 대신 주변을 서성거리며 에펠탑을 실컷 구경했다. 이 명물을 그냥 지나칠 수는 없잖은가.

에펠탑은 이처럼 프랑스 파리의 대표적 상징물이다. 하지만 운이 나빴다면 에펠탑은 세워지지 못했을 수도 있었다. 한 건축가의 끈질긴 도전이 없었더라면 오늘날 우리는 에펠탑을 보지 못했으리라. 그 건축가가 바로 알렉산더 구스타브 에펠(1832~1923)이다. 에펠탑

뉴욕과 자유의 여신상

이라는 이름은 그의 이름에서 따왔다. 에펠은 에펠탑뿐 아니라 미국 뉴욕에 있는 자유의 여신상을 만든 인물이기도 하다.

　1776년 미국은 영국의 식민 지배에 저항하며 독립을 선언했다. 이어 영국과 미국 식민지 주민들 사이에 전쟁이 터졌다. 프랑스는 당시 영국과 전 세계에서 경쟁하고 있었다. 그러니 미국의 독립을 직접 혹은 간접적으로 지원했다. 미국이 최종 승리했고 독립을 얻었다. 자유의 여신상은 미국의 독립 100주년을 기념해 프랑스 정부가 우정의 표시로 준 선물이었다.

　이 자유의 여신상을 조각한 작가는 따로 있다. 에펠은 설계와 설치 작업을 맡았다. 1875년, 자유의 여신상 제작이 시작되었다. 이 작업은 프랑스에서 진행되었다. 작품이 완성된 것은 거의 10년이 지난 1884년이었다. 거대한 여신상을 미국으로 옮기는 것도 쉽지 않았다. 에펠은 여신상을 분해해 배에 실었다. 미국에서 다시 여신상을 '조립'했다. 미국 독립 100주년을 10여 년 넘긴 1886년, 마침내 자유의 여신상이 미국 뉴욕에 우뚝 서게 되었다.

사실 에펠이 세운 건축회사인 에펠 건축회사는 이 무렵 전 세계적으로 꽤나 명성을 날리고 있었다. 자유의 여신상을 막 제작하던 무렵에 헝가리와 포르투갈에 대형 교량을 설치하기도 했다. 프랑스 남부의 가리비 고가 다리도 에펠 건축회사의 작품이었다. 이것 말고도 많은 유럽의 철교를 에펠 건축회사가 세웠다. 아메리카의 파나마 운하 작업에도 참여했다. 그러니 프랑스 파리 에펠탑을 세우는 것쯤이야 어쩌면 별 문제가 아닐 수 있다. 적어도 기술력 하나만큼은 이미 인정받고 있었으니까. 하지만 건축 과정이 그리 순탄하지는 않았다.

자유의 여신상을 뉴욕에 세운 바로 그해 5월, 프랑스 정부가 파리에 철탑을 세우기로 하고 디자인을 공모했다. 3년 후에 있을 만국박람회에 대비해 파리를 대표하는 명물을 만들 필요가 있었던 것이다. 여러 건축회사가 달려들었다. 이 공모에서 에펠 건축회사가 제안한 철탑이 선정되었다. 하지만 시작도 하기 전에 난관에 봉착했다. 공사비로 책정된 예산이 150만 프랑인데, 예상 공사비를 뽑아보니 650만 프랑이 나왔다. 프로젝트가 무산될 위기를 맞은 것이다. 그때 에펠이 대안을 내놓았다. "부족한 공사비를 우리 회사가 낼 테니 앞으로 20년 동안 탑에서 나오는 수익금을 받게 해주시오."

협상이 타결되었고, 에펠은 공사에 돌입했다. 얼마 지나지 않아 두 번째 난관이 닥쳤다. '파리의 자존심'인 예술가들의 항의가 폭주했다. 그들은 파리에 삭막한 철제 구조물이 들어서는 것을 원치 않았다. 정부에는 공사 중단을 요구하는 탄원서가 쏟아졌다. 사실주의 문학의 거장인 모파상은 탑을 '높고 깡마른 철사 피라미드'로 표현

구스타브 에펠

했다. 그래도 공사는 꿋꿋하게 진행되었다. 마침내 1889년 3월 에펠탑이 완성되었다. 에펠탑의 높이는 300미터(이후 안테나와 첨탑이 추가돼 320미터가 되었다). 당시 세계에서 가장 높은 건축물이었다. 탑에 들어간 나사못만 250만 개, 나사못이 연결한 철구조물은 1만 5,000여 개였다.

그해 5월 파리에서 만국 박람회가 열렸다. 이 만국 박람회는 프랑스 혁명(1789년) 100주년을 기념하는 행사였다. 에펠탑에 대한 관객의 평가는 어땠을까? 그야말로 찬사 일색이었다. 과학의 승리라는 극찬도 쏟아졌다. 어쩌면 바벨탑을 보는 것 같은 착각에 빠졌을 수도 있겠다. 박람회 기간에 하루 평균 1만 2,000여 명이 에펠탑을 찾았다. 그 많던 공사비를 단숨에 회수했다.

이후 파리 시민과 프랑스 국민은 에펠탑을 프랑스의 상징으로 여겼다. 에펠탑을 '추한 쇳덩어리'라거나 '천박한 건축물' 혹은 '파리의 수치'라고 비난하던 예술가들도 우호적으로 돌아섰다. 다만 모파상은 끝까지 에펠탑을 경멸했다. 그는 에펠탑이 꼴 보기 싫다며 에펠탑 2층에 죽치고 앉아 시간을 보내기도 했다. 그곳에서는 에펠탑이 보이지 않기 때문이란다.

에펠탑은 건재하다. 하중 때문에 약간 뒤틀리기는 했지만 전혀 문제가 없다. 앞으로도 수백 년 동안 에펠탑은 프랑스의 상징으로 그곳에 서 있을 것이다. 자유의 여신상도 마찬가지.

역사적인 이 기념비가 한 사람의 작품이란 사실은 정말 놀랍다. 동시에 그 사람의 열정 덕분에 두 도시의 가치가 높아졌고, 나아가 길이길이 남는 문화재를 얻었다. 역시 무모해 보이더라도 도전은 해봐야 진가를 발휘한다.

전쟁 중에 일어난
크리스마스의 기적

크리스마스 정전에 관한 이야기

매년 12월이 되면 연일 술판이 벌어진다. 송년회 모임이 넘쳐난다. 직장인들은 간을 어루만질 여유도 없다. 다음날 쓰린 속을 부여안으면서도 기분이 아주 나쁘지는 않다. 들뜬 마음이 여전히 남아있다. 크리스마스와 연말연시는 이처럼 사람을 들뜨게 만든다.

어렸을 때는 크리스마스 전날 소원을 빌었다. 순진하게도 산타클로스가 내 소원을 들어줄 거라 믿었다. 하지만 산타클로스는 소원을 들어주지 않았다. '크리스마스의 기적'이 집안의 경제력과 관련이 깊다는 사실을 어른이 되어서야 알았다. 1970년대에는 먹고사는 것조차 힘겨웠으므로 생뚱맞은 서양의 명절을 즐길 경제적 여유가 우리 집에는 없었다. 그래도 난 믿었다. 크리스마스의 기적을.

어른이 되어 역사를 공부하다 진짜 크리스마스의 기적을 접했다. 코끝이 찡했다. 그 기적은 포탄이 쏟아지고 비명소리가 귓전을 때리는 전쟁터에서 일어났다.

1914년 7월 28일, 오스트리아가 황태자 암살 사건을 계기로 세르비아에 선전 포고를 했다. 선전 포고는 또 다른 선전 포고를 불렀다. 동맹국의 중심은 독일, 연합국의 중심은 영국과 프랑스였다. 이렇게 해서 제1차 세계 대전이 시작되었다. 제2차 세계 대전과 더불어 인류 역사상 가장 참혹했던 전쟁이다.

독일은 용의주도했다. 전쟁이 시작되기 8년 전부터 참모 총장 몰트케의 지휘 하에 모든 작전을 수립해 놓았다. 이 작전을 짠 인물은 슐리펜. 그래서 이 작전을 슐리펜 계획이라 불렀다. 슐리펜은 서쪽의 프랑스, 동쪽의 러시아와 동시에 전쟁을 수행하는 게 불가능하다고 판단했다. 만약 어느 한쪽부터 친다면? 슐리펜은 서쪽의 프랑스를 공격하는 게 옳다고 판단했다. 러시아는 철도가 덜 발달되어 있어 독일 국경까지 군대를 주둔시키는 데 시간이 걸릴 거라 생각한 것이다. 얼른 프랑스를 정복하고, 이어 서부 전선의 군대를 동부 전선으로 옮겨 러시아를 제압하자, 속전속결로! 슐리펜 계획의 핵심은 신속성이었다. 독일은 8주 이내에 전쟁이 끝날 거라 믿었다.

막상 전쟁이 시작되자 슐리펜 계획은 쓸모가 없어졌다. 벨기에를 넘어 프랑스에 이르기까지 상당히 많은 시간을 끌어야 했다. 영국과 프랑스, 벨기에 연합군이 강하게 저항했기 때문이다. 게다가 러시아는 당초 예상보다 훨씬 일찍 독일 국경에 당도했다.

독일은 슐리펜 계획의 실패를 인정할 수밖에 없었다. 전세가 역전되는 분위기까지 느껴졌다. 이번엔 영국과 프랑스가 4~5주 이내에 독일로 진격할 수 있다고 장담했다. 하지만 연합군의 이 예상도 빗나갔다. 양쪽 모두 좀처럼 앞으로 나아가지 못했다. 탱크와 대포가 뿜어내는 포탄, 기관총이 쏘아대는 총탄…… 양쪽의 병사들은 깊은 참호를 파고, 그 안에서 서로를 향해 총과 대포만 쏘아댔다. 지옥의 참호전이 시작된 것이다.

10월이 되자 날씨가 서늘해졌다. 병사들은 전투복을 여몄다. 11월이 되자 전쟁이 길어질지도 모른다는 우려가 커졌다. 12월이 되자 그 우려를 피부로 느끼기 시작했다. 전쟁을 일으킨 독일이나, 그에 맞선 영국과 프랑스의 병사들이나 모두 지쳐갔다.

그 사이에 성탄절이 다가오고 있었다. 유럽 사람들에게 크리스마스만큼 큰 명절은 없다. 비록 전투 중이라고는 하나 크리스마스 캐럴을 부르지 못할 이유는 없다. 12월 20일을 넘기면서부터 참호 여기저기에서 크리스마스 캐럴이 흘러나왔다. 병사들은 고향에 두고 온 연인이나 가족을 생각했으리라.

영국군과 독일군이 대치 중이던 벨기에 이프르 전선에서도 어김없이 크리스마스 캐럴이 울려 퍼졌다. 양 진영은 크리스마스트리를 만들었다. 변변한 장식은 없었지만 트리에 달린 양초는 전쟁터를 환히 밝혔다. 12월 24일, 크리스마스가 하루 앞으로 다가오자 캐럴은 더욱 커졌다. "고요한 밤, 거룩한 밤, 어둠에 묻힌 밤……." 언어는 다르지만 멜로디는 익숙하다. 그 멜로디가 경계선을 넘어 서로의 진영에까지 들려왔다. 한쪽이 먼저 노래를 하면 다른 한쪽이 화답했다. 캐럴 부르기 릴레이가 펼쳐졌다.

영국군 진영에서 '메리 크리스마스'라고 적힌 푯말을 먼저 내걸었다. 어쩌면 독일군 진영이 먼저 "메리 크리스마스!"라고 외쳤는지도 모른다. 어느 쪽이 먼저인지는 중요치 않다. 중요한 것은, 그 다음에 일어난 기적이다.

독일 병사들이 하나둘 참호 밖으로 걸어 나왔다. 병사들은 손에

영국 〈데일리미러〉에 실린 당시의 사진.
전쟁 중이던 독일군과 영국군이 함께 포즈를 취했다.

촛불을 들었다. 어떤 병사는 작은 트리를 들고 있었다. 독일 병사들이 외쳤다. "쏘지 마라! 휴전하자!" 영국 병사들도 환영했다.

하지만 전쟁 중이다. 우발적인 사격이 발생할 수도 있다. 쓸데없는 걱정이었다. 병사들은 서로를 향해 성큼성큼 걸어갔다. 얼마 후 양쪽의 병사들이 마주섰다. 독일 병사들은 영국 병사에게 맥주를 크리스마스 선물로 주었다. 영국 병사들은 답례로 식량과 담배 등을 주었다. '적군'을 포옹하며 평화를 즐겼다. 이 순간 적대감은 없었다.

양쪽의 지휘관들은 어안이 벙벙해졌다. 이 사태를 어떻게 수습해야 할까……. 지휘관들도 만났다. 축제 분위기를 깰 수는 없었다. 양쪽은 신사협정을 맺었다. 크리스마스 축제를 함께 즐겼다. 또 양쪽의 진지 사이에 버려졌던 '적군'의 시신도 수습해주었다.

이 날의 기적은 당장 큰 화제를 불렀다. 몇몇 병사들은 고향의 가족에게 편지를 써서 이 사건을 전했다. 영국 신문 〈데일리미러〉는 이듬해 1월에 이 '크리스마스의 기적'을 1면 머리기사로 보도했다. 영국군과 독일군이 맥주잔을 들고 찍은 기념사진이 큼지막하게 실렸다.

적군과 아군의 구분 없이 모두 하나가 되어 크리스마스를 자축했다는 이야기는 전 세계 사람들을 감동시켰다. 하지만 기적은 오래 지속되지 않았다. 크리스마스가 끝나자 다시 포성이 터져 나왔다. 수백만 명의 젊은이들이 참호전에서 목숨을 잃었다.

'크리스마스 정전'이라 부르는 이 사건은 이후 영화로도 제작되었다. 관람객들은 이 영화가 실화를 바탕으로 했다는 사실을 믿지 못했다. 이게 가능한 일이란 말인가. 동시에 그 어떤 전쟁도 인간성을 완전히 말살할 수 없다는 사실도 발견했다.

최초로 크리스마스 캐럴을 부른 이가 누구일까? 메리 크리스마스를 외치며 적군의 총과 대포 앞에 가장 먼저 선 이는 누구일까? 그 한 사람 한 사람의 용기 있는 행동이 이 기적을 만들었다. 그 어떤 위협도, 결국 인간의 선한 본심을 꺾을 수 없다.

17

크리스마스의 기적

전쟁도 막지 못한
인류애의 현장

대공황과 전쟁이 만든 섬유 혁명

합성 섬유의 탄생

1990년대 중반에 일회용 컵에 커피를 담아 파는 커피 가게가 국내에 등장했다. 당시만 해도 상당히 낯선 풍경이었다. 으레 커피는 커피숍에 앉아서 마셔야 하는 것이라고 생각했으니까. 그래서였을까? 사람들은 이런 커피 가게를 찾지 않았다. Take-out 커피 가게는 대부분 문을 닫아야 했다. 이런 형태의 커피점이 성공한 것은 그로부터 10여 년이 흐른 뒤였다. 장사 하나만 보더라도 이처럼 때와 유행을 잘 타야 성공한다는 사실을 알 수 있다. 어떤 상황이 들이닥쳤을 때, 그 상황을 최대한 활용하는 것이 성공의 기본 조건이란 얘기다. 너무 일찍 혹은 지나치게 앞서 나가면 쪽박을 찰 수도 있다.

오늘날 전 세계적으로 활발하게 전개되고 있는 로컬 푸드 운동은 미국 대공황의 산물이었다. 당시 재배한 농산물을 팔 곳이 없는 농부가 직접 물건을 내다 팔면서 시작되었다. 만약 대공황이 시작되지 않았다면 이 농부는 대형 마트나 다른 쇼핑몰에 물건을 납품했을 것

미국 대공황 시절, 여성들이 공공 일자리
창출을 요구하며 시위를 벌이는 모습

이다. 그랬다면 로컬 푸드 운동은 일어나지 않았을 수도 있다.

때때로 위기 상황은 도전을 위한 최적의 상황이 되기도 한다. 그런 사례가 미국 대공황 시절에 또 하나 있다. 바로 나일론이다. 만약 대공황과 제2차 세계 대전이 없었더라면 나일론은 발명되지 않았을지도 모른다. 지금부터 나일론이 탄생한 과정을 이야기하려 한다.

1929년 10월 24일, 미국 월스트리트에서 모든 주식이 폭락했다. 이 날은 목요일이었다. 그래서 사람들은 이 날을 '암흑의 목요일'이라 불렀다. 암흑이란 말에 걸맞게 사방은 암흑천지였다. 경제가 폭삭 주저앉았다. 정부도 더 이상 손을 쓸 방법이 없었다. 은행과 기업이 도산했고 실업자가 속출했다. 농촌 경제도 무너졌다. 그렇게 미국 공황이 시작되었다.

1920년대의 미국은 이미 세계 최고의 경제 대국이었다. 그러니 미국 공황의 파급력은 상상을 초월할 정도로 컸다. 전 세계가 몸살을 앓다가 드러눕기 시작했다. 유럽에서도 공황이 나타났다. 아시아도 예외는 아니었다. 전 세계적으로 대공황이 시작된 것이다.

대공황에서 살아남기 위해 미국은 뉴딜 정책을 시행했다. 영국과 프랑스는 식민지를 한데 묶어 블록 경제를 추진했다. 두 나라는 식민지를 착취해 대공황의 위기를 넘으려 했다. 식민지가 상대적으로 적었던 독일, 일본, 이탈리아는 전체주의의 길로 나아갔다. 특히 일본은 1930년대를 전후해 아시아-태평양 일대에서 노골적으로 침략 정책을 드러냈다. 미국은 그런 일본과 우호적인 관계를 청산하기 시작했다.

이 과정에서 뜻하지 않게 미국에서 실크 부족 사태가 발생했다. 그 전까지 주로 일본에서 실크를 수입했기 때문이다. 실크 수입량이 크게 줄면서 가격이 천정부지로 뛰어올랐다. '없으면 그만이지'라고 생각할 수도 있지만 그게 그렇게 간단한 문제가 아니었다. 여성들의 블라우스와 스타킹 같은 생활용품을 만들려면 실크가 꼭 필요했다. 낙하산, 텐트와 같은 군용 장비를 만들 때도 실크가 필요했다.

게다가 당시 미국 기업들에게는 대공황의 터널을 빠져나가야 한다는 큰 숙제가 있었다. 기업들은 대공황의 혼란 속에서 기회를 찾고 있었다. 마침 실크를 대체할 섬유가 절실한 상황이었다. 그런 섬유를 개발한다면 위기를 극복할 수 있을 것이다. 나아가 돈방석에 앉으면서 완전히 대공황의 터널을 빠져나갈 수도 있었다. 그러니 이에 대한 연구가 자연 활발해졌다.

화학 제조업체인 듀폰이 뛰어들었다. 이미 듀폰은 내로라하는 화학자들을 영입해 여러 실험을 하고 있었다. 대표적인 인물이 하버드 대학교의 화학과 교수였던 월리스 흄 캐러더스(1896~1937)였다. 캐러더스 연구팀은 곧 놀라운 실적을 만들어냈다. 석탄을 가열해 얻을 수 있는 코르타르란 물질에서 처음으로 인조 고무를 합성해냈다. 1931년 듀폰은 이 합성 고무를 '듀프렌'이란 브랜드로 시장에 내놓았다. 이 제품은 나중에 '네오프렌'으로 상표를 바꾸었다.

월리스 흄 캐러더스

이어 듀폰은 실크를 대체할 수 있는 인공 섬유를 만들기 시작했다. 이번에도 연구 책임자는 캐러더스였다. 사실 인조 실크라 부르는 '레이온'이 이미 발명되어 있었다. 하지만 레이온 또한 목재라는 천연 원료가 있어야 만들 수 있었다. 그러니 대량 생산을 통해 단가를 낮추기는 쉽지 않았다. 완전한 인공 섬유가 필요했다.

1935년 캐러더스 연구팀이 마침내 공기, 석탄, 물의 화학적 실험을 통해 새로운 합성 섬유를 만드는 데 성공했다. 합성 실은 양털보다 가볍고 거미줄보다 가늘었다. 하지만 천연 섬유보다 강했고 탄력성도 좋았다.

듀폰은 1937년에 이 합성 섬유에 대한 특허를 취득했다. 1938년에는 이 합성 섬유의 브랜드를 '나일론(Nylon)'으로 정하고 대량 생산 준비에 돌입했다. 1939년 뉴욕 만국 박람회에서 나일론이 대중에 첫선을 보였다. 반응은 폭발적이었다.

1940년 5월 15일, 미국의 백화점에서 여성용 나일론 스타킹을 판매하기 시작했다. 수십만 개의 스타킹이 순식간에 팔려나갔다. 사실 듀폰이 나일론을 이용해 만든 첫 제품은 칫솔이었다고 한다. 하지만 대박은 바로 이 스타킹에서 터졌다.

나일론은 전쟁터에서 또 다시 진면목을 드러냈다. 태평양 전쟁 때는 나일론이 실크를 대체해 낙하산에 사용되었다. 뿐만 아니라 텐트, 밧줄, 타이어 등 쓰이지 않는 분야가 없을 정도였다. 나일론은 군수 용품으로도 대박을 쳤다.

나일론으로 만든 블라우스는 곧 실크 블라우스를 대체하는 명품으로 떠올랐다. 사람들은 "나일론으로부터 섬유 혁명이 시작되었다"라며 극찬했다. 나일론이 국내에서 처음 생산된 것은 1963년이었다. 그런데 나일론은 도대체 무슨 뜻일까? 듀폰은 이에 대해 이미 1940년대에 아무 뜻도 없는 신조어일 뿐이라고 해명했다고 한다.

만약 대공황이 없었더라면, 그래서 기업들이 뭘 만들어도 다 잘 팔리는 상황이었더라면, 그랬다면 아마 나일론은 발명되지 않았을 수도 있다. 위기를 도전으로 맞설 때 새로운 기회가 찾아온다. 우리 일상의 삶도 크게 다르지 않다. 우리는 위기를 피하고 있는가, 아니면 적극 맞서고 있는가.

환타가 한때
나치를 상징한 음료라고?

코카콜라의 빈자리를 채운 음료

다이어트를 결심할 때 가장 먼저 끊어야 할 것은? 아마 술일 것이다. 술 자체가 칼로리가 높기도 하지만, 그보다는 같이 먹는 안주 때문이다. 술의 열량은 영양가가 없기에 가장 먼저 소비된다. 술을 마신 후 몸에서 미열이 나는 것은, 우리 몸이 죽어라 알코올을 분해하기 때문에 나타나는 현상이다. 따라서 다이어트의 최대 적은, 엄밀하게 말하면 술이 아니라 안주다.

다이어트의 적이 또 있다. 바로 탄산음료다. 탄산음료에는 당이 꽤나 많이 들어 있다. 그러니 비만의 주범이란 이야기도 나온다. 다이어트를 할 요량인가? 그럼 탄산음료부터 줄여라. 하지만 이게 쉽지 않다. 달콤하면서도 칼칼하고 알싸한 탄산음료의 맛이 상당히 중독성이 강하기 때문이다. 탄산음료가 목젖을 적실 때 느껴지는 짜릿함이란!

탄산음료의 대표 선수는 누가 뭐래도 콜라다. 콜라에도 여러 브랜

드가 있다. 한때 국내 식품업체가 콜라를 만
들기도 했다. 아직도 그 콜라는 명맥을 이어
가고 있다. 하지만 대중적으로 크게 인기를
끌지는 못하는 실정이다. 콜라 중에서는 코
카콜라가 인지도가 가장 높고 판매량도 가
장 많다.

**코카콜라를 발명한 존 펨버튼.
그의 원래 직업은 약사였다.**

　탄산음료는 다양한 방식으로 진화했다.
만약 과일 향이 나는 탄산음료의 대표 선수
를 꼽으라면? 단연 환타일 것이다. 이 환타
또한 코카콜라 컴퍼니에서 만든다. 그러니
까 환타, 코카콜라가 같은 회사의 제품이라는 이야기다. 결국 한 회
사의 두 제품이 모두 세계 1위를 차지하고 있는 셈이다.

　코카콜라는 19세기 후반에 탄생했다. 환타는 탄생 시점이 언제였
을까? 환타 한국어 홈페이지를 보니 'History' 코너가 있었다. 클릭!
거기엔 이렇게 기록되어 있다. "환타 오렌지 향은 1955년 4월 29일
이탈리아 나폴리에서 처음으로 출시되었다." 이 기록대로라면 환타
의 역사는 1955년부터 시작된다. 틀린 말은 아니다. 하지만 온전한
사실도 아니다. 만약 환타가 코카콜라 회사의 브랜드로 출시된 시점
을 말한다면 1955년이 맞다. 하지만 최초로 환타가 출시된 시점을
말한다면 1955년은 틀렸다. 환타는 그 전에 이미 존재했다. 그 이야
기는 이 사이트에서 찾아볼 수 없었다.

　나쁜 기억은 잊고 싶은 법이다. 그 기억이 수많은 사람으로부터,
나아가 역사의 지탄을 받는 사건이라면 더더욱 그럴 것이다. 어쩌면
코카콜라 컴퍼니가 그런 심정이 아니었을까 싶다. 환타. 이 음료의

1930년대 코카콜라를 비롯한 탄산음료는
서구 세계의 가장 대중적인 기호식품이었다.

탄생 과정에 히틀러와 나치의 음울한 그림자가 짙게 드리워져 있기
때문이다.

　코카콜라는 탄생 시점부터 지금까지 줄곧 전 세계 사람들에게 사
랑받는 베스트셀러 자리를 놓친 적이 없다. 미국에서 탄생한 이 음
료는 얼마 후 유럽과 전 세계로 퍼져 나갔다. 유럽에서도 코카콜라
선풍이 이어졌다. 그중에서 특히 독일에서 코카콜라의 인기가 높았
다. 그 인기를 가늠할 수 있는 증거가 있다. 1930년대 독일에 있던
코카콜라 공장만 30~40곳이었다. 공장을 연일 풀가동해도 물량을
맞추기 힘들 정도였단다. 이 공장에서는 미국 본사로부터 원액을 받
아 코카콜라 제품을 만들었다. 매년 300만~400만 병 이상의 코카콜

라가 독일 전역으로 유통되었다. 이 정도면 코카콜라를 좋아하는 정도를 넘어 중독된 게 아닐까 하는 생각이 든다.

코카콜라 본사는 요즘도 원액을 공급하는 방식으로 제품을 생산한다. 원액의 제조 비결은 절대 가르쳐주지 않는다. 요즘이 이러니 당시는 두말할 것도 없다. 이 말인즉슨, 미국 본사에서 원액이 들어오지 않으면 독일 사람들은 코카콜라를 마실 수 없게 된다는 뜻이다.

설마 했는데 그런 일이 일어났다. 히틀러와 나치당이 전쟁 준비에 광분하면서 독일과 미국 사이의 무역이 크게 줄었다. 그러다가 제2차 세계 대전이 터지자 두 나라의 무역은 전면 중단되었다. 당연히 미국 본사도 코카콜라 원액 공급을 전면 중단했다. 독일 지사는 코카콜라 원액을 어떻게든 수입해 보려고 했다. 허사였다. 독일에 있는 코카콜라 공장들은 낙동강 오리알 신세가 되어버렸다. 히틀러와 나치당도 고민에 빠졌다. 히틀러 자신이 코카콜라를 좋아하기도 했지만 그보다는 독일 병사들이 그 중독성에 푹 빠져 있다는 것이 문제였다. 병사들에게 먹일 코카콜라가 없으니 난감해졌다. 게다가 콜라를 생산하지 않는 공장을 그대로 방치할 수도 없는 노릇이었다. 그 공장의 노동자를 실업자로 만들지 않으려면 뭐라도 만들어내야 했다. 어떻게든 코카콜라를 대신할 수 있는 음료가 필요한 상황이었다.

바로 그때 독일의 코카콜라 지사장이었던 막스 카이트가 아이디어를 냈다. 이가 없으면 잇몸으로! 콜라가 없으면 비슷한 음료를 만들자는 것이었다. 치즈나 버터를 만들다 남은 우유 찌꺼기인 유장에 과일주스, 섬유질, 탄산가스를 범벅해서 넣었다. 그랬더니 톡 쏘는 탄산음료가 만들어졌다.

콜라와 환타를 비롯한 탄산음료는
앞으로도 대중의 베스트셀러로 오랫동안 자리매김할 것이다.

이 음료가 바로 환타의 시초였다. 환타는 'Fantasie'라는 독일어에
서 나왔다. 영어로는 판타지(Fantasy)다. 코카콜라만큼 환상적인 음
료라는 뜻에서 이름을 이렇게 지었다고 한다. 물론 오늘날의 환타와
는 맛도, 풍미도, 색깔도 모두 다르다. 히틀러가 직접 이 음료를 만들
라고 지시를 내렸는지도 명확하지 않다. 하지만 히틀러와 나치당 치
하에서 만들어졌기 때문에 환타는 한동안 나치를 상징하는 음료로
여겨졌다.

제2차 세계 대전이 끝났다. 전후 관리를 위해 독일에 들어온 미군
은 환타를 경멸적으로 바라보았다. 그들에게는 환타가 히틀러와 나
치당의 음료라는 인식이 여전히 강했다. 하지만 환타 또한 콜라와

마찬가지로 중독성이 있었다. 사라질 것 같던 환타의 생산량이 더 늘었다. 인기도 상승했다. 코카콜라 회사의 이탈리아 지사에서 이 환타 제조법을 넘겨받아 본격적으로 환타를 만들기 시작했다. 환타 한국어 홈페이지에 나온 1955년이 바로 이 시점을 가리키는 것이다. 이후 코카콜라 회사는 1960년에 환타를 정식으로 인수했고, 바로 이때 미국에도 환타가 소개되었다.

그로부터 반세기가 더 흘렀다. 지금은 그 누구도 환타를 히틀러와 나치당의 유물이라고 생각하지 않는다. 그래서도 안 된다. 환타로서도 그 역사는 잊고 싶을 테니까. 환타는 120여 가지의 다양한 과일 맛을 자랑하는 탄산음료일 뿐이다. 톡 쏘는 환타 한 모금이 갑자기 생각난다.

우주 전쟁에 얽힌 이야기들

미국과 소련의 우주 전쟁과 아폴로 눈병

미국 영화 〈스타워즈(Star Wars)〉는 현재까지 8부작이 만들어졌다. 최초의 작품은 1977년 제작되었다. 마지막 작품이 2017년에 제작되었으니 40여 년에 걸쳐 만들어진 대작이다. 전 세계의 수많은 팬이 지금도 이 영화를 반복해서 보고 있다. 영화사에 획을 그은 작품이다.

흥미로운 점은 이 별들의 전쟁 혹은 우주에서의 전쟁이 실제로 미국과 구(舊)소련 사이에 치열하게 전개되었다는 것이다. 지금의 40대라면 어렸을 때 먹었던 '아폴로'라는 불량식품을 기억할 것이다. 막대처럼 생긴 그 과자를 손으로 비비면 비닐 스틱 안의 내용물이 밖으로 비어져 나온다. 그 아폴로는 미국이 달에 보낸 우주선의 이름이었다.

많은 사람들이 그 아폴로, 정확하게 말하면 아폴로 11호가 가장 먼저 우주로 나갔다고 생각한다. 아폴로 11호에 탄 닐 암스트롱을

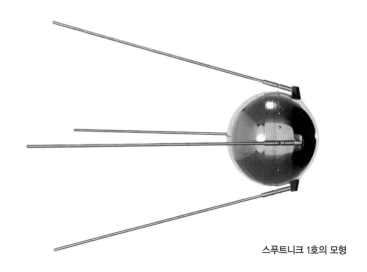

스푸트니크 1호의 모형

최초의 우주인으로 기억하는 사람도 적지 않다. 하지만 사실이 아니다. 제2차 세계 대전이 끝난 후부터 새로운 전쟁이 전개되었다. 세계는 미국을 중심으로 한 자본주의 진영과 소련을 중심으로 한 공산주의 진영으로 나뉘었다. 바로 냉전이다. 이 냉전은 지구에서만 벌어진 게 아니다. 지구 밖으로 우주선을 날려 보내는 것을 놓고도 치열한 경쟁이 벌어졌다. 실제로 스타워즈가 일어난 것이다.

소련이 먼저 웃었다. 1957년 10월 4일, 소련은 스푸트니크 1호를 우주로 쏘아 올렸다. 스푸트니크는 지구를 벗어난 최초의 인공위성이 되었다. 미국은 죽을 맛이었을 것이다. 최초의 기록을 놓쳤으니 땅을 치며 원통해 했을 것이다. 미국은 얼마 후 인공위성을 발사했지만 실패했다. 아, 정말 죽을 맛이었을 것 같다.

그래도 미국은 좌절하지 않았다. 아직 생명체가 우주로 나간 적은 없으니까. 하지만 얼마 후 미국은 다시 뒤통수를 맞았다. 한 달 뒤인

11월 3일 소련이 스푸트니크 2호에 떠돌이 개 라이카를 태워 우주로 보낸 것이다. 라이카가 이륙 직후에 죽었고, 이 행위가 동물학대라는 비난이 거셌지만, 소련은 개의치 않았다. 스타워즈에서 또 한 번 미국의 코를 납작하게 했으니까.

아직 미국에게 기회는 있었다. 인간이 직접 우주 비행을 하는, 역사적인 기록은 아직 만들어지지 않았잖은가. 1958년 1월 31일, 미국도 최초의 인공위성 익스플로러 1호를 발사하는 데 성공했다. 이후 미국과 소련은 개 외에 원숭이나 침팬지 같은 동물로 우주 비행 실험을 계속했다.

1961년 4월 12일, 소련이 보스토크 1호를 우주로 쏘았다. 이 우주선에는 유리 가가린이 타고 있었다. 가가린은 우주에서 소식을 전해 왔다. "푸른빛의 지구는 멋지고 경이롭다!" 가가린은 108분 동안 지구를 돈 후에 귀환했다. 인류가 우주로 나가는 것뿐 아니라 무사귀환까지 성공한 것이다. 미국의 자존심이 얼마나 상했는지는 굳이 말할 필요가 없다. 미국의 존 F. 케네디 대통령은 스타워즈에 막대한 예산을 투입하며 '더 월등한 기록'을 만들어내라고 지시했다. 총 90억 달러를 투자한 '아폴로 계획'이 이렇게 시작되었다.

실패하면 또 쏘고, 그래도 실패하면 다시 쏘았다. 불굴의 정신으로! 그 결과 1969년 7월 20일, 미국의 아폴로 11호가 달에 착륙하는 데 성공했다. 닐 암스트롱과 버즈 올드린이 달을 밟았다. 드넓은 우주의 땅에 마침내 발을 디딘 것이다.

여기에도 숨겨진 역사가 있다. 사실 아폴로 11호 이전에 달에 착륙한 우주선이 있었다. 닐 암스트롱이 달에 발을 내딛기 3년 전인 1966년, 소련은 무인 탐사선인 루나 9호와 루나 10호를 달에 착륙시

켰다. 무인 탐사선이니 우주인
은 탑승하지 않았다. 루나 10호
는 달의 시료를 채취했다.

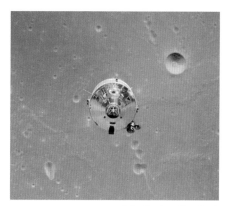

달에 접근하고 있는 이글호

아폴로 11호가 가장 먼저 달
에 다가선 미국 우주선도 아니
다. 1968년 12월에는 아폴로 8
호가 달 주변을 돌았다. 1969년
5월에는 아폴로 10호가 달의 표
면에 근접했다. 그로부터 7개월
후 아폴로 11호가 최종적으로 달에 인간을 내려놓은 것이다.

또 하나. 아폴로 11호가 달에 착륙한 것은 아니다. 아폴로 11호는
모선(母船)이다. 모선을 통째로 달에 상륙시킬 수는 없다. 그러니 우
주인들은 작은 착륙선으로 옮겨 타야 했다. 착륙선의 이름은 이글
호. 그러니 이글호가 실제 달에 착륙한 우주선이다.

흥미로운 이야기도 있다. 닐 암스트롱이 달에 도착했을 무렵 국
내에서 눈병이 크게 유행했다. 유행성 각결막염이란 병이다. 당시에
이 병을 아폴로 눈병이라 불렀다. 물론 지금도 아폴로 눈병이라 부
른다. 아폴로 11호의 위력은 이토록 크다!

스타워즈에 얽힌 또 하나의 이야기가 있다. 사실 스타워즈가 벌
어진 것은 보다 치명적인 무기를 개발하기 위해서였다. 그러니 로켓
기술에 자연스럽게 접근했고, 그 결과 우주에서의 냉전이 벌어졌던
것이다.

만약 미국을 승자로 평가한다면 그것은 베르너 폰 브라운 박사
(1912~1977) 덕분이다. 브라운 박사의 연구팀이 아폴로 계획을 도맡

아 추진했기 때문이다. 브라운 박사는 독일인이었다. 제2차 세계 대전 때는 히틀러와 나치당을 위해 장거리 미사일을 개발했다. 그가 개발한 미사일은 영국 본토를 향해 발사되기도 했다. 제2차 세계 대전이 끝난 이후 독일에는 미국, 영국, 프랑스, 소련이 주둔했다. 미국을 뺀 나머지 세 나라는 독일의 산업 시설을 압수해 자국의 전쟁 피해 복구에 투입했다. 독일이 배상금을 낼 여유가 없으니 그렇게라도 이익을 챙긴 것이다. 소련은 동독 지역에 있는 1,000여 개의 공장을 철거했고, 철도 레일까지 모두 뜯어갔다.

미국은 달랐다. 미국은 설비와 시설보다는 과학자에 주목했다. 우수한 과학자들을 미국으로 데리고 가 자국의 과학 발전을 도모했다. 브라운 박사도 이때 미국으로 갔다. 결과를 놓고 보면 미국은 시대의 변화를 가장 잘 읽었다. 또한 미래를 위해 통 크게 투자했다. 이 도전은 옳았다. 덕분에 미국이 스타워즈에서 소련을 능가할 수 있었으니까 말이다.

우리가 어렸을 적 즐겨먹었던 아폴로라는 불량 식품은 아폴로 11호가 달 착륙을 했기에 만들어진 이름이었을 것이다. 만약 미국이 브라운 박사를 선택하지 않았다면 추억 속의 불량 식품도 존재하지 않았을지 모른다. 좀 과장하자면, 이런 게 나비효과가 아닐까. 하하.

CHAPTER 4

일탈, 폭주
그리고 시대의 광기

통치자의 폭주와 독재는 민중을 도탄에 빠뜨린다. 광기에 빠진 독재자는 전 세계를 혼란의 구렁텅이로 밀어 넣는다. 히틀러의 사례를 보라. 수백만 명의 유대인이 가스실에서 죽음을 맞지 않았는가. 일본은 중국과 한반도에서 수십만 명을 학살했다. 자국에서 대지진이 일어나자 민중의 불만을 잠재우려고 "조선인들이 우물에 독을 탔다"라는 거짓 소문을 퍼뜨렸다. 그 결과 6,000여 명의 조선인들이 학살되었다.

광기에 휩싸인 집단과 국가의 일탈과 폭주는 비극을 낳는다. 우리는 두렵다. 또 어떤 광기가 폭주할지, 역사가 또 다시 요동을 치지 않을지……. 평화가 그립다.

광기가 부른 비극, 소년 십자군

십자군 전쟁을 둘러싼 몇 가지 사건들

역사를 살피다 보면 '인간이 어떻게 이럴 수 있지?'라는 말이 절로 나올 때가 있다. 편법이나 불법은 뭐, 아주 예사로운 일이다. 비인간적인 것을 넘어 반인륜적인 범죄 행위가 의외로 많이 발견된다. 고대 역사 이후로 사람을 대상으로 한 대량 학살은 그 수를 헤아리기 어려울 만큼 자주 일어났다. 근대 이후의 학살은 광적인 집단들이 주로 저질렀다. 제2차 세계 대전 이전에 생긴 전체주의 집단들이 대표적이다. 바로 히틀러와 나치당, 무솔리니와 파시스트당, 일본의 군국주의자들이다. 이들은 자신의 목적을 이루기 위해 국민을 희생시켰다. 전 세계를 상대로 반인륜적인 범죄를 저질렀다. 그들은 목적이 정당하니 별 문제가 되지 않는다고 생각했다. 하지만 쿠바의 혁명가 체 게바라가 말했듯이 수단이 비열하다면 결코 목적은 정당화될 수 없다.

중세 유럽에도 이런 사례가 있었다. 당시 피해자는 소년들이었다.

수많은 소년이 '성스러운 목적'에 악용되어 목숨을 잃거나 노예가 되었다. 십자군 전쟁 와중의 이야기다.

7세기에 이슬람교가 탄생한 후 크리스트교와 이슬람교는 기름과 물처럼 섞이지 못했다. 불과 물처럼 서로를 부정했다. 이슬람 세력은 유럽의 문을 두들겼고, 그 와중에 비잔티움 제국이 제물이 되었다. 비잔티움 제국은 누더기가 되어버렸다. 11세기에는 비잔티움 제국 황제가 이슬람 군대에 포로로 잡히기까지 했다. 비잔티움 황제는 창피

클레르몽 공의회에서 십자군 원정을 주창하는 교황 우르바누스 2세

를 무릅쓰고 로마 교황에게 도움을 청했다. "제발, 이 이교도들을 몰아내주세요!"

로마 교황은 씩 미소를 지었다. 당시 로마 교황은 신성 로마 제국 황제와 세속적인 권력 투쟁을 하고 있었다. 주판알을 튕겨보았다. 성스러운 전쟁, 즉 성전을 일으켜 승리한다면? 교황과 교회의 권력이 훨씬 강해질 것이다! 1095년 11월 우르바누스 2세 교황은 크리스트교 성지를 되찾자며 성전을 선포했다. 십자군 전쟁이 시작되었다. 당시 유럽 군대의 상징 문양이 십자가라서 십자군 전쟁이라 부른다.

십자군 전쟁은 11세기 말부터 13세기 후반까지 약 180년 동안 치러졌다. 굵직굵직한 전투만 7~8회. 그야말로 종교 전면전이었다. 십자군은 제1차 전쟁에서 예루살렘을 탈환했다. 하지만 이게 전부였다. 그 후로는 이슬람교 세력이 대체로 승기를 잡았다.

십자군 전쟁에 대한 오늘날의 평가는 그리 후하지 않다. 종교 명분에 사로잡힌 광기의 전쟁이었다는 것이다. 이 평가는 틀리지 않다. 많이 알려지지 않은 원정 중에 광기를 그대로 드러낸 사례가 여러 차례 있었다. 대표적인 것이 군중 십자군과 소년 십자군이다.

교황이 성전을 선포한 후 본격적으로 십자군 모병이 시작되었다. 최초의 십자군은 1096년 8월 출발할 예정이었다. 뜻밖의 사건이 발생했다. 이보다 4개월 전에 정식 군대가 아닌 수많은 군중이 먼저 예루살렘을 향해 진격한 것이다. 1차 십자군 이전의 이 십자군은 대부분 무기를 들지 않은 민간인으로 구성되어 있었다. 여자와 아이도 많았다. 오로지 '종교적 신념'만으로 이슬람교도를 물리치겠다며 성지를 향해 진격했다. 기사와 성직자도 더러 있었지만 제대로 된 군대는 없었다. 그래서 이들을 군중 십자군이라 부른다.

군중 십자군을 주도한 사람은 광신도인 피에르였다. 그는 예수 그리스도의 기적을 체험했다며 사람들을 끌어 모았다. 그의 말을 믿은 사람들이 몰려들면서 군중 십자군은 수만 명으로 불어났다. 그들은 집단 광기로 무장했다. 가는 곳마다 폭력과 살인을 저질렀다. 결말은 비극적이었다. 이 군중 십자군은 이슬람 군대를 만나 전멸한 것으로 전해진다.

군중 십자군보다 더 비극적인 원정이 있었다. 바로 소년 십자군이다. 소년 십자군은 독일과 프랑스 등에서 구성되었다.

제4차 십자군 원정이 단행되기 전인 1212년이었다. 독일 쾰른에 살고 있던 소년 니콜라스가 하느님의 계시를 받았다며 예루살렘을 향해 행진하기 시작했다. 많은 아이들이 이 행진에 동참했다. 평민과 기사도 일부 포함되기는 했지만 대체로 소년이 많아서 이를 소년 십자군이라 부른다. 이들은 알프스 산맥을 넘어 이탈리아의 항구 도시에 도착했다. 양심적이고 의식

소년 십자군을 표현한 그림

이 남아 있는 종교 사제들은 지중해를 건너겠다는 아이들을 뜯어말려 고향으로 돌려보냈다. 하지만 막무가내의 아이들은 끝내 배를 탔다. 게다가 종교보다는 '돈' 맛에 길들여진 이탈리아 상인들은 머릿속으로 주판알을 굴렸다. 그들의 목적은 오로지 돈! 상인들은 배에 아이들을 태우고 지중해를 건너 이집트로 갔다. 그곳에서 아이들을 노예로 팔았다. 다행이라고 해야 할까. 나중에 이슬람 군대의 사령관이 아이들 중 일부를 돌려보냈다. 일부 소년들은 양쪽의 타협으로 고향의 땅을 밟을 수 있었다. 그 나머지는? 안타깝게도 노예로 비참한 삶을 살아야 했다.

제4차 십자군 원정이 끝나고 10여 년 후 또 다시 소년 십자군이 만들어졌다. 이번에 그들을 이끈 아이는 프랑스의 양치기 소년 에티엔이었다. 에티엔은 예수 그리스도가 프랑스 왕에게 전달하라며 자

신에게 편지를 맡겼다고 주장했다. 에티엔의 행진이 시작되었고 이번에도 수만 명의 아이들이 동참했다. 물론 이 소년 십자군도 자연스럽게 해체되었다. 하지만 그 사이에 많은 소년들이 목숨을 잃거나 노예가 되었으리라.

흥미로운 점이 있다. 비슷한 시기인 1284년 독일의 하멜른이란 곳에서 괴기하게도 130여 명의 아이들이 사라지는 사건이 발생했다. 이 사건을 모티브로 한 이야기들이 여러 편 만들어졌다. 그중 하나가 '하멜른의 피리 부는 사나이'였다.

이 이야기는 나중에 그림 형제에 의해 동화로도 만들어졌다. 마을에 쥐떼가 나타나자 이를 해결해주겠다는 사나이가 나타났다. 그 사나이는 약속대로 쥐떼를 소탕했다. 하지만 어른들이 보상 약속을 지키지 않았다. 화가 난 사나이는 피리를 불기 시작했다. 그 소리에 홀린 아이들이 사나이를 따라갔고 결국엔 모두 사라졌다.

이 이야기는, 당시 유럽 상황을 그대로 반영하고 있다. 어쩌면 우리가 모르는 소년 십자군이 더 있었을지도 모른다. 이념과 종교의 광기는 이토록 무섭다. 미친 어른들이 애꿎은 아이를 희생시킨다. 요즘은 어떨까? 우리의 아이들도 혹시 어른의 광기로 인해 불행한 삶을 살고 있는 것은 아닐까? 학벌과 사회적 성공이라는 종교에 빠진 광기 말이다.

부정한 권력은 군중의
집단 심리를 이용한다.
하지만 촛불은 선의의 대중이
부당한 권력을 심판한 역사를 썼다.

흑인 슬럼가의 기원은 게토?

유대인 차별의 역사

1995년 개봉한 미국 영화 〈다이하드 3〉 초반부에 뉴욕 할렘의 에피소드가 나온다. 테러리스트의 요구가 황당하다. 경찰 매클레인에게 팬티만 입고 할렘 한복판에서 "I Hate Niggers(나는 흑인을 증오한다)."라고 쓴 현판을 목에 걸고 서 있으란다. 이 요구를 들어주지 않으면 백화점을 폭파하겠다고 협박했다. 따를 수밖에 없다. 흑인들의 눈에 띄는 순간 그는 죽음을 피할 수 없다. 아뿔싸. 한 무리의 흑인 청년들이 매클레인을 발견하고 시비를 걸기 시작했다. 만약 할렘의 흑인 상인 제우스가 중재하지 않았다면 매클레인은 죽었을 것이다. 뭐, 주인공이 초반에 죽을 수는 없으니……. 제우스의 활약(?) 덕분에 매클레인은 목숨을 건진다. 그 다음 스토리는? 영화를 직접 보시라.

뉴욕 할렘은 대표적인 슬럼가다. 슬럼가는 빈민이 몰려 사는 곳이다. 주거 시설이나 교통 및 도로 시설, 상하수도 시설 등 생활 인프라가 열악하다. 삶이 안정적이지 못하니 범죄 발생률이 아주 높다.

해가 지면 슬럼가에 어슬렁대지 않는 것이 상책이다.

뉴욕의 할렘을 포함해 미국 북부의 대도시에는 흑인 밀집 주거지가 꽤 많다. 시카고, 필라델피아, 워싱턴, 디트로이트에도 있다. 흑인 게토(Black Ghetto)다. 흑인 게토를 정부가 지정한 것은 아니다. 제1차 세계 대전 이후 시골, 특히 남부의 농촌에서 온 흑인들이 몰려 살면서 자연스럽게 형성되었다. 이유는 간

1964년 할렘에서 폭동이 일어났을 때 경찰들이 흑인들을 진압하는 모습

단하다. 흑인에 대한 노골적인 차별이 횡행했기 때문이다. 흑인끼리 모여 살면 어느 정도 차별을 피할 수 있었다. 비록 가난하고 비위생적이며 범죄에 노출되어 있다 하더라도 말이다. 흑인 게토는 당연히 게토(ghetto)라는 단어에서 차용되었다. 게토의 기원을 알려면 고대로 거슬러 올라가야 한다.

기원전 722년 이스라엘 왕국이 멸망했다. 정복자 아시리아는 다양성을 인정하지도, 관용도 베풀지 않았다. 유대인은 서아시아와 유럽 등지로 흩어졌다. 디아스포라다. 유대인은 자신의 종교와 민족성, 문화를 지키려고 모여 살았다. 유럽 사람들은 유대인에 우호적이지 않았다. 그들에 대한 핍박은 크리스트교의 당연한 권리라고 여겼다.

11세기 말, 십자군 전쟁이 터졌다. 로마 교회와 크리스트교 신도들은 유대교를 이교도로 여기기 시작했다. 유대교는 이슬람교와 마

찬가지로 적대적 종교가 되었다. 핍박은 더욱 거세졌고, 야만적으로 변했다.

크리스트교 종교 회의를 공의회라고 한다. 크리스트교가 공인된 후 11번째 회의인 제3차 라테란 공의회가 1179년 열렸다. 로마 교황의 선출 규정을 정하는 것을 포함해 27개 규정을 정했다. 이 규정 중에 유대인을 차별하는 내용이 들어 있었다. 소송이 열리면 크리스트교 신도의 말에 더 귀를 기울여야지, 유대인의 주장에 더 귀를 기울이면 안 된다고 규정했다. 그러면 파문할 것이라 했다. 크리스트교 신도와 유대인의 교류도 금지했다. 유대인을 명백히 차별할 것을 결정한 첫 공의회였다.

1215년, 제4차 라테란 공의회가 열렸다. 유대인 차별 조항이 크게 늘었다. 유대인은 유대인임을 식별할 수 있도록 배지를 달라고 했다. 크리스트교 기념일에는 공공장소 출입을 금지했고, 공직에서도 법적으로 배제했다. 유럽의 여러 지역에서 로마 교회의 '지침'을 충실히 따랐다. 유대인들은 서유럽의 거의 모든 지역에서 박해를 받았다. 14세기 이후에는 많은 유대인들이 도시에서 추방되었다. 저항하면 학살했다. 많은 유대인들이 살 곳을 찾아 유랑했다.

이탈리아 북동부에는 베니스란 도시가 있다. 100개가 넘는 섬들이 수많은 다리로 이어져 '물의 도시'라 부른다. 이 아름다운 도시에서 500년 전 게토가 공식화했다.

독일에 살던 유대인이 베네치아 공화국으로 이주했다. 1516년, 공화국 의회는 그들을 북서부의 작은 섬에 격리했다. 사방에는 높은 벽을 둘렀다. 그곳에 새 주물 공장이 있었다고 해서 이 유대인 거주지를 게토 누오보(nuovo)라 불렀다. nouvo는 새것을 뜻하는 이탈리

아어다. 얼마 후에는 터키에서 유대인들이 또 몰려왔다. 공화국 의
회는 게토 누오보에서 남동쪽으로 얼마 멀지 않은 곳에 게토 베키오
(vecchio)를 만들었다. vecchio는 낡은 것을 뜻한다. 그 전에 이 지역
에 주물 공장이 있었던 모양이다.

유대인을 격리한 까닭은 뭘까? 경제 때문이었다. 유대인들이 상
권을 장악하는 것을 베네치아 사람들은 참을 수 없었다. 가두어두고
제압하려는 것이었다. 경제적 정의라는 명분하에 자행된 야만과 폭
주였다. 제3차 라테란 공의회는 크리스트교도들의 고리대금업 종사
를 금지시켰다. 그러니 유대인들이 이 일에 뛰어들어 경제적 성공을
거두었다. 유럽의 크리스트교 세력은 뒤늦게 그게 배가 아팠나 보
다. 박해는 질기고 잔인했다.

이 두 유대인 거주지를 공식적으로 처음 게토라 불렀다. 이후 게

오늘날 할렘의 거리에 그려진 그래피티

토는 우후죽순으로 생겨났다. 유럽 사람들의 유대인에 대한 거부감
은 그만큼 뿌리가 깊었다. 1555년에는 교회까지 가세했다. 교황 바
오로 4세는 로마에도 게토를 만들었다.

　게토는 18세기 말부터 조금씩 해체되었다. 그러다가 1870년 로마
게토가 해체되면서 사실상 게토의 역사는 끝난 듯했다. 종교 갈등이
끝난 것일까?

　1930년대 이후 히틀러와 나치당이 독일을 장악했다. 히틀러는 유
대인을 바퀴벌레처럼 취급하며 멸종시켜야 한다고 선동했다. 유대
인의 독일 시민권을 박탈하고 공직에서도 추방했다. 독일인과의 결
혼도 금지했다. 제2차 세계 대전이 시작된 후로는 광기가 더욱 심해
졌다. 폴란드 바르샤바를 비롯해 점령지마다 중세 시대보다 훨씬 악

랄한 게토를 만들었다. 야간 통행을 금지하고 모두 다윗의 노란별을 달도록 했다. 전쟁이 막바지에 이르렀을 때는 유대인을 강제수용소로 보냈다. 400만여 명이 가스실에서 고통스럽게 죽어갔다. 기어코 유대 민족을 말살하겠다는 광기였다.

전쟁이 끝났다. 게토는 역사의 생채기였다. 다시는 생겨나지 않으리라 믿었다. 하지만 여전히 전 세계에는 게토와 본질적으로 다르지 않은 슬럼가가 늘어나고 있다. 흑인 게토도 좀처럼 나아지지 않고 있다. 2016년 미국 대선 당시 민주당 후보 경선에 출마한 버니 샌더스 상원 의원은 유세 도중 "백인이 게토의 삶을 아느냐?"라고 꼬집어 화제가 되었다. 게토의 상처는 아직도 아물지 않고 있는 것이다.

또 한 가지. 2000년 넘게 박해를 당한 유대인은 요즘 아랍인을 심하게 핍박한다. 그들을 황무지로 몰아넣으며 무조건 항복을 강요한다. 또 다른 게토다. 역사의 피해자가 가해자로 바뀌었다. 이 또한 일탈과 광기가 아닐까? 역사의 아이러니다.

독재자에 대한 조롱, 견공(犬公)

삐뚤어진 사랑, 고통 받는 백성들

애완동물이란 용어가 언젠가부터 낡은 표현이 되었다. 평생을 함께하는 동반자라는 뜻의 반려동물이란 말이 보편화되었다. 때론 개를 약간 높이는 의미로, 혹은 익살스럽게 표현하려고 '견공(犬公)'이라 부르기도 한다. 하지만 이 용어가 만들어진 사연은 익살스럽지만은 않다. 많은 사람들의 희생이 있었다. 이 용어는 고통을 당하던 민중이 지나칠 정도로 개에 집착하는 통치자를 조롱하는 과정에서 만들어졌다.

때는 17세기 말~18세기 초의 일본, 에도 막부(1603~1867) 시대다. 에도 막부는 도쿠가와 이에야스(德川家康)가 에도(오늘날의 도쿄)에 세운 무사 정권이다. 설립자인 도쿠가와 이에야스의 성을 따서 도쿠가와 막부라고도 한다. 그 전의 가마쿠라 막부, 무로마치 막부보다 더 강력한 중앙 집권적 통치를 했다. 경제적으로도 크게 번영했다. 에도 막부는 약 260년간 일본을 통치했다. 15대 쇼군 도쿠가와 요시노부(德川慶喜)가 통치권을 메이지 왕에게 넘겨주는 '대정봉환'을 단행하면서 문을 닫았다. 이후 일본은 메이지 유신을 통해 근대 국가로 거듭난다.

지금부터 이야기하려는 인물은 에도 막부의 5대 쇼군 도쿠가와 쓰나요시(德川綱吉)다. 쓰나요시는 에도 막부의 3대 쇼군인 도쿠가와 이에미쓰(德川家光)의 넷째 아들이었다. 장남이 아니기에 어렸을 적부터 후계자 구도에서 벗어나 있었는지도 모

에도 막부의 5대 쇼군
도쿠가와 쓰나요시

른다. 그래서였을까. 무사답지 않게 무예보다는 글공부에 더 전념했다. 특히 유학에 빠져들었다. 공부를 많이 했으니 상당히 총명했을 것이다.

쇼군의 지위는 장남이 이었다. 그는 형인 도쿠가와 이에쓰나(德川家綱)가 4대 쇼군에 오르는 것을 지켜봐야 했다. 이에쓰나는 약 30년 동안 일본을 통치했다. 하지만 그는 끝내 아들을 두지 못했다. 후계자를 정하지 못하고 쇼군이 죽자 권력 다툼이 시작되었다. 이 싸움에서 쓰나요시가 승리했다. 1690년 그가 5대 쇼군에 올랐다.

유학을 공부한 도쿠가와 쓰나요시는 처음에 선정을 폈다. 유학을 통치이념 삼아 개혁을 해나갔다. 매춘과 같은 사회악과도 싸웠다. 물론 반발하는 사람도 적지 않았다. 원래 일본에는 불교와 일본 토

속 신앙인 신도의 교세가 강했다. 쓰나요시는 그들에게도 유학적 질
서를 따르도록 했다. 쇼군 자신이 독실한 불교 신도이기는 하지만
통치에 있어서만큼은 유학을 따르도록 강요했다.

여기까지는 큰 탈이 없었다. 사건은 그가 쇼군에 오르고 4년째에
터졌다. 쓰나요시가 그토록 아끼던 아들 도쿠마쓰가 불과 다섯 살
에 죽어버린 것이다. 얼마나 비통했겠는가. 하지만 비통함보다 더
큰 걱정이 가슴을 짓눌렀다. 그 자신의 형도 후계자를 남기지 못했
다. 쓰나요시는 자신도 그럴 운명이 아닐까 두려웠다. 도쿠가와 쓰
나요시가 그런 걱정을 할 때 측근들은 뭐라도 보탬이 돼야 한다고
생각했나 보다. 측근들이 용하다는 스님에게 점을 봤다(측근이 아니
라 어머니가 그랬다는 설도 있다). 그 스님은 "도쿠가와 쓰나요시가 태
어난 해가 개를 뜻하는 술년(戌年)이니 개를 잘 돌봐야 후사를 얻
을 수 있다"라고 했다. 이 이야기를 듣고 도쿠가와 쓰나요시는 막힌

가슴이 뻥 뚫리는 기분을 느꼈다. 1685년, 그는
"쇼군이 행차하는 길에 개가 지나가도 상관없
으니 살생하지 마라"라는 명령을 내렸다. 이른
바 살생 금지령의 시작이었다. 이때부터 쓰나요
시는 24년 동안 총 60회에 걸쳐 추가로 관련 법
률을 발표했다. 아마 40세가 넘도록 아들이 태
어나지 않자 더 맹렬하게 동물을 보호해야 한다
고 생각했던 것 같다.

살생 금지령은 모든 동물을 살생하지 말라는
내용의 법이었다. 취지가 좋은데 뭐가 문제냐
고 생각할 수도 있겠다. 하지만 그가 24년 동

안 내린 살생 금지령의 내용을 보면 입이 쩍 벌어진다. 정상적인 동물 사랑의 범위를 넘어선다는 느낌이 강하게 든다. 미쳐도 단단히 미쳤다.

처음에는 닭과 거북이, 조류 같은 것을 일절 먹지 못하도록 했다. 그러다가 말을 버린 주민이 나오자 귀양을 보냈다. 비둘기에게 돌을 던진 주민도 귀양을 보냈다. 누군가 자식의 병을 고쳐보겠다며 제비를 잡아 먹였는데, 당장 그를 붙잡아 처형했다. 어찌된 것이 동물 사랑의 '병'이 점점 심해지는 것 같다.

개에 대해서는 그 사랑이 끔찍할 정도였다. 도쿄를 비롯해 여러 지역에 개가 머물 수 있는 전용 주택 단지를 만들었다. 이 전용 단지가 얼추 20만 평이 되었다. 물론 그곳에 살던 주민들은 쫓겨났다. 사람이 살던 집을 허물고 그 자리에 초대형 개집 단지가 들어선 것이다. 초대형 개집 단지를 차지한 10만 마리의 개는 극진한 보호를 받았다. 관료가 따로 고용돼 일일이 개의 호적 대장을 만들었다. 이 개들을 관리하는 데 들어간 돈만 연간 수만 냥이었다. 인간 위에 개가 있었다!

만약 개를 조금이라도 다치게 하면 경을 쳤다. 개를 학대한 혐의가 있는 사람을 밀고하면 포상금을 주었다. 그렇게 잡아들인 '범죄자'는 기둥에 묶어놓았다. 죄가 심하다 싶으면 찔러 죽였다. 먹고살기 힘든 백성들은 스스로를 "개만도 못한 신세다"라며 한탄했다. 물론 처음에는 시퍼런 서슬 때문에 한마디의 불만도 입 밖으로 내지 못했다. 그랬다가는 당장 붙잡혀 처형될 테니까 말이다.

하지만 시간이 흐르면서 도쿠가와 쓰나요시를 조롱하는 이야기들이 흘러 나왔다. 사람들은 그를 '이누쿠보(犬公方)'라고 부르기 시작했다. 이를 우리말로 옮기면 견공방인데, '개쇼군'이란 뜻이다. 최고 통치자를 개에 빗댄 거다. 바로 이 말에서 견공이란 말이 탄생했다.

집착을 넘어 광기에 가까운 개사랑은 죽을 때까지 계속되었다. 도쿠가와 쓰나요시는 죽기 전까지도 개를 걱정하며 "내가 죽고 난 후에도 살생 금지령은 유지해달라"라는 유언을 남겼다. 이 유언이 지켜졌을까? 아니다. 그가 죽자마자 살생 금지령은 철회되었다.

아들을 얻겠다며 시작한 살생 금지령. 그 효과는 있었을까? 이 또한 아니다. 그는 끝내 아들을 낳지 못하고 1709년에 죽음을 맞았다. 6대 쇼군의 자리는 조카인 도쿠가와 이에노부(德川家宣)에게 돌아갔다.

그 후 살생 금지령은 어떻게 되었을까? 사람들의 개에 대한 대대적인 보복이 시작되었다. 사람들은 지나가는 개만 보면 몽둥이를 들고 때려죽였다. 한 사람의 독재자가 지은 죄. 이유도 모르는 동물이 죗값을 치르게 된 것이다. 결국 인간이 문제다.

너무 과보호하면
자식도 망칠 텐데······.

기요틴과 전기의자
그리고 죽음의 품위

처형의 역사

고대 중국에서는 죄인을 잔인하게 처형했다. 능지처사(陵遲處死)는 죄인에게 최대한의 고통을 주면서 천천히 죽이는 형벌이다. 능지처참(陵遲處斬)이라고도 한다. 언덕(陵)을 천천히(遲) 올라가듯 죽인다는 뜻이다. 팔, 다리, 어깨, 허벅지 등을 차례차례 잘라내면서 고통을 준 다음에 목을 베거나 심장을 찌른다. 아, 끔찍하다.

조선 시대의 거열(車裂)이 능지처사와 비슷하다. 팔과 다리에 밧줄을 매달고, 그 밧줄의 끝을 수레에 단다. 말이나 소가 그 수레를 사방으로 끌면 몸이 찢어져 죽게 된다. 거열도 잔인하기로 따지자면 능지처사와 오십보백보 수준이다.

중국에는 펄펄 끓는 가마솥에 죄인을 삶아 죽이는 팽(烹)이라는 처형 방법도 있었다. 조선 시대에도 이런 형벌이 있었지만 그저 시늉만 했다. 실제 죄인을 삶지는 않았다. 죄인을 불에 달궈 죽이는 포락(炮烙), 죄인을 눕혀 허리를 잘라 죽이는 요참(腰斬)도 잔인하기로 둘째가라면 서럽다. 죄인을 죽인 후 젓갈로 담그기도 했단다. 실제로 그랬다면, 상상만으로도 몸서리가 쳐진다. 당시 지배자들은 죄가 아니라 죄인을 미워했나 보다. 그러니 편하게 죽지 못하도록 그리 악독하게 굴었던 게 아닐까.

근대 이전의 유럽에서는 처형할 때 신분 차별을 두었다. 귀족이나 성직자가 죽을죄를 졌다면 죽음에 이르는 고통을 줄이기 위해 단칼에 참수(斬首)했다. 피지배 계급의 처형 방법은 달랐다. 불에 태워 죽이는 화형(火刑)이 흔했다. 죽을 때까지 고문을 하거나 거열형을 집행했다. 이유는 명확했다. 최대한 고통을 주기 위해서였다. 인간과 생명에 대한 예의보다는 신분 질서가 더 중요하던 시절이었다.

1789년 프랑스 혁명이 일어났다. 고통 없이 죽을 수 있는 권리도 중요하다는 이야기가 나왔다. 프랑스 파리 대학 의학부 교수이자 정치가인 조세프 기요탱(1738~1814)이 대안을 내놓았다. 모든 사형수가 편안히 죽을 수 있도록 기계 장치를 사용하자는 것이다. 이 장치가 바로 단두대(斷頭臺)였다. 목을 자르는 기기라는 뜻이다. 단두대는 기요탱 교수의 이름을 따서 기요틴이라 불렀다. 하지만 이 장치를 기요탱 교수가 발명하지는 않았다. 이미 12세기부터 이와 유사한 단두대가 유럽 여러 지역에서 사용되고 있었다. 뿐만 아니라 기요틴의 실제 설계자는 해부학 교수 앙투안 루이였다. 단지 가장 먼저 단두대의 필요성을 주장했다고 해서 기요탱 교수의 이름이 장치의 이름으로 정해졌다.

1792년 4월 25일, 기요틴으로 처음 사형을 집행했다. 사형수는 강도 살인범이었다. 당시 처형 현장을 목격한 의사는 "사형수가 고통을 느끼지 않았다"라고 증언했다. 하지만 실제로 그랬는지는 모른

다. 잘린 머리의 근육이 움찔거렸다는 이야기도 있다. 두개골에 큰 충격을 주지 못하기 때문에 사형수가 쉽게 죽음에 이르지 못하고 여전히 큰 고통을 느낀다는 비판도 나왔다. 이 비판이 사실이라면 기요틴 또한 죽음의 고통을 줄이지는 못했던 것이다.

기요틴은 이후 '맹활약'을 했다. 루이 16세, 마리 앙투아네트를 비롯한 수많은 사람들이 기요틴에서 생을 마감했다. 연일 '처형 파티'가 열렸다. 이 때문에 기요틴은 프랑스 혁명기 공포 정치의 상징으로도 여겨진다. 그 공포 정치를 이끌었던 급진 공화파의 리더인 로베스피에르마저도 기요틴에서 처형되었다.

1977년, 프랑스는 기요틴 사용을 중단했다. 이어 1981년 사형 제도를 폐지했다. 이제 기요틴은 전시장에서나 볼 수 있는 과거의 유물이 되었다. 아참, 기요탱 교수는 단두대가 기요틴이라 불리는 것을 무척 싫어했다고 한다. 기요틴이란 이름을 쓰지 말라는 소송까지 벌였는데 패소했다. 결국 기요탱 교수가 가문의 성을 바꾸었단다.

미국에서는 전기의자를 썼다. 1890년, 뉴욕주의 교도소에서 처음으로 전기의자를 이용한 사형이 집행되었다. 사형수를 의자에 앉히고 전극을 몸에 부착하여 고압의 전류를 보내면 2분여 만에 죽었다. 현재는 미국에서도 이런 방식으로 처형하지 않는다.

전기의자는 기업가들의 이윤 추구와 경쟁이라는 자본주의적 탐욕이 낳은 처형 장치였다. 이 전기의자를 도입한 인물이 놀랍다. 바로 발명왕으로 잘 알려진 토머스 에디슨(1847~1931)이었다. 도대체 에디슨이 왜 죽음의 의자를 발명한 것일까?

전기는 크게 직류와 교류로 나눈다. 직류는 늘 같은 방향으로 전기가 흐른다. 건전지가 대표적이다. 반면 교류는 전기가 흐르는 방향이 주기적으로 변한다. 일반 가정에 보급되는 전류가 교류다. 현재 가정에 공급되는 전류의 주파수는 60Hz이다. 이 말은 1초에 60회 전류 방향이 바뀐다는 뜻이다. 거리가 먼 지역에 직류를 공급하는 것은 쉽지 않았다. 중간에 전력도 많이 손실되었다. 에디슨의 회사는 직류를 공급했다. 이에 맞서 사업가 조지 웨스팅하우스(1846~1914)는 교류 방식으로 먼 거리까지 전류를 공급하기 시작했다.

두 회사의 경쟁이 치열했다. 어느 쪽을 표준으로 삼을 것이냐에 따라 기업의 운명이 달라진다. 예상치 못한 변수가 생겼다. 에디슨 회사에서 일하던 크로아티아 출신의 전기 공학자 니콜라 테슬라(1856~1943)가 교류에 적합한 전동기를 발명했다. 이 특허를 웨스팅하우스의 회사가 샀다. 웨스팅하우스는 교류 송전 사업을 더욱 확장했다.

에디슨의 위기! 에디슨은 교류의 위험성을 보여주자고 생각했다. 에디슨은 연구소로 언론사 기자와 관객들을 불렀다. 그들이 보는 앞에서 개와 고양이들에게 교류 전류를 흘려보내 감전사시켰다. 사람들은 충격에 빠졌다. 에디슨은 한 걸음 더 나아갔다.

더 큰 충격을 위해! 뉴욕주 교도소를 찾아 전기의자 처형 방식을 제안했다.

에디슨은 자사 연구원에게 교류를 사용하는 전기의자를 개발하도록 했다. 교류 전류가 얼마나 위험하면 동물은 물론 사람까지 이토록 허무하게 죽겠느냐는 메시지를 전하려는 의도였다. 전기의자는 위대한 발명가의 추악한 단면이었다.

전기의자를 제안할 당시 에디슨은 "사형수들이 죽음에 이르는 고통을 덜 느끼도록 해주고 싶다"라고 했다. 기요탱 교수가 기요틴을 제안했을 때처럼 인도주의적인 죽음을 지켜주고 싶다는 뜻이었을까? 진심으로 그랬는지는 확인할 수 없다.

결과를 보자. 결국 에디슨은 패했다. 교류 송전 사업은 점점 커졌고, 웨스팅하우스의 회사는 승승장구했다. 이후 1970년대 무렵에는 미국의 거의 모든 주에서 전기의자 처형이 폐지되었다. 20세기 최고의 발명왕인 에디슨의 이런 면모. 정말 뜻밖이라고? 자본의 논리는 항상 우리의 상식을 뛰어넘는다. 돈과 자본 앞에서 우리는 모두 약자다.

21

회식이 업무의 연장이라고?
그럼 야근비라도 줘!

쓰레기 언론(?)을 위한 변명

프랑스 일간지 〈모니퇴르〉의 처신

1789년 7월 14일, 성난 민중이 바스티유로 향했다. 정부군과의 혈투가 벌어졌다. 곧 시민군이 승기를 잡았다. 극도로 흥분한 시민군이 정부군 병사들을 바스티유 밖으로 집어던지기도 했다. 전투는 시민군의 승리로 끝났다. 프랑스 구체제의 상징이던 바스티유는 민중 승리의 상징이 되었다. 역사적인 프랑스 혁명은 이렇게 시작되었다. 8월 26일, 민중의 대표인 국민 의회는 "모든 인간이 자유와 평등의 권리를 갖고 태어난다"고 선언했다. 국민은 주권을 가지며, 재산권을 보호받을 권리가 있다고도 했다. 이 선언이 '인간과 시민의 권리 선언(인권 선언)'이다.

그해 11월, 〈모니퇴르 유니버설(Le Moniteur Universel)〉이란 일간 신문이 창간되었다. 〈모니퇴르〉는 프랑스 혁명의 이념을 대중에게 전파했다. 〈모니퇴르〉는 국민의 지지를 받으며 프랑스 최고의 일간 신문으로 성장했다.

이후 프랑스 정치는 한동안 혼란스러웠다. 그 혼란 끝에 새로운 통치자가 등장했다. 바로 보나파르트 나폴레옹이었다. 1804년 나폴레옹은 프랑스 황제에 올랐다. 나폴레옹은 곧바로 정복 전쟁을 단행했다. 처음

1789년의 제20호 〈모니퇴르 유니버설〉

에는 승승장구했다. 그러다 고비가 왔다. 1813년 라이프치히에서 프로이센과 러시아, 오스트리아의 연합군에게 대패했다. 전세 역전! 연합군은 이어 1814년 1월 프랑스 파리를 함락했다. 이로써 나폴레옹 전쟁은 끝났다. 나폴레옹은 이탈리아와 코르시카 사이에 있는 엘바섬으로 유배되었다. 그래도 엘바섬의 영주 자격을 얻었으니 체면치레는 했다. 귀족에 준하는 대접이다. 프랑스 정부로부터 꼬박꼬박 연금도 받기로 했다.

유럽의 보수주의자들은 모든 것을 프랑스 혁명 이전으로 돌려놓으려 했다. 오스트리아 재상 메테르니히가 중심에 있었기에 이 보수 정치 체제를 빈 체제라 불렀다. 빈 체제에 따라 프랑스는 왕정으로 복귀했다. 부르봉 왕가의 루이 18세가 왕에 올랐다.

루이 18세는 현명한 왕이 아니었다. 그러니 프랑스는 더 어수선해졌다. 루이 18세는 나폴레옹을 여전히 두려워했다. 암살자를 보냈다. 모든 암살은 실패했다. 나폴레옹의 화만 돋우었다. 프랑스 본국의 장교 일부는 나라꼴이 이상하다며 나폴레옹의 복귀를 간절히 원했다. 나폴레옹은 결심했다, 엘바섬을 탈출하기로!

1815년 2월 26일, 나폴레옹이 엘바섬을 탈출했다. 이 사실이 프

**엘바섬에서 귀환한 나폴레옹을 반기는
프랑스 군인들을 묘사한 그림**

랑스에도 알려졌다. 왕과 귀족은 물론 병사들과 일반 백성들도 모두
긴장했다. 앞으로 상황이 어떻게 변할지 모르잖은가. 3월 이후 〈모
니퇴르〉는 매일 나폴레옹 관련 뉴스를 내보냈다. 이 뉴스가 오늘날
까지 입방아에 오른다. 도대체 왜 그럴까? 보도 내용을 살펴보자.

- '괴물(혹은 악마)이 엘바섬을 탈출했다."(3월 9일)
- '코르시칸 식인귀(혹은 살인마)가 남프랑스의 주앙만에 상륙했다.'
  (3월 10일)

- '호랑이가 알프스를 넘었다. 하지만 프랑스 군대가 그를 격퇴할 것이다.'
  (3월 11일)
- '괴물(혹은 호랑이)이 프랑스 남동부의 그르노블까지 진격했다.'
  (3월 12일)
- '독재자(혹은 찬주)가 리옹에 도착했다. 모두가 공포에 떨고 있다.'
  (3월 13일)
- '권력 찬탈자가 파리에서 60시간 이내의 지점까지 진격했다.'
  (3월 18일)
- '보나파르트가 행군하고 있다. 하지만 파리에는 도달하지 못할 것이다.'
  (3월 19일)
- '나폴레옹이 내일 파리 성벽에 도착할 것이다.'(3월 20일)
- '황제 나폴레옹이 퐁텐블로에 머물고 있다.'(3월 21일)
- '황제 폐하가 튈르리궁에 간밤에 도착하셨다.'(3월 22일)

까무러칠 정도의 극적 반전이 아닌가. 열흘 남짓한 기간 동안 나폴레옹은 괴물 혹은 악마에서 황제 폐하로 급부상했다. 지옥에서 천당으로 직행했다. 의문이 생긴다. 이 보도 내용이 사실일까?

아마 절반은 사실, 절반은 과장일 확률이 높다. 이 이야기는 후세 사람들이 인용에 인용을 거듭하면서 퍼졌다. 실제로 1815년 3월의 〈모니퇴르〉 신문을 직접 확인할 수 있으면 좋으련만. 프랑스의 문화재 서고에 가면 당시 신문을 볼 수 있을까?

언론과 권력의 관계를 생각한다면 이 보도가 실제로 이루어졌을 수도 있다. 권력과 민심은 지렛대와 비슷하다. 어느 한쪽으로 기울면 탈이 난다. 언론은 이 권력과 민심 사이에 있다. 권력이 민심을

브라질 황제 페드루 2세가
〈모니퇴르〉에 방문했을 당시를 묘사한 일러스트

포용하면 언론과 권력은 충돌하지 않는다. 권력이 민심을 외면할 때 언론은 고민한다. 권력 편에 설 것인지, 아니면 폐간을 무릅쓰고 민심을 대변할 것인지.

창간 당시의 〈모니퇴르〉는 이런 고민을 할 필요가 없었다. 권력과 민심이 같은 방향을 보고 있었기 때문이다. 공화정 시절에는 국민의 편에서 보도했다. 나폴레옹 집권 후에는 정부 정책을 선전하는 데 지면을 할애했다. 나폴레옹은 국민들로부터 상당한 지지를 받았다. 그러니 〈모니퇴르〉는 정부의 기관지 역할을 하면서도 번성했다.

루이 18세가 권력을 잡은 후가 〈모니퇴르〉로서는 최고의 위기였을 것이다. 권력과 민심이 대척점에 있었기 때문이다. 새로운 왕에 충성을 할까, 민심을 대변할까…… 그런 고민을 하다가 권력의 편에 설 무렵, 나폴레옹이 엘바섬을 탈출했다.

나폴레옹의 탈출 과정이 참 드라마틱했다. 루이 18세가 나폴레옹을 잡아오라고 보낸 군대가 나폴레옹 진영에 투항했다. 나폴레옹이 자신에게 총을 겨눈 병사에게 다가가 "내가 황제다. 총을 쏘려면 쏴라"라고 단호하게 말하자 병사들이 총을 내려놓았다는 일화까지 퍼졌다. 나폴레옹이 파리에 다가갈수록 더 많은 장교와 병사들이, 프랑스인이 그의 편에 섰다. 파리 시민들은 열렬히 나폴레옹을 환영했다. 하지만 다시 권력을 잡은 나폴레옹은 얼마 못 가 몰락했다. 6월 18일 워털루전투에서 패해 세인트헬레나섬으로 영원한 귀양을 떠났다. 〈모니퇴르〉는 나폴레옹 기사에서 황제 칭호를 뺐다. 〈모니퇴르〉는 1868년 12월 31일자를 끝으로 신문 발행을 중단했다.

최근 '기레기'라는 표현이 많이 거론된다. 기자와 쓰레기를 합성한 말인데, 굳이 해석하자면 '쓰레기 같은 기자'가 된다. 언론에 대한 불신이 만들어낸 신조어다.

권력에 아부하는 언론은 욕먹어도 싸다. 하지만 권력자의 눈치를 보지 않고 직론 직필하는 것은 상당한 모험이다. 기자 혹은 언론사가 권력의 공격 목표가 될 수 있기 때문이다. 보수적 권력은 진보적 언론을 탄압할 테고, 진보적 권력은 보수적 언론을 공격할 테니까 말이다. 이런 '진영 논리'가 그저 묵묵히 열심히 일하는 대다수의 기자들을 '기레기'로 오해받게 만드는 것은 아닐까? 그렇다면 기자는 상당히 억울한 직업이다.

중국과 세계 역사를
바꿔놓은, 단 9표

영국 의회와 아편 전쟁

2016년 12월 9일, 대한민국 국회에서 대통령 탄핵소추안에 대한 표결이 실시되었다. 재적 의원 299명의 3분의 2, 즉 200명이 찬성하면 탄핵소추안은 가결된다. 모든 국회 의원들이 투표를 끝냈다. 팽팽한 긴장이 감돌았다. 개표가 시작되었다. 곧 결과가 나왔다. 234명의 국회 의원이 탄핵소추안에 찬성했다. 곧바로 대통령의 직무가 정지되었다. 국정 농단 사태를 부른 대통령에 대한 심판이었다. 국민은 "정의가 이겼다"라고 외쳤다. 하지만 씁쓸함을 지울 수 없었다. 현직 대통령의 직무 정지는 국가적 비극이니까.

2017년 3월 10일, 헌법재판소가 탄핵 심판 인용 결정을 내렸다. 재판관 전원 일치로 대통령의 파면이 결정되었다. 이 또한 안타까운 일이었다. 대한민국 헌정사상 처음 있는 일이었다. 동시에 역사의 준엄한 심판이었다.

국회의 탄핵소추안 가결과 헌법재판소의 탄핵 심판 인용 결정은 대한민국 역사를 새로 썼다. 국민의 승리였다. 국정 농단 세력을 국민의 손으로 심판했잖은가. 민주주의가 살아 있다는 증거였다. 21세기의 명장면 중 명장면으로 길이길이 기억될 것이다. 이처럼 한 번의 투표가 역사를 바꿔놓는 사례가 종종 있다. 19세기 초반의 영국 의회에서 있었던 투표가 그런 사례 중 하나다. 다만 그 결과가 역사의 순조로운 발전과는 거리가 멀었다. 제국주의의 팽창으로 이어졌다. 특히 아시아에 광풍을 몰고 온 계기가 되었다. 그 이야기를 해보려 한다.

영국에서는 일찌감치 의회 정치가 정착되었다. 이미 1295년에 귀족과 성직자 외에도 기사와 시민이 참여하는 의회가 운영되었다. 이 의회를 모범 의회라고 불렀다. 1689년에는 명예혁명을 통해 '왕은 군림하지만 통치하지 않는다'는 원칙을 정했다. 이를 명시한 문서가 권리 장전이다. 이로써 영국에서는 왕의 권력을 법적으로 제한한 입헌 군주제가 시작되었다.

1714년 조지 1세가 영국 왕에 등극했다. 조지 1세는 독일 하노버 출신이라 영어를 잘하지 못했다. 이 때문에 총리(수상)를 새로 두어 정치를 총괄하도록 했다. 나중에는 의회 다수당의 당수가 총리를 맡았다. 의원 내각제는 이렇게 해서 탄생했다.

당시 영국의 정당은 휘그당과 토리당으로 나뉘어 있었다. 19세기로 접어들면서 휘그당은 자유당, 토리당은 보수당으로 발전했다. 이후 영국에서는 자유당과 보수당의 양당 체제가 확립되었다. 두 정당은 여러 정책을 놓고 대결을 벌였다. 국가 중대사는 의회 표결을 통해 결정했다.

1839년 10월, 영국 정부(내각)가 중국과 전쟁을 벌이기로 결정했

아편 전쟁을 묘사한 그림

다. 의회의 승인만 떨어지면 당장 중국으로 함대를 보낼 기세였다. 하지만 의회에선 섣불리 결정을 내리지 못했다. 이 전쟁이 온당한 것이냐는 비판도 만만치 않았기 때문이다. 이 전쟁은 중국 정부가 영국 상인의 아편을 모두 폐기 처분한 데서 비롯되었다. 중국 정부는 배상할 의지도, 그래야 할 필요도 느끼지 못했다. 자국민을 보호하기 위해 당연한 조치를 취했으니까 말이다.

사실 책임은 영국 측에 있었다. 몸과 마음을 병들게 하는 아편을 인도에서 구입한 뒤 중국으로 가서 판 것은 분명 비인간적인 처사였다. 당시 영국은 중국과의 무역에서 큰 폭의 적자를 기록하고 있었다. 흑자를 내기 위해 궁리하다 변칙적이며 불법적인 아편 무역을 자행했다. 하지만 영국은 근본 원인과 책임이 자기네에게 있다는 사실을 인정하지 않았다.

해가 바뀌고 1840년 3월이 되
었다. 드디어 의회에서 중국과
의 전쟁 여부를 놓고 토론이 시
작되었다. 대체로 전쟁을 찬성
하는 의견이 많았다. 아시아의
미개한 중국 따위가 감히 세계
최고의 제국에 도전한 게 거슬
렸던 모양이다. 주전파 의원들
은 중국을 묵사발을 만들어주자
며 흥분했다. 하지만 토론이 길
어지면서 반대 의견이 나오기
시작했다. 4월 10일, 의회 표결

1835년경의 윌리엄 글래드스턴

이 실시되었다. 표결에 앞서 31세의 초선 의원 윌리엄 글래드스턴
(1809~1898)이 연설에 나섰다.

"중국 영토에 있으면서 중국의 법을 따르지 않는 외국인을 처벌
한 것이 왜 중국의 죄가 됩니까? 전쟁을 치른다면 이는 여태껏 듣지
도 보지도 못했던 부정한 전쟁이며 영국을 불명예로 빠뜨릴 전쟁이
될 것입니다. 이 전쟁에서 우리는 승리할 것이고 이득도 얻을 것입
니다. 하지만 대영제국의 명예와 위엄, 존엄성은 크게 추락할 것입
니다."

연설은 감동적이었다. 똑 부러진다. 부끄러운 제국주의에 대한 질
타다. 하지만 뚜껑을 열어보니 전쟁 찬성이 271표, 반대가 262표였
다. 딱 9표 차이로 중국과의 전쟁이 승인되었다.

바로 다음달, 영국은 함대를 보내 중국을 공격했다. 예상했던 대로 영국의 일방적인 승리였다. 이 전쟁이 바로 제1차 아편 전쟁(1840~1842)이다. 아편 전쟁에서 패한 중국은 큰 충격을 받았다. 천하의 중심이라 자부했는데 서양 오랑캐들에게 펀치 한 번 제대로 날리지 못하고 속수무책으로 당했으니 그럴 만도 했다. 아시아의 다른 국가들에게도 중국의 패배는 충격이었다. 얼마 후 미국이 일본에 통상을 요구했다. 일본은 개방하지 않고 버티다가는 중국 꼴이 될까 봐 두려웠다. 일본은 1년 후에 미국과 조약을 체결했다.

　이후 유럽 열강의 아시아 침략은 더욱 노골적으로 변했다. 9표가 아시아 역사, 나아가 세계사를 바꿔놓은 셈이다. 표결 결과에 대해 글래드스턴의 반응이 흥미롭다. "영국의 양심, 그 무게가 고작 262표였단 말인가!" 그는 자신의 일기에도 이렇게 적었다고 한다. '중국에 저지른 국가적 범죄, 그것에 대한 신의 심판이 두렵다.'

　글래드스턴은 자유주의적이면서 양심적인 정치를 하려 노력했다. 그는 이후 정치인으로 크게 성공한다. 자유당을 이끌며 여러 개혁을 단행했고, 총리 자리에까지 올랐다. 윈스턴 처칠에 버금가는 총리라는 평가도 받고 있다. 덕분에 '위대한 평민(The Great Commoner)'이란 별명을 얻었다.

　이 9표는 제국주의가 승리한 부끄러운 사례다. 지금 우리는 민주주의를 위협하는 세력에 단호히 대처하고 있는가? 내 한 표가 역사를 바꿀 수도 있다는 사실을 명심하자.

22

옳고 그름의 문제는
다수결로 결정할 수 없다.

돈 줄 테니 땅 내놓아라!

멕시코-미국 전쟁의 전모

2017년 45대 미국 대통령에 취임한 도널드 트럼프. 그의 대선 공약 중 하나가 멕시코 사람들의 자존심을 건드렸다. 미국과 멕시코 국경 사이에 장벽을 설치하겠다는 공약이었다. 트럼프 대통령은 "멕시코 불법 이민자를 막기 위해 장벽을 세울 수밖에 없다"고 했다. 게다가 처음에 트럼프는 멕시코 정부가 장벽의 건설 비용을 부담하라고 했다. 멕시코 정부로서는 황당하고 어이가 없었을 것이다. 당연히 반발했다. 그러자 트럼프는 따로 건설 회사와 계약을 체결했다. 기어코 장벽을 건설하려는 심산인 것 같다. 어쩌면 이런 저돌적인 정책을 통해 뭔가를 얻어내려는 '정치적 수사'일 수도 있다. 결과는 지켜봐야 할 것 같다.

사실 멕시코로서는 트럼프의 행동에 화가 날 수도 있다. 지난 역사를 떠올리면서 말이다. 캘리포니아를 비롯해 미국 중서부와 남부는 불과 150여 년 전만 해도 모두 멕시코의 영토였다.

1823년, 미국 5대 대통령 제임스 먼로는 유럽은 더 이상 아메리카의 일에 간섭하지 말라고 선언했다. 이것이 그 유명한 먼로 독트린이다. 멕시코는 이에 앞서 1821년에 스페인으로부터 독립했다. 멕시코를 비롯해 라틴아메리카의 스페인 식민지 대부분이 이 무렵에 독립국을 건설했다. 그러니까 먼로 독트린은 미국이 아메리카 대륙의 '큰형님'이란 사실을 국제 사회에 천명한 사건이었다. 그런데 이

스티븐 오스틴. 그는 멕시코 영토였던 테하스 지역에 영어를 사용하는 사람들의 부락을 만들었다. 테하스는 오늘날 '텍사스'라는 이름으로 미국령이 되어 있다.

큰형님이 동생들 주머니를 털어갈 줄이야, 누가 상상이나 했겠는가.

1823년 스티븐 오스틴이란 미국인이 멕시코 테하스 지역으로 이주했다. 사실 멕시코 정부는 그의 이주를 썩 달가워하지 않았다. 오스틴이 이 땅을 얻어낸 상대가 멕시코 정부가 아니라 멕시코가 독립하기 전의 스페인 정부였기 때문이다. 오죽하면 한때 오스틴 가족의 이주를 막았겠는가. 하지만 멕시코 정부는 몇 년의 추가 협상 끝에 결국 이주를 허락했다. 이 테하스 지역이 오늘날의 텍사스다.

이후 많은 미국인들이 텍사스 지역으로 이주했다. 멕시코 정부는 처음에는 굳이 이민을 막지 않았다. 더 많은 미국인이 텍사스로 갔다. 1820년대 후반이 되자 미국인 이민자의 수가 멕시코인의 수를 크게 넘어섰다. 당시의 인구 비율 기록을 보면 전체 10명 중 9명 정

도가 미국인이었다. 게다가 미국 정부가 텍사스를 팔라는 제안을 했다. 처음에는 100만 달러를 제시했다가 나중에는 500만 달러까지 올렸다. 갓 독립한 멕시코 정부가 영토를 떼어줄 리가 없다. 멕시코 정부는 당연히 거절했다.

1830년 이후 멕시코는 뒤늦게 대책을 마련했다. 미국인의 이주를 막고, 관세를 부과했으며, 군대를 파견했다. 소 잃고 외양간 고치는 격이다. 멕시코 정부는 너무나 안일했던 것 같다. 이 지경까지 내버려둔 걸 보면 말이다. 이 과정에서 감정의 골이 깊어졌다. 오스틴도 옥살이를 해야 했다. 미국 이주민은 반발했다. 결국 1835년 10월, 텍사스의 미국인 민병대와 멕시코 군대가 처음으로 충돌했다. 바로 곤잘레스 전투다.

1836년 텍사스의 미국인들은 독립을 선언했다. 멕시코 정부는 용인할 수 없었다. 그렇다면 대규모 충돌을 피할 수 없다. 결국 더 치열한 전투가 벌어졌다. 미국인들은 이 전투를 텍사스 혁명(1835년 10월~1836년 4월)이라 부른다.

텍사스 샌안토니오의 알라모 요새에서 본격적인 전투가 시작되었다. 멕시코 군대의 승리였다. 미국인들은 굴하지 않았다. 다시 총을 잡았다. 결국 미국 민병대가 멕시코 군대를 격파했다. 미국인들은 멕시코 대통령까지 포로로 잡았다. 이쯤 되니 멕시코도 독립을 허용할 수밖에 없었다. 텍사스 미국인들은 텍사스 공화국의 건설을 선언했다. 그 다음에는 예정된 수순을 밟았다. 텍사스 공화국이 미국 정부에 "텍사스 공화국을 미국 연방의 주로 합병해 달라"라고 요청했다. 미국 의회에서 찬반 논란이 팽팽했지만 최종적으로 1844년 의회가 합병을 의결했다. 텍사스가 미국의 주가 된 것이다. 이 소식이 멕

알라모 전투를 묘사한 그림. 미국은 이 전투에서 멕시코에 패했으나,
오래지 않아 재조직된 미국 민병대가 멕시코 군대를 격파하고,
텍사스 공화국을 건설한다.

시코에 알려졌다. 멕시코 사람들은 피가 거꾸로 치솟는 기분이었을
것이다. 화가 나는 게 당연하지 않겠는가. 멕시코는 미국 주재 멕시
코 대사를 본국으로 불러들였다. 미국과의 외교 관계를 끊겠다는 신
호다.

　미국은 참으로 탐욕스런 '큰형님'이었다. 씩씩거리는 멕시코에 특
사를 파견해 "뉴멕시코와 캘리포니아를 팔라"고 제안했다. 이건 뭐,
불난 집에 기름을 붓는 격이다. 멕시코가 결국 폭발했다. 멕시코 군
대가 1846년 4월 리오그란데강을 건너 미군 부대를 공격했다. 미국
정부는 "옳거니!" 하면서 손뼉을 쳤다. 사실 미국은 멕시코의 선제
공격을 은근히 기다리고 있었다. 미국이 먼저 침략하면 비난을 살
수도 있잖은가. 멕시코가 먼저 공격해 왔으니 전쟁의 구실이 생겼

멕시코–미국 전쟁 중 벌어진
몬테레이 전투를 묘사한 그림

다. 미국은 영토를 넓힐 기회를 잡았다. 1846년 5월 12일, 미국이 멕
시코에 선전 포고를 했다. 멕시코–미국 전쟁이 시작되었다.

결과는 미국의 압승이었다. 당시 캘리포니아를 비롯해 멕시코 영
토에 살고 있던 미국인들도 "멕시코는 물러가라"라며 폭동을 일으
켰다. 멕시코로서는 더 이상 손을 쓸 수 없었다. 결국 항복하고 미국
과 과달루페 이달고 조약을 체결했다. 이 조약에 따라 미국은 멕시
코로부터 캘리포니아, 네바다, 유타, 애리조나, 뉴멕시코를 넘겨받았
다(오늘날을 기준으로 콜로라도, 와이오밍도 여기에 포함된다). 그 대신 멕
시코 정부가 미국에 진 부채 325만 달러를 탕감하고, 추가로 미국은
멕시코에 1,500만 달러를 '토지 대금'으로 주었다. 이 땅은 136만 제
곱킬로미터로, 한반도의 5배나 되는 크기다. 당시 멕시코 영토의 절

반 정도였다. 그 광대한 영토를 단돈 1,825만 달러에 빼앗은 것이다. 그곳에 사는 많은 주민이 미국에 편입되었다. 오늘날 미국에 히스패닉(스페인계) 주민이 많은 이유가 바로 이 때문이다.

미국은 영토 확장을 개척(프런티어) 정신이자 '명백한 사명'으로 여겼다. 하지만 본질은 제국주의 욕망에 지나지 않았다. 이 제국주의 속성으로 인해 미국은 오늘날 저토록 넓은 영토를 보유하게 되었다. 물론 멕시코를 희생시키고서 말이다. 자국의 이익을 극대화하려는 군중 심리와 이 숨겨진 제국주의 속성이 합쳐졌을 때 미국은 이 세계에 어떤 존재가 될까?

보이콧 그리고 테러

북아일랜드는 왜 독립을 주장하는가

섬나라 영국은 특색이 다른 4개의 지역으로 구분된다. 잉글랜드, 스코틀랜드, 웨일스, 북아일랜드다. 앞의 세 지역은 모두 그레이트브리튼 섬에 있다. 다만 북아일랜드만은 따로 떨어져 있다. 북아일랜드는 아일랜드섬 북쪽에 위치해 있다. 아일랜드섬의 대부분을 차지하는 나라는 아일랜드 공화국이다. 이 나라는 12세기 후반부터 20세기 초반까지 영국의 지배를 받았다. 무려 800여 년의 긴 시간이었다. 아일랜드는 1921년 독립에 성공했다.

지배자와 피지배자의 관계가 부드러울 순 없겠지만 중세 시대만해도 두 나라는 크리스트교라는 공통분모를 가지고 있었다. 이 공통분모 덕분에 큰 충돌은 면했다. 하지만 16세기에 종교 개혁이 일어나면서 공통분모가 깨졌다. 영국은 신교를 식민지 백성에게 강요했다. 아일랜드는 신교를 받아들일 마음이 없었다. 죽더라도 구교인 가톨릭을 고수했다. 영국 통치자들은 아일랜드에 잔인했다. 저항하

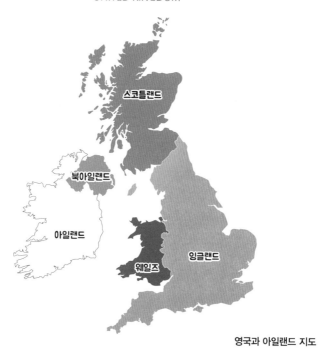

UNITED KINGDOM

영국과 아일랜드 지도

면 군대를 보내 응징했다. 그래도 저항하면 땅을 몰수했다. 그 토지
는 본토에 있는 영국인에게 주었다. 일부 영국인은 아일랜드로 건너
가 정착했지만 고관대작들은 본토에 살면서 아일랜드를 지배했다.
영국 고관대작들의 농장은 영국 본토에서 건너간 관리인이 운영했
다. 관리인은 우리로 치면 마름과 거의 비슷하다. 지주(고관대작) 대
신 소작농을 착취했으니까 말이다.

　일제 강점기에 우리나라는 일본의 쌀 생산지로 전락했다. 일본은
우리나라에서 생산한 쌀의 가격을 후려쳐 헐값에 자기 나라로 가져
갔다. 17세기 이후 아일랜드가 딱 이런 상황이었다. 농민들은 농지

를 잃고 소작농으로 전락했다. 아일랜드인의 삶은 비참해졌다. 반면 영국 고관대작은 아일랜드에 발을 들여놓지도 않고 막대한 돈을 벌었다.

인내하고 기다리면 좋은 세상이 올까? 불행의 긴 터널은 스스로 끝이 날까? 하지만 절로 이루어지는 일은 세상에 아무것도 없다. 아일랜드인은 본격적으로 저항을 시작했다. 이 저항은 19세기 들어 더욱 격렬해졌다. 이 무렵 아일랜드에 대흉작이 들어 식량이 크게 부족해졌기 때문이다. 굶어 죽는 사람이 속출했으니, 영국 아니라 영국의 할아비에게라도 저항해야 하지 않겠는가.

흩어지면 죽고 뭉치면 산다. 1879년 아일랜드 농민들은 아일랜드 토지 연맹을 조직했다. 연맹은 지주와 관리인에게 "소작료를 25퍼센트 깎아달라"고 요구했다. 일부 지주나 관리인은 이 요구를 수용했다. 하지만 콧방귀를 뀌는 자들도 있었다. 그런 관리인 중 한 명이 찰스 보이콧이었다. 그는 퇴역 군인이었다. 본토의 백작이 요구를 들어주지 말라고 한 것일까, 아니면 보이콧의 독단적인 결정이었을까? 어쨌든 보이콧은 대화를 원치 않았다. 보이콧은 농민들에게 이렇게 통보했다. "체납한 소작료를 내든지 아니면 농장에서 떠나라."

농민들은 기가 찼다. 끝장을 보기로 했다. 농민과 가족, 나아가 지역 주민들이 똘똘 뭉쳐 보이콧을 배제하기 시작했다. 추수철이 되었는데 농장에 농민들이 나타나지 않았다. 보이콧은 아직 여유만만. 얼마 지나면 농민들이 제풀에 꺾일 거라고 생각했다. 얼마 지나지 않아 보이콧의 집에서 일하던 하인이 관두었다. 보이콧의 생활이 조금 불편해졌다. 그 지역 상인들은 보이콧에게 물건을 팔지 않았다. 보이콧이 긴장하기 시작했다. 얼마 후에는 우체국 집배원까지 보이콧에게는 편지와 전보를 배달하지 않았다. 그제야 보이콧은 사태의 심각성을 깨달았다. 보이콧은 급히 다른 지역에서 군대와 인부를 데려와 추수를 마쳤다.

보이콧은 더 이상 그 지역에 살 수 없었다. 결국 처량하게 그 지역을 떠날 수밖에 없었다. 약자들이 강자를 제압한, 당시로서는 실로 큰 사건이었다. 결집된 힘이 세상을 바꿀 수 있다는 사실을 보여주었다. 이 사건 이후 보이콧(boycott)은 부당한 행위에 대해 폭력을 쓰지 않으면서도 강력하게 저항하는 것을 가리키는 용어가 되었다. 대표적인 것

찰스 보이콧을 그린 캐리커처

이 부도덕한 기업이 만든 제품에 대한 불매 운동이다.

아일랜드에 온 김에 북아일랜드 이야기를 조금 더 해보자. 북아일랜드는 아일랜드섬에 있지만 아일랜드의 영토가 아니다. 이 지역에는 영국 계열의 신교도들이 많이 살고 있다. 아일랜드섬에서 가장 영국에 가까운 지역이라 영국 이주민이 많이 건너갔기 때문이다. 그래서 아일랜드가 독립할 때 영국령으로 남은 것이다.

졸지에 모국으로부터 떨어져나간 북아일랜드의 아일랜드 계열 시민들은 핍박을 받으며 살았다. 영국 정부도 이들을 홀대했다. 그들의 불만은 증폭되었다. 과격파는 북아일랜드공화국군(IRA)을 조직해 분리 독립을 요구하며 영국에 맞섰다. 테러와 폭력이 난무했다.

1972년 1월 30일, 북아일랜드 런던데리시에서 영국 군대가 아일랜드 계열 시민의 시위대에 발포했다. 14명이 죽고 13명이 크

아일랜드공화국군대(Irish Republican Army, IRA)의 별동대.
IRA는 1919년에 결성되었으나, 18세기부터 영국에 맞서 싸웠던
아일랜드 봉기군에 뿌리를 두고 있다.

게 다쳤다. 이 날은 일요일이었다. 그래서 '피의 일요일'이라 부른
다. 시위대는 그저 자신들을 차별하지 말라는 메시지를 던졌을 뿐
이었다. 그런 시민에 군대가 총을 쏘다니……. 이 사건은 영국 록그
룹 비틀스의 존 레논, 아일랜드 록그룹 U2에 의해 〈Sunday Bloody
Sunday〉라는 노래로 만들어졌다. 2002년에는 같은 제목의 영화로
도 만들어졌다.

1993년에는 정반대의 상황이 벌어졌다. IRA가 영국에서 폭탄 테
러를 자행했다. 이 테러에서 여러 명이 희생되었는데 세 살짜리와
열두 살짜리 아이도 있었다. 아일랜드의 국민 그룹 크랜베리스(The

Cranberries)는 이 두 아이들을 추모하며 〈좀비(Zombie)〉라는 노래를 만들었다. 가사의 일부를 인용하면 다음과 같다.

Another head hangs lowly. Child is slowly taken. (…) Another mother's breaking, heart is taking over. (…) In your head. They are fighting. With their tanks and their bombs. Zombie, Zombie, Zombie.
(사람들의 목이 낮게 매달려 있고 아이가 질질 끌려가는 상황. 아이를 잃은 엄마의 심장은 찢겨져 나간다. 당신은 머릿속에서 탱크와 폭탄으로 싸우고 있다. 좀비와 뭐가 다르겠는가.)

다행히 지금은 잉글랜드와 북아일랜드 사이에 평화의 기운이 무르익었다. 아픈 역사는 이제 그만.

전쟁과 세계사를 바꾸어놓은 한 통의 전보

미국이 제1차 세계 대전에 참전한 이유

500미터 이상 치솟은 빌딩을 올려다보면 현기증이 난다. 마천루가 숲을 이루는 뉴욕 같은 도시에 있다 보면 현기증을 넘어 헛구역질이 나올 때도 있다. "아, 정말 인간들은 대단해." 이런 탄성이 절로 나온다. 도대체 인간의 한계는 어디까지일까? 앞으로 얼마나 더 높은 빌딩이 세워질까? 새로운 기록을 향한 집념에 박수를 보낸다. 하지만 신기록이 늘 좋은 것만은 아니다. 좋은 의미의 신기록도 있지만, 기억하고 싶지 않은 것도 있는 법. 인류 역사상 가장 참혹했던 두 차례의 세계 대전 때 만들어진 신기록이 이 경우에 해당한다.

제1차 세계 대전은 1910년대 이전까지 인류가 경험한 모든 전쟁 중에서 가장 참혹했다. 적게는 900만 명에서 많게는 1,000만 명 이상이 목숨을 잃었다. 당시 전 세계의 국가는 59개였다. 이 중 33개 국가가 제1차 세계 대전에 참전했다. 참전한 인원도 상상을 초월했다. 전쟁터에서 싸운 병사 외에 후방에서 지원하기 위해 공장에서

일한 노동자까지 포함하면 당시 세계 인구의 50퍼센트 이상이 참전
했다. 그러니 제1차 세계 대전은 인류가 단 한 번도 목격하지 못했
던 전 세계의 총력전이었다. 물론 제2차 세계 대전은 이보다 훨씬
참혹한 전쟁이었다. 제3차 세계 대전이 터진다면? 아, 상상하기도
싫다. 너무나 빤한 결과가 나올 것이다. 그때는 아마 인류가 절멸하
고 말 것이다.

　다시 제1차 세계 대전으로 돌아가자. 제1차 세계 대전은 규모 면
에서만 신기록을 세운 게 아니었다. 잠수함, 탱크, 전투기, 독가스 등
첨단 살상무기들이 모두 제1차 세계 대전 때 등장했다. 사람을 죽이
는 도구를 최대한으로 업그레이드한 전쟁이었던 것이다. 특히 전쟁
을 일으킨 독일의 잠수함 U보트가 맹활약했다. U보트는 독일 해상
전력을 대표했고, 연합군 함대를 크게 위협했다. U보트는 대서양을
오가는 선박을 닥치는 대로 공격했다. 사실 먼저 해상을 봉쇄한 쪽

은 영국이었다. 독일의 전력을 약화시키기 위해 영국은 독일로 향하는 해상을 봉쇄했다. 물자가 들어가지 못하도록 하려는 작전이었다. 독일은 U보트로 맞불 작전에 나섰다. 독일의 이 작전을 무제한 잠수함 작전이라 불렀다.

제1차 세계 대전이 터졌을 때 미국은 중립을 선언했다. 대서양 건너 유럽에서 벌어지는 전쟁에 굳이 휘말리고 싶지 않아서. 미국의 외교 정책 또한 다른 대륙의 문제에 간섭하지 않는다는 먼로 독트린이 기본 원칙이었다. 연합군은 미국에 구애의 손짓을 보냈지만 미국은 고개를 돌렸다. 미국이 연합군의 편에 서지 않은 것은 독일에게 큰 행운이었다. 미국은 경제 대국으로 성장하고 있었다. 그런 미국이 연합군의 편에 서면 골치가 꽤나 아프다. 독일은 미국의 비위를 건드리지 않으려고 조심, 또 조심했다. 독일로서는 유럽에서 벌어지고 있는 전쟁을 강 건너 불구경하듯 미적거리는 미국을 도발해서는 안 된다. 이 금과옥조를 독일이 깼다. 독일이 의도한 것은 아니지만 결과적으로는 미국을 향해 '빵' 발을 내지르는 사건이 발생했다.

1915년 5월, U보트가 영국 여객선 루시타니아호를 침몰시켰다. 물론 무제한 잠수함 작전에 따른 것이었다. 루시타니아호의 탑승객 1,200여 명이 전원 사망했다. 아뿔싸, 이 중 128명이 미국인이었다. 바로 이 사건이 미국 정부의 화를 돋우었다. 무제한 잠수함 작전 때문에 독일은 위기를 자초했다.

이 사건에 격분한 미국 정부가 제1차 세계 대전의 참전을 선언했다고 알려져 있다. 틀린 말은 아니다. 하지만 엄밀히 말하면 이 사건은 불씨 하나를 던진 것에 불과하다. 미국 정부는 처음에는 정중하게, 그러면서도 단호하게 독일에 대해 "작전을 즉각 중단하라!"라고 요구했다. 만약 독일이 미국의 경고에 귀를 기울였다면, 굳이 미국이 참전까지 고려하지는 않았을 수도 있다. 독일은 나름대로 해법이 있다고 생각했다. 그러니 미국의 요구를 들어줄 생각이 없었다. 여전히 U보트는 망나니처럼 대서양을 휘젓고 다니며 닥치는 대로 배를 격침시켰다. 미국은 머리 꼭대기까지 화가 났다. 그래도 섣불리 참전을 결정하지는 않았다.

독일은 불안했다. 혹시나 미국이 참전한다면 전황이 불리해질 수 있으니까. 독일은 미국이 앞으로도 참전하지 못하도록 묘안을 생각해냈다. 비밀작전. 하지만 그 작전은 곧 만천하에 공개되고 말았다. 결과부터 말하자면, 독일의 얕은꾀가 또 다시 자충수가 되었다.

1917년 1월, 멕시코의 독일 주재 대사 하인리히 폰 에카르트에게 본국으로부터 비밀 전보가 날아왔다. 발신인은 독일 외무 장관인 아르투르 치머만이었다. 비밀 전보이니 민감한 내용이 들어 있을 터. 영국 정보 당국이 2월에 비밀 전보를 해독했다. 영국 정부는 "만세!"를 부르고 싶었을 것이다. 이 전보를 미국이 보게 된다면 절대 가만히 있지 않을 거라고 확신했기 때문이다. 도대체 어떤 내용이었을까? 이 전보를 발신인의 이름을 따서 '치머만 전보'라고 하는데, 내용은 다음과 같다.

'멕시코를 설득해 미국에게 선전 포고를 하게 하라. 그러면 멕시코가 1848년 미국에게 빼앗긴 영토, 즉 텍사스와 뉴멕시코, 애리조나를 되찾을 수 있도록 독일이 돕겠다고 하라.'

영국 정부는 이 비밀 전보를 런던 주재 미국 대사에게 전달했다. 미국 대사는 지체하지 않고 우드로 윌슨 미국 대통령에게 전문을 보냈다. 윌슨 대통령은 경악했다. 사실 윌슨은 웬만하면 먼로 독트린을 끝까지 지키면서 참전하지 않으려 했다. 하지만 '치머만 전보'를 확인한 이상 더는 침묵할 수 없게 되었다. 미국 정부는 전보 내용을 국민에 공개했다. 이어 1917년 4월 6일 독일에 대한 선전 포고를 의회가 승인했다. 이렇게 해서 미국은 제1차 세계 대전에 참전했고, 제 무덤을 판 독일은 스스로 무너지고 말았다.

이 전보를 접한 멕시코 정부는 어떤 반응을 보였을까? 일단 멕시코 정부는 공개적으로 "현실 가능성이 없고, 멕시코가 옛 땅을 돌려받는다 해도 또 다른 문제가 생길 것이다"라며 제안을 거절했다. 하지만 멕시코도 꿀꺽 침을 삼키면서 고민했을지 모른다. 제안을 거절한 날짜가 미국의 참전 선언 후인 4월 14일이었기 때문이다. 쉬쉬하려다 들킨 모양새라는 '합리적 의심'이 가능하지 않겠는가.

대서양 건너 유럽 대륙에서 수많은 인명이 희생되고, 바다에서 선박이 격침되어도 꿈쩍 않던 미국이었다. 자국민이 U보트에 희생되었을 때도 '울컥'하기는 했지만 곧 평정심을 되찾았다. 그런 미국을 움직인 게 바로 이 전보 한 통이었다.

미국이 참전하지 않았다면 제1차 세계 대전의 결과가 달라졌을지도 모른다. 이 전보 한 통이 세계 역사를 바꿔놓은 셈이다. 누군가에게 메시지를 보낼 때 늘 신중하자. 특히 비난과 비판의 메시지라면 더욱 조심하자. 그 메시지가 앞으로 인생을 바꿀 수도 있다.

23

낮말은 새가 듣고
밤말은 쥐가 듣는 법

보복의 악순환
그리고 제2차 세계 대전

히틀러라는 괴물은 어떻게 만들어졌는가?

    누군가를 정말로 미워할 때가 있다. 악연으로 엮인 사람이라면 더욱 그렇다. 그런 사람이 잘살면 잘살수록 배가 아프다. 참으로 못된 심보다. 하지만 사람은 때론 좁쌀처럼 굴기 마련이다. 성인군자가 아니잖은가. 이 정도야 애교로 봐줄 수 있다. 하지만 만약 누군가가 불행해지기를 바란다면 심리 치료나 상담을 받아보기를 권한다. 그 정도라면 심보가 고약한 것을 넘어 사악하다. 남의 불행은, 설사 그 사람이 내 적이라 하더라도 결코 내게 행복과 위안을 주지 않는다. 사람과의 관계가 이럴진대, 국가와 국가의 관계는 더 말할 것도 없다. 과거에 자신을 괴롭힌 국가에 정치적·경제적 보복을 한다면…….때론 파국으로 이어진다.

    1920년대 프랑스가 독일에게 그랬다. 치졸했다. 프랑스는 가혹하게 독일을 채찍질했다. '똘레랑스(관용)' 정신이 살아 있다는 프랑스가 대체 왜 그랬을까? 제1차 세계 대전이 끝난 1919년으로 가보자.

그러면 이유를 알 수 있다.

　그 해 1월, 프랑스 파리에 27개국 대표가 모였다. 제1차 세계 대전 이후의 국제 질서를 논의하기 위해서다. 이 파리 강화 회의는 5개월 동안 계속되었다. 6월, 연합국 대표들은 전쟁을 일으킨 '주범' 독일과 베르사유 조약을 체결했다. 독일 국민은 분노했다. 조약의 내용이 상상을 초월할 정도로 가혹했기 때문이다. 프랑스와 영국은 독일에게 전쟁의 모든 책임을 떠넘겼다. 독일인들은 이 조약을 복수극으로 받아들였다. 그래서 이 조약을 '베르사유의 명령'이라고 비꼬았다.

　이 조약에 따라 독일은 해외 식민지를 모두 내놓았다. 알자스·로렌 지방은 프랑스가 가져갔다. 영토를 조금씩 떼어 덴마크, 벨기에, 폴란드에 넘겼다. 빚잔치하듯이 영토를 떼어주다 보니 독일은 종전 영토의 13퍼센트, 인구의 10퍼센트를 잃었다. 프랑스와 영국 등은 독일이 다시는 전쟁을 일으키지 못하도록 싹을 잘랐다. 잠수함, 전

파리 강화 회의에 참석한 승전국 대표들

투기와 같은 첨단 무기를 다시는 보유하지 못하게 했다. 유일하게 육군만 허용했다. 그마저도 병력이 10만 명을 넘지 못한다는 단서를 달았다.

분하지만 참아야 했다. 하지만 이게 끝이 아니었다. 베르사유 조약의 또 다른 조항이 결국 독일인들을 주저앉혔다. 132억 금 마르크의 전쟁 배상금을 내라고 했다. 달러로 환산하면 약 330억 달러, 우리 돈으로 환산하면 약 4조다. 100여 년 전에 4조 원이었으니 현재 가치로는 수백조 원이다. 모든 독일 사람들이 대대손손 죽어라 일만 하면 갚을 수 있을까? 불가능할 수도 있다. 정말 잔인한 보복이다. 특히 프랑스가 강경했다. 제1차 세계 대전 중에 가장 많은 피해를 본 나라가 프랑스였다. 그 전부터 프랑스와 독일은 국경을 맞대고 있어 자주 충돌했다. 견원지간이었다. 그러니 프랑스는 이참에 확실하게 보복하려는 심산이었다.

독일 경제는 좀처럼 살아나지 못했다. 물가는 하늘 높이 치솟았다. 독일 화폐인 마르크화의 가치는 폭락했다. 1922년 1월, 1달러당 200마르크였던 화폐 가치가 1923년 1월에는 1만 8,000마르크가 되었다. 1년 만에 90배나 떨어진 것이다. 이런 상황에서 전쟁 배상금을 갚을 수나 있겠는가? 독일 정부는 영국, 프랑스 등에 "배상금 지불을 5년만 늦추어달라"고 요청했다. 독일 사정이 딱한 것은 삼척동자도 안다. 하지만 프랑스는 몽니를 부렸다. 프랑스는 "배상금을 갚지 못하면 루르를 점령하겠다"고 엄포를 놓았다. 이러나저러나 독일에겐 출구가 보이지 않았다. 1922년 말, 독일은 디폴트(채무불이행)를 선언했다.

프랑스가 루르를 지목한 이유가 있다. 루르는 독일의 최대 산업

루르 지역을 점령한 프랑스 군인이 루르 지역의 중심지인
에센에서 민간인 노인을 위협하는 장면

도시이자 탄광 도시였다. 프랑스는 독일이 배상금을 못 갚으면 루르의 탄광 지대에서 지하자원이라도 퍼갈 작정이었다. 이미 독일은 현금 대신 석탄과 목재로 배상금을 대신 갚고 있었다. 그러니 프랑스는 루르를 점령해도 큰 문제가 되지 않을 거라고 여겼다. 프랑스는 그렇게 해서라도 독일로부터 돈을 뜯어내 자국의 경제를 복구하는 것만이 중요했다. 굳이 프랑스를 변호하자면, 이 무렵 프랑스 경제도 상당히 좋지 않았다. 내 코가 석 자인데 주변 국가를 염두에 둘 처지가 아니었다. 독일 경제 따위를 한가하게 고민할 만큼 여유가 있지 않았다.

제2차 세계 대전 당시 독일이 폴란드를 침공하고 난 뒤에 연설을 하는 히틀러.
어쩌면 제1차 세계 대전 이후 국제 사회가 독일을 과도하게 압박함으로써
히틀러라는 괴물이 탄생한 것인지도 모른다.

프랑스는 엄포로만 끝나지 않았다. 1923년 1월, 곧바로 5개 사단을 루르 지방에 투입했다. 벨기에도 2개 사단을 보냈다. 영국과 이탈리아 등 다른 승전국들은 이 군사 행동에 동참하지 않았다. 독일인들은 프랑스 점령군에 맞섰다. 루르 지방의 공무원들은 프랑스에 협력하지 않았고, 시민들은 불복종 운동을 벌였다. 광부들은 탄광에 들어가지 않았고, 노동자들은 파업을 벌였다. 프랑스 점령군은 탄압으로 일관했다. 루르 지방에서 생산한 석탄은 다른 지역으로 옮기지 못하도록 했다. 석탄이 없으면 공장은 무엇으로 돌릴 것인가. 프랑스는 독일 경제와 산업을 담보로 위험한 도박을 하고 있었다.

독일 경제는 확실히 추락했다. 제1차 세계 대전이 끝나고 들어선 독일 바이마르 정부는 경제를 살리려고 나름 최선을 다했다. 덕분에 1923년 이전에는 실업률이 4퍼센트 정도에 그쳤다. 하지만 프랑스의 루르 점령 이후 실업률은 20퍼센트로 급증했다.

프랑스의 루르 점령은 부메랑이 되어 돌아왔다. 국제 사회의 비난이 커졌다. 미국 및 영국으로부터 철수하라는 압력이 커졌다. 루르 점령 효과도 미약했다. 프랑스 경제가 전혀 개선되지 않았던 것이다. 2년 만인 1925년, 프랑스는 결국 루르에서 철수했다. 프랑스 점령 기간에 132만 명의 독일인이 죽었고 15만 명이 추방되었다. 독일인들은 이를 갈면서 복수를 다짐했다. 독일인들은 영웅이 나타나기를 학수고대했다. 히틀러가 등장했다. 히틀러는 위대한 독일 제국의 건설을 약속했고, 독일 국민은 최면에 빠지듯이 히틀러와 나치당에 빠져들었다.

만약 프랑스가 루르 지방을 점령하지 않았더라면, 그 대신 관용의 정신을 독일에 베풀었더라면, 그래서 독일 경제가 추락하지 않았더라면……. 역사에는 가정(假定)이 없다지만, 정말 이랬더라면 히틀러의 광기를 독일 국민이 거부했을 확률이 높다. 그랬다면 역사가 달라졌을 수도 있다. 어쩌면 당시 시대가 미쳐 돌아갔기 때문일 수도 있다. 광기는 이토록 역사를 황폐하게 만든다. 어쩌면 제2차 세계 대전을 막을 수도 있었는데……. 안타까운 역사의 한 장면이다.

마지노선은 허세 덩어리?

40조 달러짜리 관광 자원

1939년 9월 1일, 독일이 폴란드를 침략했다. 영국은 즉각 군대를 철수하라고 요구했다. 히틀러는 거부했다. 영국과 프랑스는 전쟁을 결의했다. 또 다시 세계 대전이 터졌다. 제2차 세계 대전이다.

히틀러는 용의주도했다. 폴란드를 공격하기 전에 소련과 불가침 조약을 체결했다. 프롤레타리아 정부를 지향한다는 소련도 욕망 덩어리였다. 소련도 폴란드에 군대를 보냈다. 독일, 소련 두 나라가 폴란드를 분할 점령했다. 한 달이 지났다. 10월 6일, 폴란드는 백기 투항했다.

소련이 독일을 침략하지 않기로 약속한 상황. 그렇다면 히틀러는 마음 놓고 서쪽으로 진격해도 된다. 그곳에는 프랑스가 있었다. 프랑스는 제1차 세계 대전이 종결된 후 가혹한 베르사유 조약을 체결토록 강요했던 나라다. 1920년대에는 독일의 루르 지방을 점령해 독일 경제를 나락으로 빠뜨리기도 했다. 독일의 철천지원수였다.

독일의 힘이 아직은 미약하다고 판단했던 것일까? 혹은 협상을 통해 더 많은 것을 얻어낼 수 있다고 생각했던 것일까? 독일은 예상과 달리 프랑스와 영국에게 "우리, 싸우지 맙시다"라고 제안했다. 물밑 협상이 진행되는 듯했다. 하지만 화친은 이루어지지 않았다. 영국은 독일 해상을 봉쇄했다. 프랑스도 응전 태세를 갖추었다. 이러다 보니 당장 전투가 벌어지지는 않았다. 이런 상태가 6개월 동안이나 지속되었다. 전쟁 중의 이상한 침묵이다. 그래서 이 기간을 '기묘한 전쟁(Phony War)'이라 부른다.

사실 프랑스는 독일 군대가 국경을 넘어 프랑스를 침공하지 못할 거라 확신하고 있었다. 믿는 구석이 있었다. 마지노선(Maginot Line)이 있었기 때문이다. 마지노선은 프랑스와 독일의 국경선을 따라 건설한 방어선이다. 프랑스의 국방장관 앙드레 마지노가 제안했기에 이런 이름이 붙었다. 마지노선을 구축하는 데 당시 프랑스 돈으로 160억 프랑이 들어갔다. 현재의 가치로 환산하면 40조 달러가 넘는다. 우리 돈으로 환산하면 5경 원 정도. 기절초풍할 액수다. 가늠조차 되지 않는다. 이런 천문학적인 돈을 투입하면서까지 마지노선을 만들어야 했을까?

제1차 세계 대전 당시 프랑스와 독일은 서부 전선에서 치열한 전투를 벌였다. 전투는 곧 끝날 줄 알았다. 하지만 참호전 양상으로 바뀌면서 전쟁은 고착되었다. 양 진영은 한 발짝도 앞으로 나아가지 못했다. 서로를 향해 포격만 가했다. 희생자 수는 상상을 초월했다. 솜강 전투에서 100만 명, 베르됭 전투에서 60만 명이 죽었다. 모두 '지옥의 참호전'이라 불렀다. 프랑스는 이 악몽을 떨치기 위해 마지노선을 구상했다. 철옹성처럼 단단한 요새를 구축하면 안전하게 방어할 수 있을 것이고, 그렇게 되면 독일의 침략은 무위로 끝날 것이라 판단했다.

1927년 공사가 시작되었다. 무려 9년의 시간이 흐른 1936년, 드디어 프랑스와 독일 국경 지대, 오늘날의 알자스와 로렌 지방에 350킬로미터에 이르는 마지노선이 완성되었다. 마지노선을 따라 140여 개의 요새와 5,000개가 넘는 벙커가 일정한 간격으로 배치되었다. 요새는 철옹성처럼 단단했다. 공상과학 영화에서나 볼 법한 미래 지하 도시와 흡사했다. 많은 병력이 오랜 시간 생활할 수 있도록 요새 안에 전력 시설, 상하수도 시설, 통신 시설과 같은 인프라스트럭처를 갖추어놓았다. 이 요새에서 저 요새로 이동할 수도 있었다. 적에게 포위되더라도 요새 안에서 농성하면 몇 달은 충분히 버틸 수 있었다. 마지노선을 따라 300개가 넘는 포대가 배치되었다. 벙커에는 기관총을 설치했다. 이러니 프랑스가 자신만만했던 것이다. 독일 군대가 아니라 독일 군대의 할아비라 해도 마지노선을 뚫지 못할 거라 생각했다.

당초 마지노선은 스위스에서 벨기에를 지나 북해 어귀까지 750킬로미터에 걸쳐 건설할 작정이었다. 하지만 돈이 다 떨어졌다. 당시는 세계 대공황으로 경제가 바닥을 기던 시절이었다. 프랑스와 벨기에의 국경 지대에는 진지를 구축하는 선에서 작업을 끝냈다. 이렇게 해서 우여곡절 끝에 벨기에까지 마지노선이 연결되었다. 그렇다면 마지노선의 총 길이는 350킬로미터가 아니라 750킬로미터가 되는 것일까? 실제로 이 전체 방어선을 마지노선이라 부르기도 한다. 하지만 대체로는 프랑스와 독일의 국경 지대에 설치된 철통 방어선을 마지노선이라고 규정할 때가 더 많다. 곧 살펴보겠지만, 이 마지노

선은 허무하게 뚫렸다. 독일은 현명한 방법을 택했다. 큰 희생을 감수하면서 마지노선을 돌파하는 대신 우회하는 전략을 택한 것이다.

1940년 4월로 접어들자 독일은 기묘한 전쟁을 끝냈다. 덴마크를 점령한 뒤 노르웨이로 진격했다. 당시 노르웨이에 주둔해 있던 영국과 프랑스 연합군은 맥없이 무너졌다. 독일은 벨기에와 룩셈부르크까지 접수했다. 그 다음 목표는 프랑스.

5월, 독일 기갑 부대가 마지노선 북단의 아르덴 고원을 통해 프랑스로 진입했다. 아르덴 고원은 프랑스, 벨기에, 룩셈부르크 세 나라에 걸쳐 있다. 독일군은 빠른 속도로 프랑스를 향해 진격했다. 마지노선이 무색해졌다.

독일군은 불과 5주 만인 6월 11일, 파리를 점령했다. 독일군은 곧바로 영국으로 향했다. 독일군의 기세에 눌린 영국과 프랑스 연합군은 남과 북으로 이산가족처럼 갈려버렸다. 그중 30만여 명이 프랑스 항구 도시 됭케르크에 갇혔다. 이들의 극적인 탈출기는 영화로도 만들어졌다.

이처럼 독일이 승승장구하고 있을 때 마지노선 요새에 있던 수십만의 프랑스 병사는 닭 쫓던 개 신세가 되었다. 포 한 번 날리지 못하고, 발만 동동 구르다가 항복할 수밖에 없었다. 상상을 초월하는 막대한 돈을 퍼부은 철옹성은 아무짝에도 쓸모가 없었다.

그로부터 70여 년이 흘렀다. 요즘은 마지노선을 최후 방어선이란 뜻으로 자주 쓴다. 물러설 수 없는 마지막 보루라는 뜻으로 사용할 때도 많다. 비장미가 느껴지는 단어다. 하지만 마지노선의 실제 모습은 코미디에 가까웠다. 방어선도, 마지막 보루 역할도 하지 못했다.

마지노선 요새 중 일부는 관광 자원이 되었다. 꽤 많은 관광객이 지하 요새를 찾는다. 뒤늦게나마 마지노선의 쓸모가 생긴 것일까? 왠지 피식피식 웃음이 나온다.

24

마지노선에 쏟아부은 돈을
군사력 증강에 썼더라면······.

원조와
뿌리를 찾아서

역사가 항상 거창한 것은 아니다. 때로는 아주 소소한 사건들이 전환점이 되기도 한다. 덜컹거리는 주전자 뚜껑에 구멍을 하나 뚫었을 뿐인데, 삶을 편하게 하는 위대한 발견이 되었잖은가. 역사 담론은 이처럼 소소함에도 큰 재미가 있다. 매일의 삶이 곧 역사다. 우리가 힘든 하루를 보내는 동안. 우리가 미처 깨닫지 못하는 사이에 하루의 역사를 흘려보내고 있다. 조금만 더 주목하자. 우리는 하루에도 여러 차례 역사적 사건을 접하고 있다. 어쩌면 싱거워 보이기까지 하는 사건을 다시 들추어보려 한다. 디테일에 역사가 있기 때문이다.

유럽의 정신적 고향, 신화

각 대륙 명칭의 유래

공자는 고대 주(周) 왕조를 이상적인 국가로, 주공의 통치를 이상적인 정치로 여겼다. 주공은 상(은)을 멸망시키고 중국을 통일한 주 무왕의 동생이었다. 무왕이 죽고 어린 조카가 왕에 오르자 대신 통치했다. 하지만 조카가 장성하자 기꺼이 권력을 내놓았다. 이런 통치자가 가장 바람직한 군주라고 공자는 생각했다. 이 주와, 그 뒤를 이은 진(秦)과 한(漢) 등 세 왕조는 중국인의 정신적 고향이다.

주 왕조 때 예법을 비롯한 여러 사상이 만들어졌다. 진은 강력한 통일 제국을 건설해 오늘날의 'China'가 탄생할 수 있는 토대를 만들었다. 한은 진에 이어 제국을 융성하게 함으로써 중국을 한족의 나라로 만들었다. 한자(漢字), 한족(漢族)이 한에서 비롯되었다.

그렇다면 유럽 사람들의 정신적 고향은 어디일까? 고민할 것도 없다. 바로 그리스다. 서양 최초의 문명이 탄생한 곳이 바로 그리스이기 때문이다. 그리스 문명은 에게 문명이라고도 한다. 그리스 주변 바다를 에게해라 부르기 때문이다. 그리스 문명은 크게 크레타 문명과 미케네 문명으로 나뉜다.

크레타 문명은 기원전 2000년경 시작되었다. 에게해 남부에 있는 크레타섬에서 시작되었기에 이런 이름이 붙었다. 크레타 문명에 얽힌 신화에는 많은 인물이 등장한다. 무엇보다 라비린토스(미궁)에 얽힌 이야기가 유명하다. 크레타 왕 미노스의 부인이 황소와 바람을 피웠다. 그러고는 소의 머리에 인간의 몸을 한 미노타우로스를 낳았다. 미노스 왕은 화가 났다. 한 번 들어가면 다시는 빠져나올 수 없는 미궁을 만들어놓고 미노타우로스를 가두었다. 당시 약소국이었던 아테네에서 아이들을 제물로 받아 미노타우로스의 먹이로 주었다.

아테네 왕자 테세우스가 미노타우로스를 제거하기 위해 크레타로 향했다. 미노스 왕의 딸 아리아드네가 테세우스에 반했다. 그녀는 테세우스에게 실 뭉치를 주었다. 테세우스는 실 뭉치를 풀면서 미궁으로 들어갔다. 미노타우로스를 죽인 후에는 풀어놓은 실을 따라 미궁을 빠져나왔다. 두 사람은 함께 크레타를 탈출했다. 사랑의 도피 행각은 실패했다. 아리아드네는 낙소스섬에 갇히고 말았다. 이 '낙소스섬의 아리아드네'는 이후 그림과 오페라 등으로 만들어졌다.

미노스 왕 시절에 크레타 문명은 전성기를 누렸다. 당시 지어진 크노소스 궁전 유적이 지금도 남아 있다. 이와 비슷한 시기일 것이다. 기원전 1600년경부터 그리스 본토 미케네에서도 문명이 발달했다. 이것이 미케네 문명이다. 이후 기원전 1400년경 미케네가 크레타를 침략해 무너뜨렸다. 미케네 문명도 많은 이야기를 남겼다. 대표적인 것이 트로이 전쟁이다. 미케네 문명은 기원전 1200년경 도

크레타섬의 크노소스 궁전 유적

리아인에게 무너졌다. 이후 한동안 그리스는 암흑의 시대를 맞는다. 그리스가 다시 번영하기 시작한 것은 기원전 8세기 무렵이다. 이때부터 폴리스가 여러 지역에 생겨났고, 그리스는 서양 문화의 원류가 되었다.

그리스에서 로마로, 로마에서 프랑크 왕국으로, 다시 신성 로마 제국으로……. 서유럽의 중심이 이렇게 변하는 동안 동로마(비잔티움) 제국은 쇠약해졌다. 1453년 비잔티움 제국은 오스만 제국에 무너졌다. 바로 이때부터 그리스 정교의 중심지였던 그리스도 오스만 제국의 지배를 받았다.

정말로 긴 시간이 흘렀다. 변화의 바람은 18세기부터 불었다. 유럽 전역에 자유주의와 민족주의 열풍이 거셌다. 그리스도 예외는 아니었다. 오스만 제국에 대한 저항이 격렬해졌다. 그리스의 저항에는 유럽의 지식인들도 동참했다. 영국의 대표적인 낭만파 시인 바이런, 프랑스의 대표적 낭만파 화가 들라크루아 등 수많은 문인과 예술가들이 그리스 독립 혁명에 뛰어들었다. 심지어 멀리 떨어진 미국의 사업가와 유럽의 귀족들까지 이 혁명에 가담했다. 고대 그리스에 대한 향수가 이들을 끌어들였다. 아마 이들은 그리스의 자유롭고 인간적인 문화를 되살리고 싶었을 것이다. 그리스는 유럽을 넘어 서양 세계의 정신적 고향이 아닌가. 사실 유럽(Europe)이란 대륙 명칭부터가 그리스 신화에서 비롯되었다. 다음은 그리스 신화의 한 토막이다.

소아시아의 페니키아에 에우로페란 공주가 있었다. 제우스가 시돈 해변에서 놀고 있는 에우로페에게 반했다. 그는 멋진 황소로 변해 그녀 주변을 서성였다. 제우스는 천진난만하게 다가온 에우로페를 등에 태우고 바다로 뛰어들었다. 황소가 도착한 곳이 바로 그리스 문명이 탄생한 크레타섬이었다. 그곳에서 제우스는 에우로페와 사랑을 나눈다. 이 이야기는 유럽 문명이 이곳에서 시작되었음을 암시한다. 에우로페는 나중에 크레타의 왕과 결혼했고, 그녀의 자식들이 크레타 문명을 만든다. 이로써 에우로페(Europe)는 유럽의 시작이 되었다.

페니키아어로 에우로페는 '태양이 지는 서쪽 나라'라는 뜻이라고 한다. 그렇다면 동쪽 세계도 있었다는 뜻이다. 이는 유럽의 근원이 아시아에서 비롯되었다는 이야기로 해석할 수도 있는 대목이다. 실제로 그리스인들은 메소포타미아와 이집트를 합쳐 오리엔트라 불렀다. 오리엔트는 '해가 뜨는 동쪽'이란 뜻이다.

그렇다면 아시아(Asia)란 용어는 어떻게 만들어졌을까? 그리스인들이 한창 문명을 개척할 때 서아시아에서 승승장구하던 나라가 있다. 바로 아시리아다. 이 아시리아에서 아시아가 유래했다는 분석이 많다.

아프리카라는 이름 역시 신화에 기인한 것이 아니다. 당시 아프리카 북부에 살던 한 종족의 이름에서 기인했다고 한다. 나중에 로마가 아프리카 북부의 카르타고를 정복한 후 아프리카로 부르기 시작했다.

아메리카(America)는 이 대륙이 유럽 사람들에게 새로운 신대륙임을 증명한 이탈리아 피렌체의 탐험가 아메리고 베스푸치의 이름을 따서 만든 것이다. 오세아니아(Oceania)는 대양을 뜻하는 오션(ocean)에서 유래했다. 이름이 신화에서 비롯된 대륙은 유럽밖에 없다. 지금도 유럽에서 신화는 문학, 예술 등 여러 분야의 원류로 끊임없이 재생산되고 있다.

25

샌드위치에 정치적 음모가 숨어 있다?

샌드위치에 관한 재미있는 사건들

달걀을 삶아서 으깬 뒤 잘게 썬 오이나 야채를 버무린다. 마요네즈를 살짝 넣어 시큼함과 고소한 맛을 더한다. 이것을 식빵 위에 넓게 바르고 반으로 접는다. 더 큼직한 것을 원하면 접지 말고 식빵 한 조각을 덧댄다. 그러면 끝. 금세 달걀 샌드위치가 완성된다. 노릇노릇하게 구운 햄, 아삭한 식감을 더해주는 야채와 방울토마토를 곁들이면 햄 샌드위치가 된다. 두툼한 닭 가슴살로도 샌드위치를 만들 수 있다. 이처럼 샌드위치는 누구나 쉽게 만들 수 있다. 장소에 구애받지 않고 간편하게 먹을 수 있어 바쁜 현대인에게 인기다.

샌드위치는 언제부터 먹은 것일까? 샌드위치의 기원을 따지자면 한참 전으로 거슬러 올라가야 한다. 고대 로마인들이 검은 빵에 고기를 넣어 먹었다는 기록이 있다. 물론 주식은 아니었다. 아마 성찬(盛饌)에 끼지도 못했으리라. 어쩌면 빵이나 고기 모두 품질이 썩 좋지 않았을 것이다. 그저 한 끼를 해결하는 음식이었을지도 모른다. 더 과거로 올라가 기원을 찾을 수도 있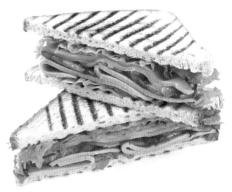
다. 여러 사료를 보면 기원전 1500
년을 전후해 서아시아를 주름잡았
던 강철 제국 히타이트에도 샌드위
치와 비슷한 음식이 존재했다. 히
타이트 병사들이 빵 사이에 고
기를 끼운 음식을 먹었다는 것
이다. 만약 이게 사실이라면 샌드

위치의 역사는 3500년이나 되는 셈이다. 물론 히타이트의 샌드위치
나 로마의 샌드위치와 요즘 우리가 먹는 샌드위치는 다르다. 현대적
의미의 샌드위치와는 상당히 거리가 있다. 현대적 의미의 샌드위치는
18세기 영국에서 비롯되었다.

오늘날 잉글랜드 켄트주에는 샌드위치라는, 인구 5,000여 명의 작
은 도시가 있다. 항구와 그리 멀지 않은 이 도시는 18세기에 한 백작
의 영지였다. 보통 귀족 작위는 영지의 지명을 따른다. 각자의 가문이
있지만 지명과 작위를 붙여 부른다. 옥스퍼드 백작, 케임브리지 백작
처럼 말이다. 그러니까 당시 이 도시의 영주는 샌드위치 백작이 된다.

1718년, 이 샌드위치 백작 가문에서 사내아이가 태어났다. 그 아이
의 이름은 존 몬태규 샌드위치(1718~1792). 그의 어린 시절은 좀 슬
프다. 네 살 때 아버지를 잃었다. 어머니는 재혼한 후로 거의 연락이
닿지 않았다. 그나마 그가 법정 상속인으로 지정되었다는 사실은 큰
위안이 된다. 그는 열 살 때 할아버지로부터 샌드위치 백작 지위를 물
려받았다. 할아버지가 샌드위치 백작 3세였다. 그러니 그는 샌드위치
백작 4세가 되었다.

존 몬태규 샌드위치, 그러니까 샌드위치 백작 4세는 카드놀이를 무척 즐겼다고 한다. 단순한 취미 수준이 아니었다. 꽤나 빠져 있었나 보다. 일설에 따르면 식사하는 것조차 잊어버릴 정도로 카드놀이를 즐겼다. 당연히 몸이 축날 수밖에. 당사자보다 주변 사람들이 그를 더 걱정했다. 어차피 카드놀이를 말리지 못한다면 게임을 즐기면서 영양 보충이라도 할 수 있도록 간편한 식사가 필요했다. 고기 기름이 손가락에 묻으면 당연히 안 될 것이다. 마침 그런 음식을 시종이 만들었

영국 켄트주의 소도시, 샌드위치의 거리

다. 샌드위치 백작이 만들었다는 설도 있지만, 설마 백작이 직접 요리를? 글쎄. "손에 기름도 안 묻고 얼른 먹을 수 있는 거 빨리 만들어 봐!" 이렇게 요구하지 않았을까?

존 몬태규, 샌드위치 백작 4세

시종은 고기를 다진 후 익혔다. 빵 사이에 그 고기와 야채를 끼워 넣었다. 샌드위치 백작 4세는 새로운 음식에 상당히 흡족했다. 함께 카드놀이를 하는 사람들도 비슷한 심정이었나 보다. 모두가 그 음식을 즐겨 먹었다. 샌드위치 백작이 내놓은 음식이다. 그러니 사람들은 간편하게 먹을 수 있는 이 음식을 '샌드위치'라 불렀다.

사실 샌드위치가 처음부터 유명해진 것은 아니다. 당시만 해도 귀족들은 성찬을 즐겼다. 식사 예절도 까다로웠다. 그런 식사를 즐기는 사람에게 샌드위치는 천박한 음식으로 여겨졌을 수 있다. 다만 누구나 쉽게 만들 수 있고, 무엇보다 간편하게 즐길 수 있다는 점은 큰 매력이었다. 샌드위치는 곧 인기를 끌었다. 마침 1772년 출간된 『런던 여행』이란 책에 샌드위치 백작 4세의 이야기가 수록되었다. 샌드위치의 존재에 대해 모르던 이들까지 알게 되었다. 덕분에 샌드위치는 금세 유럽 전역으로 확산되었다. 오늘날의 샌드위치는 이렇게 해서 탄생했다.

이런 생각이 들 수도 있다. "그렇다면 샌드위치는 도박 중독자가 만들어낸 음식이네?" 이에 대해서는 논란이 있다. 샌드위치 탄생 비화에 따르면 샌드위치 백작 4세는 도박 중독자이거나 지독히 게으른 사람일 수 있다. 하지만 실제로 샌드위치 백작 4세는 정계의 거물이었다. 스무 살 때 상원 의원이 되면서 정계에 뛰어들었다. 스물아홉의 나이에

제임스 쿡 선장

해군 장관이 되었고, 나중에는 북부 담당 국무 장관과 체신 장관, 다시 북부 담당 국무 장관을 맡았다. 그 후에는 또 다시 해군 장관에 올랐다. 그가 해군 장관으로 있을 때 영국의 유명한 탐험가 제임스 쿡 (1728~1779)이 세계 항해에 나섰다. 샌드위치 백작 4세는 제임스 쿡의 항해를 전폭적으로 후원했다.

1775년, 제임스 쿡은 남극을 찾기 위해 항해하던 중 아르헨티나 남동부에서 섬들을 발견했다. 제임스 쿡은 그 섬의 이름을 샌드위치 군도라 지었다. 물론 샌드위치 백작 4세에 대한 고마움을 표시하기 위해서다. 이 섬은 나중에 사우스샌드위치 군도로 이름이 바뀐다. 1778년에 제임스 쿡이 또 다른 샌드위치 제도를 발견했기 때문이다. 이때 새로 발견한 샌드위치 제도가 바로 하와이다. 그러니까 하와이 또한 샌드위치 백작 4세와 떼려야 뗄 수 없는 관계에 있다.

전 세계 곳곳에 샌드위치라는 '흔적'을 남긴 샌드위치 백작 4세는 휘그당 소속이었다. 반대편 진영의 토리당에서 그에게 모욕을 주기 위해 도박과 샌드위치를 억지로 연결시켰다는 추측도 나온다. 부패한 정치인 이미지를 만들려는 의도였다는 것이다. 반대로 그가 유능한 정치인이었다는 평가도 있다. 워낙 일이 많아 빨리, 간편하게 끼니를 해결하려고 샌드위치를 개발했다는 것이다. 진실이 무엇이든 샌드위치는 정크 푸드의 오명을 받지 않으면서도 베스트셀러가 되었다. 이런 행운이 또 있겠는가.

먹을 수 있는 고기,
먹지 못하는 고기

왜 이슬람교도는 돼지고기를 멀리할까?

인도에는 카스트란 독특한 신분 제도가 있다. 고대 아리아인들이
만든 제도다. 3500년의 역사를 가진 유물이다. 브라만(종교 사제), 크
샤트리아(군인과 정치인), 바이샤(상공인), 수드라(노예) 등 4개의 계급
으로 되어 있다. 수드라 밑으로는 불가촉천민 신분이 또 있다. 카스
트에도 들지 못하니 이들은 '아웃카스트'라 한다. 석가모니는 불교
를 창시하면서 카스트 제도를 통렬하게 비판했다. 하지만 철폐하지
는 못했다. 이후 4세기경 힌두교가 등장하면서 카스트 제도는 더욱
고착되었다.

인도에서 카스트 제도는 1947년 법적으로 철폐되었다. 허나 관습
을 어쩌랴. 현재도 이 제도는 버젓이 살아 있다. 전체 인구의 15퍼센
트 정도가 불가촉천민이다. 이들은 모두가 꺼리는 일에 종사하면서
근근이 입에 풀칠을 하며 살아간다. 아마 인도에서 힌두교라는 종교
가 사라지지 않는 한 카스트 제도도 사라지지 않을 것이다.

힌두교는 기본적으로 다신교다. 신이 셀 수 없이 많다. 민간 신앙까지 뒤섞이면서 더 많아졌다. 인도 인구는 약 12억 명이다. 그래서 힌두교의 신이 12억 명이라는 이야기까지 나올 정도다. 힌두교를 대표하는 신은 크게 셋이다. 창조의 신 브라흐마, 유지의 신 비슈누, 파괴의 신 시바다. 이 세 신의 상호 작용으로 이 세계가 돌아간다고 믿는다. 브라흐마가 창조하면 비슈누는 유지한다. 수명이 다한 세상은 시바가 파괴한다. 그러면 브라흐마가 다시 창조한다. 세상은 끝없이 순환하고 윤회한다.

이 중에서 인도인들이 가장 많이 섬기는 신이 시바다. 시바 신은 10개의 팔에 4개의 얼굴을 가졌다. 기괴스런 모양새다. 이 시바 신은 소를 타고 다녔다. 그러니 힌두교를 믿는 인도인에게 소는 신성한 동물이다. 소고기를 먹는다는 것은 상상도 할 수 없다. 시바 신이 타고 다니던 소를 감히 먹을 수가 있겠는가. 인도는 소의 천국이다. 그런데 모든 소에게 천국인 것은 아니다. 수소의 경우 씨수소를 빼고는 거세해 농사나 운송에 활용한다. 물소는 식용으로 해외에 수출한다. 다만 암소는 이 모든 것으로부터 자유롭다.

종교의 이면에는 경제와 정치가 있다. 인도인이 소고기를 먹지 않는 이유도 마찬가지다. 소는 농사를 할 때 밭을 갈아야 하는 중요한 재산이다. 짐을 수레에 실어 나를 때도 소가 필요하다. 소똥은 중요한 땔감이다. 암소는 우유를 제공한다. 요컨대 소가 없으면 경제가 돌아가지 않는다. 그러니 종교 사제인 브라만이 소의 식용을 금지한 것이다. 따라서 힌두교도에게 소고기는 먹을 수 있지만, 먹지 못하는 고기다.

이슬람교도들은 돼지고기를 먹지 않는다. 이 또한 종교적인 이유에서 비롯되었다. 이슬람교 경전인 쿠란에는 돼지가 불경스러운 동물로 묘사되어 있다. "생각하지도, 먹지도, 기르지도 말라"라고 했다. 돼지에 대한 노골적인 적대감이다. 그러니 먹어서는 안 된다. 하지만 여기에도 경제와 정치가 숨어 있다.

이슬람교가 태동한 아라비아반도는 날씨가 덥고 건조하다. 돼지를 키우기에는 환경이 좋지 않다. 사람이 먹을 식량도 부족한데, 돼지에게 먹일 여유 식량이 어디 있겠는가? 중동에는 사막 지대가 많다. 물이 심각하게 부족하다. 돼지에게 물을 넉넉히 줄 수 없다. 돼지를 키우기에 이보다 환경이 나쁠 수 없다.

그래도 돼지를 키운다고? 그래봤자 부작용만 나타난다. 비위생적인 환경은 인간의 삶에도 영향을 미친다. 돼지에서 비롯된 병이 인간에게로 옮아갈 수도 있다. 게다가 날씨까지 더우니 돼지를 도축한 뒤 바로 먹지 않으면 변질될 가능성도 크다. 이러니 돼지고기를 못먹게 한 것이다. 실제로 쿠란을 보면 돼지고기만 못 먹게 한 것이 아니다. 죽은 고기도 못 먹게 했다. 아무래도 위생과 건강을 염두에 둔 것 같다. 쿠란에서는 닭이나 염소처럼 잡아서 바로 먹을 수 있는 가축만 식용하도록 했다.

바로 이런 '현실적인' 이유 때문에 이슬람교에서 돼지를 기피하기 시작했다는 분석이 많다. 이게 진실일 가능성이 높다. 그 점을 알 수 있는 대목이 있다. 이슬람교와 날카롭게 대립하는 유대교에서도 돼지를 기피한다는 점이다. 구약 성서에도 돼지는 불결한 동물로 묘사되어 있다. 그렇다면 종교를 떠나 중동이란 지역적 특성 때문에 돼지를 기피했을 것이란 분석이 더욱 설득력을 얻는다. 사실 아주 오래전에는 이 지역에서도 돼지고기를 먹었다. 그때는 지금처럼 중동이 건조하고 더운 지역이 아니었으니까 말이다.

돼지고기는 중독성이 강한 음식이다. 쇠고기가 아무리 맛있다 한들 삼겹살의 중독성을 이기지는 못한다. 삼겹살을 먹지 않는 서양에서는 이를 베이컨으로 만들어 먹는다. 우리에게 돼지 족발이 친근한 것처럼 독일 사람들에게도 돼지 족발 요리는 국민이 즐기는 스테디셀러다. 이런 돼지를 먹지 못하게 하다니…… 혹시 정치적인 노림수가 있었던 건 아닐까? 피지배층이 이 맛에 빠지면 돼지를 사육하려 할까 봐 지배층이 "아서라, 먹지 마"라며 손을 쓴 건 아닐까? 종교적으로 기피 동물로 정해놓으면 굳이 사육할 필요가 없잖은가? 허무맹랑한 이 상상이 사실에 얼마나 부합하는지는 모르겠지만 개연성이 전혀 없는 것은 아니다.

최근 전 세계적으로 할랄이 뜨고 있다. 할랄은 이슬람교도가 먹

현대인의 건강식으로
유행하고 있는 할랄 음식

는 음식과 사용하는 제품을 가리키는 용어다. 이슬람교도들은 먹는 것, 입는 것, 바르는 것에 모두 까다롭다. 할랄은 아랍어로 '허용된 것'이란 뜻이다. 음식의 예를 들자면, 돼지고기가 들어가서는 안 된다. 죽어 있는 고기 혹은 잔인하게 도살된 고기도 금지! 술과 마약류 성분도 불허한다. 이런 음식들은 하람이라고 한다. 금지된 음식이란 뜻이다. 주로 닭고기와 염소고기, 쇠고기가 허용된다. 이런 식용 가축을 도축할 때도 알라에게 기도를 해야 한다. 또 단칼에 죽이는 이슬람 율법을 따라야 한다.

종교가 다르고 문화가 다른 것이 비난의 대상이 될 수는 없다. 전 세계의 이슬람 인구는 18억 명이다. 2020년이 되면 전 세계 인구의 20퍼센트 이상이 이슬람교도가 될 것이란 보고서도 나왔다. 놀랍다. 아직도 이슬람교의 세력은 팽창하고 있다. 그러니 색안경을 쓰고 봐서는 안 된다. 현실적인 논리로 생각하자. 그들을 대상으로 식품 사업을 하겠다면 그들이 먹지 못하는 고기가 아니라 먹을 수 있는 고기로 공략하는 것이 옳다. 혹시 아는가? 그게 우리 경제를 되살리고 활황으로 이어줄지.

26

식습관이 다르다고 해서
사람 차별하지 말자.

복권은 어떻게 생겨났을까?

복권의 역사

불과 10여 년 전만 해도 10억 원 정도 있으면 평생 남부럽지 않게 살 수 있다고 생각했다. 하지만 지금은 아니다. 서울 강남의 32평형 아파트 한 채가 12억~13억 원이 넘는다. 신축 아파트는 15억 원은 줘야 한다. 하늘에서 20억 원이 뚝 떨어져서 신축 아파트 한 채 사면 5억 원밖에 남지 않는다. 그러니 로또 1등에 당첨되어도 인생 역전은 일어날 수 없다.

로또는 일확천금의 대명사다. 로또(lotto)는 이탈리아 말로 '운명'이란 뜻이다. 이 말에서 영어의 복권(lottery)이 나왔다. 복권은 언제 처음 등장했을까? 이에 대해서는 설이 분분하다. 복권과 비슷한 형태의 유물이 고대 이집트 유적에서 발견되었다고 한다. 그 때문에 고대 이집트 파라오 시대를 복권의 출발점으로 보기도 한다. 다만 기록상으로는 중국이 최초다.

시기는 정확하지 않다. 대략 기원전 100년을 전후한 한 제국 시대에 복권이 처음 등장했다.
당시에 이 복권을 뭐라 불
렀는지에 대한 기록도
찾기 어렵다. 이 복권이
현대에 다시 복원된 후로는
키노(keno)라 불렀다.

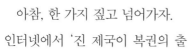

　아참, 한 가지 짚고 넘어가자.
인터넷에서 '진 제국이 복권의 출
발점'이라는 글이 많이 떠돈다. 틀렸다. 진은 기원전 206년에 멸망했
다. 심지어 언론 기사에도 똑같이 진으로 표기되어 있다. 베끼기의
폐해인 것 같다.

　진 멸망 후 건설된 한 제국은 해결해야 할 과제가 많았다. 체제도
정비해야 하고, 영토도 넓혀야 했다. 정복 전쟁은 더욱 격렬하게 진
행되었다. 문제는 돈이었다. 국가 재정이 거의 바닥이 났다. 피폐해
진 농민들은 과거처럼 세금을 낼 수 없었다. 재정을 확보할 새로운
방법이 필요했다. 바로 그때 정부가 고안해낸 것이 키노였다. 최초
의 복권은 이처럼 국방에 필요한 재정을 충당하기 위해 시행되었다.
몇 년 후에는 또 다른 목적이 추가되었다. 바로 진 제국 때부터 이어
져온 만리장성 건축비를 충당하는 것이었다. 만리장성은 한 제국 때
도 완성하지 못했다. 그 후로도 공사는 수백 년 넘게 이어졌다.

　키노 게임 방법은 오늘날의 로또와 비슷하다. 천자문에서 선정한
120개의 글자 중에서 10여 개를 맞추면 된다. 오늘날 한국의 로또가
45개 숫자 중에서 6개를 맞추는 것이니, 키노의 당첨 확률이 훨씬
낮은 셈이다. 이 키노는 한이 멸망한 후 자취를 감추었다.

2,000년이 지난 19세기, 키노가 화려하게 부활했다. 중국인들이 즐기던 게임이 세계로 퍼졌다. 미국 대륙 횡단 철도를 건설하기 위해 건너간 중국 이민자들이 그 주역이었다. 키노 게임은 큰 인기를 끌었다. 누구나 즐길 수 있도록 120개의 한자는 80개의 숫자로 대체되었다. 현재도 미국 카지노에서 이 게임을 볼 수 있다. 중국에서 유래했기에 차이니즈 로터리(Chinese Lottery)라고도 한다.

1700년대의 복권 판매상을 그린 그림. 프랑스의 잡지 《피토레스크(Pittoresque)》에 실려 있다.

최초의 복권은 중국에서 비롯되었지만, 광범위하게 유행한 지역은 유럽이다. 유럽에서도 복권의 역사는 오래되었다. 기원 전후 로마의 초대 황제가 된 아우구스투스, 얼마 후 황제에 오른 네로도 복권을 발행했다고 한다. 둘 다 도시를 정비하기 위해서였다. 아우구스투스는 로마의 첫 황제다. 제국에 걸맞은 수도를 건설하려면 돈이 필요했으리라. 그 로마가 네로 시절 대화재로 대부분이 불에 타버렸다. 네로는 로마를 재건하기 위해 돈이 필요했다.

두 황제의 복권은 오늘날의 복권과는 조금 다르다. 일종의 행운권 추첨과 비슷하다. 아우구스투스는 음식 계산서 영수증을 추첨해 선물을 나누어주었다. 네로는 귀족과 부유층을 상대로 노예나 배 같은 것을 내걸고 복권을 사도록 했다.

현대식 복권과 가장 흡사한 형태는 16세기 초반 이탈리아에서 등장했다. 당시 제노바 공화국에서는 90명의 후보자 중에서 5명의 의원을 뽑았다. 사업가 한 명이 이 방식에 착안해 90개 숫자 중에서 5개 숫자를 추첨하는 복권을 처음 만들어냈다. 이것이 로또의 시초다. 얼마 후에는 이탈리아 피렌체에서 비슷한 형태의 복권이 등장했다. 피렌체 정부는 도시 정비를 위해 복권을 발행했다. 이때 처음으로 추첨을 통해 당첨금을 주었다. 복권의 진화다. 이후 유럽에서 복권 사업은 흥행 가도를 달렸다. 대부분은 정부가 아닌, 민간 사업자가 운영했다. 정부는 수익의 일부를 나누어가졌다. 정부는 이 수익금으로 각종 국책 사업을 벌였다.

16세기 후반부터 영국, 독일, 네덜란드 등 여러 나라에서 복권 제도를 도입했다. 수익금은 대부분 도로나 항구를 건설하거나 재건축을 하는 등의 국가사업에 투입되었다. 특히 영국에서 복권 사업이 활발했다.

영국은 미국 식민지 개발을 위해 복권을 판매했다. 이 수익금으로 학교를 만들고 도로와 항구, 다리를 세웠으며 교회를 세웠다. 미국에서 가장 오래된 학교이자 세계 최고의 명문 중 하나인 하버드 대학교를 비롯해 예일, 콜롬비아, 프리스턴 등 이른바 아이비리그 대학이 이 복권 수익금으로 세워졌다. 독일 쾰른에 있는 세계적인 건축물인 쾰른 대성당을 재건하는 데도 복권이 발행되었다. 주로 성당 완공을 바라는 시민들이 복권을 샀는데, 당시 돈으로 660만 달러가 넘는 금액을 모았다고 한다. 현재의 가치로 환산하면 거의 2조 원에 가까운 거금이다.

밝은 면이 있으면 어두운 면도 존재하는 법. 일확천금을 노리는

카지노의 룰렛. 복권은 도박과는 다르지만,
일확천금을 바라는 사람들의 마음이
투영되었다는 점에서는 비슷하다.

자들이 부나비처럼 달려들었다. 복권에 목을 매는 사람들이 생겨났
다. 사행성이 심각한 지경에 이르기도 했다. 이 때문에 영국은 한때
복권을 금지하기도 했다. 그러다 20세기 들어 유럽의 여러 나라가
복권 제도를 합법화했다. 이후 복권은 더욱 진화했다. 별의별 복권
이 다 등장했다. 즉석으로 긁는 복권까지 나타났다.

　복권은 도박과는 다르다. 하지만 일확천금을 바란다는 점에서 본
질적으로는 크게 틀리지 않은 것 같다. 정부로서도 이보다 쉽게 재정
을 확보하는 제도가 없다. 오죽하면 미국의 3대 대통령 토머스 제퍼

1809년 런던의 쿠퍼 홀에서 열린
복권 추첨식을 묘사한 그림

슨이 "시민들이 고통을 느끼지 않는 조세가 복권"이라고 했겠는가.

과하면 탈이 난다. 건전하게 일확천금을 노리자. 당첨되지 않으면? 복권 구입에 들어간 내 돈이 어느 가난한 이웃을 돕는다고 생각하자. 그게 복권의 정신이다.

만둣국에 소주 한잔!

만두와 소주의 유래

223년 촉한의 군사(軍師) 제갈량이 군대를 이끌고 남만으로 출격했다. 남만은 오늘날의 중국과 베트남 국경 지대다. 이 원정에서 제갈량은 맹획이란 용맹한 장수를 얻었다. 누군가를 내 사람으로 만들고 싶으면 마음부터 얻어야 한다. 제갈량은 맹획을 일곱 번 사로잡았지만 모두 풀어주었다. 마음을 얻기 위해서다. 칠종칠금(七縱七擒)이라는 한자성어가 여기에서 비롯되었다. 물론 맹획은 제갈량의 사람이 되었다.

남만 정벌을 끝낸 제갈량은 의기양양하게 촉한으로 개선했다. 도중에 노수(瀘水)라는 큰 강을 만났다. 갑자기 검은 구름이 하늘을 가리고, 앞을 볼 수 없을 정도로 짙은 모래바람이 휘날렸다. 맹획이 말했다. "원한을 품은 귀신들의 소행입니다. 귀신들을 달래려면 사람의 머리 마흔아홉 개를 제물로 바쳐야 합니다." 제갈량은 황당했다. 그깟 귀신 달래려고 사람을 죽여 강물에 바치라니. 그것도 49명이

나! 받아들일 수 없었다. 제갈량은 밀가루 반죽에 쇠고기와 말고기를 넣어 사람의 머리 모양을 만들도록 했다. 그 '가짜 머리'를 강에 바치며 제사를 지냈다. 귀신도 속았던 걸까? 언제 그랬느냐는 듯 강물이 잔잔해졌다. 이래서 이 음식을 '속이기 위한 머리'라며 만두(饅頭)라 불렀다.

노수에서의 제사, 즉 노수대제가 만두의 유래라고 알려져 있다. 사실일까? 확실하지 않다. 멋들어지게 잘 만든 이야기일 수 있다. 이 이야기는 나관중의『삼국지연의』에 실려 있다.『삼국지연의』는 역사서가 아니라 소설이다. 실제 삼국 시대의 역사를 다룬『삼국지』에서는 이 일화를 찾아볼 수 없다. 물론 칠종칠금 스토리도 보이지 않는다. 모두 창조해낸 이야기일 수 있다는 게 이 때문이다.

결국 만두의 유래는 알아내지 못했다. 하지만 만두가 중국에서 처음 만들어진 것은 역사적 사실인 듯하다. 어쩌면 제갈량이 태어나기 전에 이미 만두와 유사한 음식이 있었을지도 모른다. 실제로 삼국 시대에 앞서 한대에 이미 만두와 비슷한 증병(蒸餠)이란 음식이 있었다. 증병은 쉽게 말하면 찐 밀떡이다. 이것이 제갈량에 이르러 만두로 발전했을 수 있다.

이미 말한 대로『삼국지』에는 제갈량의 만두 이야기가 없다. 다만 서진 시대의 속석이란 인물이 쓴『병부(餠賦)』라는 책에는 '만두가 제갈량에서 비롯되었다'라는 기록이 있다. 이 기록대로라면 제갈량이 만두를 처음 만든 인물이 맞다. 다시 오리무중이다. 아무렴 어떻겠는가? 병사 수십, 수백 명을 예사로 죽이던 시절에 마흔아홉 명의 목숨을 구하기 위해 사람 머리를 본떠 음식을 만들었다는 발상, 정말 기발하지 않은가!

중국에서 만두는 크게 북방 만두와 남방 만두로 나뉜다. 북방 만두는 소가 없는 빵과 비슷하다. 남방 만두는 우리가 알고 있는 만두와 비슷하며 교자라고 한다. 중국에서 우리나라로 전래된 만두는 남방 만두인 교자다.

만두가 우리나라에 들어온 시기는 정확하게 알려져 있다. 고려 후기, 그러니까 원의 간섭을 받던 14세기 중반쯤 만두가 첫선을 보였다. 튀르크 계통의 위구르 사람들이 고려에 와서 만두를 팔았다. 만두를 '상화' 혹은 '쌍화'라 했다. 만두 가게는 '쌍화점(雙花店)'이다. 고려속요「쌍화점」이 바로 이 만두 가게를 소재로 하고 있다.

만두를 넣고 국을 끓이자. 고춧가루도 팍팍 치고. 든든한 안주거리가 생겼으니 소주 한잔은 어떨까? 이 소주를 우리 전통 술로 알고 있는 사람들이 의외로 많다. 아니다. 이 술은 만두보다 더 먼 곳에서 몽골을 거쳐 우리나라로 들어왔다.

요즘 우리가 먹는 소주는 에탄올을 물로 희석한 것이다. 처음에는 그렇지 않았다. 곡류를 발효시켜 증류했다. 이를 증류식 소주라 한다. 소주(燒酒)란 이름 자체에 불로 증류시킨다는 의미가 들어 있다. 소(燒)는 불로 태운다는 뜻의 한자다. 불로 증류했으니 화주(火酒)라고도 했다. 이슬처럼 똑똑 술 방울이 떨어졌기에 노주(露酒)라는 이름도 얻었다. 똑똑 떨어지는 모양이 땀방울을 연상시켰나 보다. 한

주(汗酒)라고도 불렀다. 이처럼 소주의 이름은 다양했다. 물론 오늘날의 소주는 주정을 먼저 만들고, 그 주정에 물을 희석한 것이다. 맛을 내기 위해 감미료도 넣는다. 그러니 노주도, 한주도 아니다. 그냥 소주일 뿐이다.

사실 소주는 화학의 산물이었다. 최초로 고대 문명이 태동했던 메소포타미아에서 이미 기원전 2000년경부터 원시적인 증류 장치를 썼다. 액체를 끓이면 그 안에 들어 있는 각 물질의 끓는점에 따라 혼합물이 분리된다. 이 증류를 통해 순수한 물을 얻을 수 있다.

중세 시대의 화학은 이슬람권이 리드했다. 8세기 이후 이슬람 과학자들은 증류 기술을 더욱 발전시켰다. 증류를 통해 알코올, 에스테르 등 원하는 물질을 추출해냈다. 새로운 기술은 유럽으로도 퍼졌다. 십자군 전쟁 와중에 증류 기술이 유럽으로 수출되었다. 12세기 무렵이다. 이때부터 유럽에서는 오늘날의 위스키와 같은 술을 만들기 시작했다. 위스키 또한 증류주다.

13세기에 몽골 군대는 중동을 강타했다. 몽골 병사들은 닥치는 대로 약탈했다. 그러다 독특한 술을 발견했다. 그 전까지 몽골에서는 마유주라는 발효주를 주로 마셨다. 발효주의 가장 큰 약점은 시간이 흐르면 쉬 상한다는 것이다. 반면 중동의 증류주는 신천지였다. 맛이 독특할 뿐 아니라 보관도 용이하다. 알코올 도수도 높으니 황량한 들판의 추위를 막아주는 데도 큰 도움이 된다.

몽골 병사들은 중동의 증류주를 본국으로 가지고 갔다. 이후 몽골은 고려를 침략했다. 그 다음은 만두가 수입된 것과 같은 과정을 밟는다. 오늘날 안동 소주가 유명한 까닭이 있다. 당시 몽골 군대가 안동 지역에 주둔했기 때문이다. 고려 시대 안동과 개성은 소주의 메카였다. 한 가지 더. 요즘엔 소주가 국민 술이지만 고려 시대에는 귀족의 전유물이었다. 증류해서 술을 만드는 게 여간 복잡하지 않았기 때문이다. 당연히 비쌀 수밖에 없다. 서민들은 이 술을 약용으로 썼다. 약주란 말이 나온 이유다.

우리나라 성인은 연간 34억 병 이상의 소주를 마신다. 일주일에 평균 1.6병 정도를 소비한다. 적지 않은 양이다. 돌려 말하자면, 그만큼 살기 팍팍하다는 증거다. 사회 분위기가 술을 권하는 것이다. 술을 마셔 속이 쓰리고, 살림살이가 나아지지 않아 다시 속이 쓰리다. 그래서 또 다시 술이 생각난다. 이번엔 따뜻한 만둣국을 함께 먹으리라. 속풀이도 하면서 말이다.

마음 달래려다 몸 축난다.

쓴 죽이
달콤한 초콜릿으로 변신하다

초콜릿의 역사

한국인에게 김치는 없어서는 안 될 음식이다. 시큼하고 매콤하며 알싸한 그 맛은 세상의 모든 음식과 어울린다. 적어도 우리 한국인에게는 김치가 최고의 감미료이자 향신료인 셈이다. 사실 오늘날 우리가 먹는 김치는 18세기 이전에는 볼 수 없던 형태다. 고추가 없었기 때문이다. 고추는 임진왜란이 끝난 후인 17세기경 일본으로부터 수입되었을 것으로 추정된다. 1614년에 편찬된 이수광의 백과사전 『지봉유설』에 '고추는 일본에서 건너왔기에 왜개자(倭芥子)라고 한다'라는 기록이 남아 있다. 고추가 수입되었다고 해서 당장 서민에게까지 보급되지는 못했으리라. 그러니 고추가 널리 보급되는 18세기 이전까지 우리 조상들은 소금에 절인 배추를 먹었다. 당연히 김치는 흰색이었다.

고추의 원산지는 라틴아메리카다. 고구마, 옥수수, 감자 심지어 백해무익하다는 담배가 모두 라틴아메리카에서 비롯되었다. 15세기

말에 콜럼버스가 아메리카 땅에 상륙한 후 이 작물들은 순차적으로 유럽에 전파되었다. 문화의 전파 과정이 그렇듯이 이 채소들도 아시아로 퍼져나갔고, 당연히 우리나라에도 수입되었다. 국내에서 이런 채소들을 활용한 요리는 17~18세기 이후에야 등장할 수 있었다. 빨간 김치 또한 마찬가지다. 이쯤 되면 아메리카를 채소들의 고향이라 불러도 크게 틀리지 않을 것 같다.

성인 남녀가 모두 즐기는 초콜릿은 달콤하면서도 쓰다. 오늘날 우리가 먹는 초콜릿의 형태는 19세기에 네덜란드와 스위스에서 처음 등장했다. 하지만 근원을 찾다 보면 다시 라틴아메리카로 가게 된다. 초콜릿은 원래 라틴아메리카 원주민의 음료수였다. 그랬던 것이 어떻게 해서 지금의 초콜릿으로 바뀌게 된 것일까?

1521년, 라틴아메리카에 있던 아스테카 제국이 멸망했다. 당시 수도인 테노치티틀란(오늘날의 멕시코시티)은 인구 20만 명이 넘는 대도시였다. 그랬던 나라가 하루아침에 스페인의 하급 관리 에르난 코르테스에게 무너졌다. 코르테스는 아스테카 제국을 완전히 파괴했다.

코르테스는 아스테카 제국을 정복하는 과정에서 낯선 음식을 발견했다. 원주민들은 카카오 열매의 씨앗을 이용해 걸쭉한 죽을 만들어 먹고 있었다. 이 카카오 죽은 주로 왕족이나 귀족들이 먹었다. 그만큼 귀한 음료수였다. 코르테스와 스페인 정복자들도 마셔보았다. 천근만근 무거운 몸이 가뿐하게 느껴졌다. 그야말로 '신의 음료'였다. 코르테스는 카카오 죽을 스페인 왕실에 소개했다. 이 카카오 죽이 초콜릿의 시초다.

초콜릿은 카카오나무 열매인 카카오의 씨앗으로 만든다. 이 카카오의 원산지는 라틴아메리카다. 초콜릿(chocolate)이란 이름도 아메리카 원주민의 언어인 쇼콜라틀(xocolatl)에서 유래했다. 이 말은 '쓰디쓴 물'이란 뜻이다. 이 뜻 그대로 최초의 초콜릿은 아주 썼다. 달콤한 맛은 전혀 느낄 수 없었다. 단단한 고체 형태도 아니었다.

아메리카 최초의 문명은 기원전 1200년을 전후로 오늘날의 멕시

올메카 문명의 머리 석상

코 일대에서 탄생했다. 이것이 올메카 문명이다. 최소한 3톤에서 많게는 10톤에 이르는 거대한 돌 머리가 지금까지 남아 있는 올메카 문명의 유적이다. 바로 이 올메카족이 가장 먼저 카카오나무를 재배하고, 카카오 콩을 이용해 초콜릿을 만든 것으로 추정되고 있다. 이후 마야

마야의 군주들은 일반 백성이 카카오 죽이 든 용기를 만지는 것조차 금했다.

문명을 거쳐 14세기에 건설된 아스테카 문명 때 초콜릿을 본격적으로 만들었다.

아스테카인들은 처음에는 단순하게 카카오 콩을 갈아먹었다. 그러다가 옥수수나 향신료를 넣어 끓여 카카오 죽을 만들었다. 옥수수의 고소함은 느껴졌겠지만 쓴 맛이 강했을 것이다. 이 쓴 맛을 줄이기 위해 바닐라를 넣기도 했다. 카카오 죽은 아스테카인들에게 귀한 음료였다. 무엇보다 카카오 열매의 가격이 비쌌다. 만드는 과정도 번거로웠고 복잡했다. 그러니 평민들은 카카오 열매를 약재로 사용했다. 카카오 죽은 귀족들의 호사스런 간식이었다. 귀족들은 이 카카오 죽을 거의 매일 마셨다.

카카오 열매 자체가 화폐로 사용되기도 했다. 그만큼 귀했다는 증거다. 종교 의례를 치를 때에도 반드시 카카오 죽을 신들에게 바쳤다. 오늘날 우리가 제사를 지낼 때 술을 올리듯이 말이다. 아스테카인들에게 카카오 죽은 신성한 음료였다.

코르테스 이전에 콜럼버스가 카카오 열매를 유럽으로 가지고 갔

다. 하지만 콜럼버스는 카카오 죽을 만드는 법을 몰랐고, 원주민이 그것을 마신다는 사실도 몰랐다. 그러니 유럽인들은 카카오 열매에 관심을 보이지 않았다. 코르테스가 카카오 죽을 소개한 후로는 확 달라졌다. 먼저 스페인 왕실에서 인기를 끌었다. 쓴맛을 줄이기 위해 설탕을 넣자 카카오 죽은 훨씬 달달해졌다. 이후 카카오 죽은 유럽 전역으로 확산되었다.

시간이 흐르면서 혁신이 계속되었다. 17세기 말에는 카카오 콩을 발효시킨 후에 카카오 매스라는 반죽을 만들었다. 그 반죽에서 분말 형태의 코코아 파우더를 추출해냈다. 오늘날의 초콜릿에 한 걸음 더 다가섰다. 19세기 초반, 네덜란드에서 또 다시 비약적인 발전이 이루어졌다. 카카오 매스를 응집시킨 후 거기에서 지방 성분의 코코아 버터를 추출했다. 이 버터로 크림 형태의 초콜릿을 만들었다. 부드러운 식감이 더해졌을 것이다.

19세기 후반, 스위스에서 우유를 첨가한 초콜릿을 개발하는 데 성공했다. 설탕을 넣어도 쓰게 느껴지던 뒷맛이 사라졌다. 이른바 밀크 초콜릿이 이때 등장한 것이다. 당시 밀크 초콜릿을 만든 인물이

앙리 네슬레다. 그가 세운 회사가 세계에서 가장 유명한 초콜릿 회사인 네슬레다.

유럽 사람 모두가 이 초콜릿의 맛에 빠져들었다. 그러니 원료가 더 많이 필요해졌다. 그 결과 라틴아메리카의 여러 지역에 카카오 플랜테이션 농장이 들어섰다. 원주민의 '건강 음료'였던 것이 세계인의 간식이 되면서 원산지 주민들만 죽어라 고생하는 상황이 된 것이다. 역사의 아이러니다.

오늘날에도 멕시코에서는 최초의 카카오 죽을 먹어볼 수 있다고 한다. 물론 아주 쓰다고 한다. 그래도 언젠가 멕시코에 가면 꼭 먹어보고 싶다. 오랜 시간에 걸쳐 변화했어도 최초의 원형은 항상 새로운 의미로 다가온다.

노란 리본에 담긴 뜻은?

동지애, 염원, 기다림 그리고 리본

대한민국 서울. 그중에서도 서울의 중심, 광화문 광장. 이곳에는 아직도 커다란 노란 리본이 걸려 있다. 청춘의 꽃을 제대로 피우지 못한 어린 목숨들……. 절로 숙연해진다. 이제 대한민국 사람이라면 누구나 이 노란 리본의 뜻을 잘 알고 있다. 기다림과 무사 귀환의 희망. 아직 가족의 품으로 돌아오지 못한 그분들을 기다린다는 뜻이다.

노란 리본의 유래에 대해서는 여러 이야기들이 전해져 내려온다. 하지만 사람들이 노란 리본을 기다림과 무사 귀환의 상징으로 받아들이기 시작한 것은 최근의 일이다. 1973년에 발표된 팝송이 미친 영향이 컸다. 당시 이 팝송은 전 세계적으로 크게 히트했다. 팝송 가사는 로맨틱한 동화 그 자체였다. 노래를 듣다 보면 절로 가슴이 뭉클해진다. 국내에도 잘 알려진 이 노래의 제목은

'Tie A Yellow Ribbon Round The Old Oak Tree'다. 노래에서 사내가 무슨 죄를 지었는지는 나오지 않는다. 어떤 연유로 이 사내는 3년 동안 옥살이를 했다. 형기를 마친 사내는 집으로 돌아가는 버스에 오른다. 하지만 걱정이 앞선다. 아내가 여전히 나를 사랑하고 있을까, 기다리고 있을까⋯⋯. 아내의 사랑을 구걸할 수는 없다. 더 이상 사랑하지 않는다면 함께하는 것이 고통이 될 터. 사내는 집으로 가기 전에 아내에게 미리 편지를 썼다. 여전히 자신을 사랑한다면 오래된 떡갈나무에 노란 리본을 달아달라고 말이다. 만약 노란 리본이 없다면 자신은 버스에서 내리지 않고 집을 지나치겠다는 말과 함께. 참으로 처연하다.

버스가 집 근처에 이르자 사내는 차마 밖을 쳐다보지 못했다. 버스 기사에게 대신 떡갈나무를 봐달라고 부탁했다. 노란 리본이 달려 있기를 간절히 바라면서. 모든 버스 승객이 숨을 죽였다. 이윽고 사내의 집이 눈에 들어왔다. 갑자기 승객들이 환호성을 질러댔다. 떡갈나무에는 무수히 많은 노란 리본이 매달려 있었다. 사내의 눈에서는 눈물이 핑 돌았다. 그제야 사내는 웃으며 말한다. "이제 나는 집에 갑니다(I'm coming home)."

이 노래가 히트하면서 노란 리본은 기다림의 상징이 되었다. 이 노래가 실화를 바탕으로 만들어진 것이란 소문도 돌았다. 사실이 아니다. 정확히 말하자면, 이 노래는 전해져 내려오는 이야기를 바탕으로 한 창작물이다. 이 노래를 만든 작사가가 그렇게 말했다. "미국 남북 전쟁이 끝나고 고향으로 돌아가던 한 병사의 사연을 군대에서 들었고, 이를 각색했다."

사실 이와 유사한 이야기는 의외로 많다. 공교롭게도 이 노래가 발표되기 2년 전인 1971년에는 한 작가가 〈뉴욕포스트〉에 'Going Home'이란 제목의 글을 게재했다. 이 글은 나중에 《리더스 다이제스트》에도 게재되었다. 이 작가는 나중에 'Tie A Yellow Ribbon Round The Old Oak Tree'의 작사가가 자신의 글을 표절했다며 소송을 제기하기도 했다. 하지만 재판에서 이기지는 못했다. 독창적인 이야기가 아니기 때문이었다. 그만큼 이 이야기는 오래전부터 입에서 입으로 전해져왔다.

노란 리본이 처음 등장한 것은 약 400여 년 전이다. 대략 17세기의 영국이다. 당시 영국에서는 청교도 혁명이 일어났다. 청교도 혁명은 왕을 옹호하는 왕당파와 의회를 지지하는 의회파의 전쟁이었다. 영국에서 일어난 최초의 시민 혁명이었다. 의회파의 청교도 군대는 전투에 나갈 때 노란 리본과 노란 띠를 맸다. 이것이 노란 리본에 대한 첫 기록이다. 그 무렵 영국 등에서는 「She Wore A Yellow Ribbon」이란 시가 유행했다. 시라고는 하지만 노래의 형태일 수도 있다. 어쨌든 이 시는 다양한 형태로 변형되어 널리 알려졌다. 다만 기본 주제는 항상 같았다. 재판이나 어떤 시험에 든 애인 혹은 남편을 기다리는 여성의 변하지 않는 사랑이 주제였다.

이 노란 리본을 영국에서 미국으로 옮긴 사람들은 청교도 이주민이다. 영국 왕 제임스 1세를 비롯한 많은 통치자들이 청교도를 박해했다. 청교도들은 네덜란드로 피신했다. 하지만 언제까지 도피 생활을 할 수는 없었다. 결국 청교도들은 특허장을 받고, 종교의 자유를 찾아 아메리카로 향했다. 이 청교도의 이주와 함께 노란 리본의 상징도 그대로 신대륙에 이식된 것이다.

북아메리카 식민지는 영국으로부터 독립하기 위해 전쟁을 치렀

각각의 리본에는 저마다의 염원이 담겨 있다.

다. 미국 독립 전쟁 중에는 노란 리본이 등장한 기록이 거의 없다. 노란 리본이 잊힌 것인지, 사용했지만 기록이 안 남은 것인지는 불확실하다. 미국은 독립을 쟁취하고 공화국을 건설했다. 하지만 노예 문제를 둘러싸고 남부와 북부의 갈등이 커졌다. 결국 남부가 분리 독립을 선언했다. 당시 링컨 대통령은 "연방 해체는 용납할 수 없다"고 경고했다. 결국 남북 전쟁이 터졌다. 이 남북 전쟁 때 노란 리본 이야기가 다시 등장했다. 전쟁터로 나간 남편과 애인을 걱정하는 마음으로 목에 노란 리본을 맨 여성들의 이야기다.

이처럼 미국에서는 노란 리본이 전쟁의 역사와 더 구체적으로 맞물렸다. 전쟁터로 나간 군인 남편을 기다리는 상징이 된 것이다. 이 때문에 미국 육군에서는 노란 리본이 친숙하다. 군대의 상징색이 노란 색일 정도다. 미국 육군의 군가에 같은 제목의 노래가 만들어지기도 했다.

20세기에도 고스란히 노란 리본의 이야기가 살아남았다. 1917년에는 음악가 조지 노튼이 〈Round Her Neck She Wears a Yellow Ribbon〉을 발표했다. 1949년에는 'She Wore A Yellow Ribbon'이란 제목의 서부 활극이 만들어져 큰 인기를 끌었다. 이어 1970년대에는 앞에서 말한 팝송까지 만들어졌다. 1990년 이라크에서 걸프 전쟁이 터졌다. 미국은 많은 병사를 보냈다. 이때 다시 노란 리본이 등장했다. 미군의 무사 귀환을 염원하는 마음에서다.

노란 리본이 대중적인 상징성을 갖게 되자 다른 색 리본을 착용하는 운동도 일어났다. 대표적인 것이 핑크 리본이다. 핑크 리본은 여성 유방암에 대한 경각심을 높이고 질병을 예방하자는 운동으로 시작되었다. 이밖에도 파란 리본은 전립선암, 주황 리본은 백혈병 예방을 상징한다. 앙증맞은 리본에 이토록 다양한 뜻이 숨어 있다.

28

여러분은 누굴 기다리시나요?

어떻게 해야
이 아픔을 치유할 수 있을까?

뉴욕의 원래 이름은 뉴 암스테르담

북아메리카 개척의 역사

인도차이나반도에 있는 국가 미얀마는 1948년 영국으로부터 독립했다. 당시만 해도 나라 이름은 버마 연방이었다. 1974년 사회주의 정권이 들어선 후로는 버마 연방 사회주의 공화국이라 불렸다. 국명이 한 차례 바뀐 것이다. 이후 버마에 군사 정권이 들어섰다. 1989년 군사 정권은 나라 이름을 버마에서 미얀마로 바꾸었다. 국명이 또 바뀌었다. 다만 모두가 이 국명 변경을 환영하지는 않았다. 군사 정권을 인정하지 않았던 세력은 아직도 미얀마가 아니라 버마를 더 선호한다. 이 때문에 버마와 미얀마를 병행 표기할 때도 있다.

나라 이름까지는 아니더라도 도시 이름이 바뀌는 경우는 드물지 않다. 때론 통폐합 과정에서 도시 이름이 사라지기도 한다. 이를테면 경상남도 삼천포는 사천에 통합되었다. "얘기하다 왜 자꾸 삼천포로 빠지냐?"라고 농담하던 그 삼천포다. 이제 삼천포 농담도 사라질까?

세계 최대의 경제 도시인 미국 뉴욕도 원래 이름은 뉴욕이 아니었다. 원래 이름은 뉴 암스테르담이었다. 말 그대로 새로운 암스테르담이란 뜻이다. 이름에서 알 수 있듯이 이 도시는 네덜란드 사람들이 개척했다. 이 도시가 어떤 연유로 뉴욕이 된 것일까? 다 사정이 있는 법. 이뿐 아니라 버지니아, 메릴랜드, 제임스타운 등 여러 도시의 이름에는 북아메리카를 개척하던 영국에 대한 향수가 짙게 풍겨져 나온다.

이탈리아 출신의 탐험가,
존 캐벗

15세기 들어 포르투갈이 인도로 가는 항로를 발견했다. 이어 스페인이 아메리카 대륙으로 진출했다. 영국도 가만히 있을 수 없었다. 영국 튜더 왕조를 개창한 헨리 7세는 이탈리아 출신의 탐험가 존 캐벗을 고용해 북아메리카로 보냈다. 1497년, 존 캐벗은 오늘날의 캐나다 노바스코샤주의 케이프브레턴섬에 도착했다. 1498년의 두 번째 도전에서는 배핀섬과 뉴펀들랜드섬을 발견했다. 캐벗은 미국 북동부 해안까지 내려가 탐험을 계속했다. 그러나 캐벗이 실종되면서 탐험은 끝이 나고 말았다. 영국은 당분간 아메리카 탐험을 중단할 수밖에 없었다.

그 후 해상권은 스페인이 장악했다. 스페인은 대제국으로 성장했

영국 출신의 군인이자 탐험가인
험프리 길버트

다. 영국의 엘리자베스 1세 왕은 제국으로 성장하려면 식민지를 늘려야 한다고 생각했다. 스페인이 정복하지 않은 지역에서부터 식민지를 건설하기로 했다.

1578년, 엘리자베스 1세는 험프리 길버트를 뉴펀들랜드로 보냈다. 험프리 길버트는 존 캐벗의 항로를 따라 탐험했다. 이어 1583년에는 뉴펀들랜드 세인트존스에 식민지를 건설했다. 영국이 북아메리카에 최초로 식민지를 세운 순간이었다. 험프리 길버트도 존 캐벗과 마찬가지로 귀국하다 사망했다. 참으로 가혹한 운명이다.

이어 탐험을 지휘한 인물은 험프리 길버트의 이복형제인 월터 롤리였다. 1584년, 월터 롤리의 원정대가 오늘날 미국 노스캐롤라이나의 섬에 상륙했다. 월터 롤리 경은 이 땅을 엘리자베스 1세에 바친다는 의미로 '버지니아(Virginia)'라고 지었다. 엘리자베스 1세가 독신녀라서 '처녀의 땅'이라 부른 것이다. 이때의 버지니아는 오늘날로 치면 메인주에서 노스캐롤라이나주에 이르는 광대한 영역이었다.

캐나다에 이어 미국에도 식민지 건설 작업이 시작되었다. 3년 후 여성 17명을 포함한 2차 원정대가 버지니아로 향했다. 이주민들은 본국의 지원을 철석같이 믿고 식민지 건설에 매진했다. 하지만 영국은 식민지 이주민을 지원하지 못했다. 마침 영국과 스페인 사이에 전쟁이 벌어져서 신경을 쓸 겨를이 없었던 탓이다. 다시 4년 후 식량을 실은 배가 가보니 식민지는 흔적조차 찾을 수 없었다. 그 때문에 이 지역을 오늘날까지도 '잃어버린 식민지(Lost Colony)'라 부른다.

엘리자베스 1세는 1600년에 동인도 회사를 세웠다. 이 무렵부터 영국 정부는 해외에서 사업을 하려는 회사나 단체에 특허장을 교부했다. 모험을 즐기는 사업가들이 달려들었다. 대표적인 회사가 런던 회사와 플리머스 회사였다.

1606년, 런던 회사가 제임스 1세 왕에게 버지니아 식민지 개척을 위한 특허장을 요청했다. 그해 겨울 143명의 남자가 오늘날의 버지니아와 메릴랜드 근처에 있는 체사피크만에 도착했다. 배는 해안을 따라 흐르는 강에 이르렀다. 그 강을 제임스강이라 명명했다. 이어 강의 안쪽으로 들어가 최초의 식민지 마을을 개척했다. 이를 제임스타운이라 불렀다. 왕인 제임스 1세를 찬양하기 위해서다. 식민지에 정착한 남자들은 사실 금은보화를 노렸다. 하지만 그런 것이 있을 턱이 없었다. 고통스러운 시간이 흘렀다. 다행히 담배 재배로 큰돈을 벌게 되었다. 본국에서 온 여성들과 결혼하고 가정을 이루었다. 식민지 정착촌이 번영하기 시작했다.

1620년, 이번에는 플리머스 회사와 계약한 청교도들이 메이플라워호를 타고 오늘날의 보스턴 외곽 항구에 도착했다. 102명의 청교도는 미국 북동부 뉴잉글랜드 지방에 정착했다. 이들도 초기 정착은 쉽지 않았다. 날씨는 혹독했고, 먹을 것을 구하기도 어려웠다. 다행히 아메리카 원주민들이 옥수수 재배법을 가르쳐주어 굶지 않을 수 있었다. 시간이 흐르면서 적응 속도가 빨라졌다. 식민지 주민들은 가을에 곡식을 수확한 뒤 원주민에게 감사의 잔치를 베풀었다. 칠면조가 등장한 잔치. 바로 추수감사절이다.

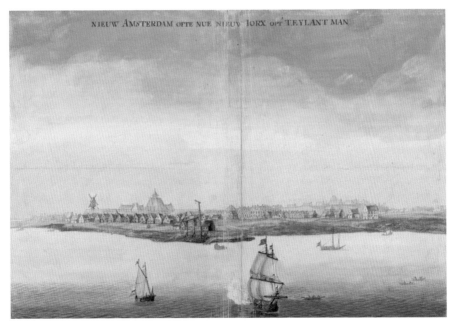

NIEUW AMSTERDAM ofte NUE NIEUW IORX op't TEYLANT MAN

뉴 암스테르담을 묘사한 그림

　제임스 1세의 뒤를 이은 찰스 1세 시절에는 특허장을 개인에게도 주기 시작했다. 조지 캘버트란 인물이 1623년, 오늘날의 포토맥강 남부 지역을 불하받았다. 그는 이 땅을 당시 왕비인 메리의 이름을 따서 메릴랜드라고 지었다.

　이 무렵 네덜란드도 오늘날의 뉴욕 맨해튼섬 근처에 마을을 건설했다. 이 지역에서는 모피 무역이 꽤 성행했다. 이를 노리고 네덜란드인이 몰려든 것이다. 네덜란드 사람들은 이 마을을 화려한 도시, 뉴 암스테르담으로 발전시켰다. 북아메리카를 장악하려는 영국이 그냥 둘 리가 없다. 영국은 네덜란드와 전쟁을 벌였고, 1653년 승리했다. 뉴 암스테르담을 빼앗았다. 이 무렵 영국 왕은 찰스 1세의 뒤를 이은 찰스 2세였다. 찰스 2세는 동생 요크 공에게 이 땅을 주었다. 그래서 뉴요크, 즉 뉴욕으로 변한 것이다.

미국엔 라파예트란 도시도 꽤 많다. 독립 혁명 때 프랑스의 라파예트가 미국으로 건너와 큰 활약을 했기 때문이다. 미국에는 이처럼 고색창연한 이유들이 있는 도시들이 꽤 많다. 혹시 미국 여행을 간다면, 그 도시의 유래를 꼭 물어보라. 재미있는 이야기들이 많을 것이다.

서머타임, 육체 혹사일까 또 다른 기회일까?

고대 로마에서부터 시작된 서머타임 제도

여름에는 새벽에 절로 눈이 떠질 때가 많다. 창문을 투과해 들어온 빛의 공격을 감당할 수 없기 때문이다. 겨울은 정반대다. 늦은 아침에도 일어나는 게 무척 힘들다. 그럴 때는 따사로운 햇살이 방안 가득 차기를 간절하게 바란다. 인간의 마음이란 게 참으로 간사하구나, 이렇게 자책할 필요는 없다. 그것은 우리 의지와는 무관한 생리 현상이니까 말이다. 수면을 조절하는 호르몬인 멜라토닌은 빛이 없을 때 분비된다. 여름과 겨울을 비교하면, 당연히 겨울에 멜라토닌이 더 많이 분비된다. 우리 뇌에는 생물학적 시계(Biological Clock)가 있다. 물론 보이지는 않는다. 이 생물학적 시계가 호르몬 분비 상황에 따라 "볕이 약해. 아직 일러. 더 자도 돼!"라고 지시한다. 그러니 겨울엔 푹 자자.

신체 리듬에 맞춰 물리적 시간을 조정할 수는 없을까. 겨울엔 좀 더 자더라도 여름에는 좀 더 일찍 일어나 한두 시간을 더 활기차게 보내는 방법 말이다. 필자만 이런 생각을 하는 것은 아닌 것 같다. 지금으로부터 최소한 1,000~2,000년 이전의 고대 로마 사람들도 필자와 같은 생각을 했다.

고대 로마에서는 여름과 겨울에 각기 다른 시계를 썼다. 한 시간의 길이를 여름에는 대략 70분 내외로 책정했는데, 겨울에는 40분 내외로 줄였다. 이렇게 하면 여름의 낮 시간이 길어지고 겨울은 짧아진다. 그러니 여름에는 낮 시간을 더 즐길 수 있었을 것이다. 이런 사실은 1918년 3월 미국의 한 저널에 게재되면서 일반에 널리 알려졌다.

근대로 접어들면서 고대 로마의 이 제도가 다시 주목받았다. 그것이 일광절약시간제(Daylight Saving)이다. 한자가 섞여 있어서 말이 좀 어렵게 들리는가? 그렇다면 좀 더 쉬운 말로 대체할 수 있다. 바로 서머타임(Summer Time)이다. 여름에 1시간 내외를 당기고 겨울에는 다시 원래대로 돌려놓는 시스템이다.

고대 로마의 기억을 가장 먼저 소환한 나라는 미국이었다. 1784년 벤저민 프랭클린은 여름에 1시간 먼저 하루를 시작하자는 아이디어를 냈다. 그는 근검절약이 몸에 밴 사람이었다. 이 아이디어 또한 절약 정신에서 나온 것이었다. 1시간 먼저 하루를 시작하면 1시간 먼저 하루를 끝내게 된다. 그러면 양초의 소모량을 줄일 수 있을 거라는 것이 프랭클린의 생각이었다. 연료 사용을 줄이기 위해 1시간씩 당기자니……. 좀 구두쇠 같아 보이지만 어찌 보면 참으로 기발한 발상이라고 느껴지기도 한다. 하지만 프랭클린의 아이디어는 실행되지 않았다. 사실 프랭클린도 죽을힘을 다해 이 제도를 추진하지는 않았던 것 같다.

하루 2시간을 앞당기는 서머타임 제도를 제안한
조지 버논 허드슨

그로부터 100여 년이 흘렀다. 이번엔 뉴질랜드에서 비슷한 주장이 나왔다. 1895년 뉴질랜드 웰링턴의 우체국 직원 조지 버논 허드슨(1867~1946)이 "여름에 2시간을 당기자"라고 제안했다. 허드슨은 어렸을 때 아버지와 함께 영국에서 뉴질랜드로 이주했다. 직장은 우체국이었지만 동시에 곤충학자로도 활동했다. 허드슨은 우체국 교대제 근무가 시행되자 퇴근 후에 곤충을 채집하러 다녔다. 그는 해가 긴 여름에 더 많이 활동하기를 원했다. 다른 사람들도 일찍 야외 활동을 하면 더 많은 일을 할 수 있다고 믿었다. 하지만 그의 제안은 받아들여지지 않았다. 시간의 개념을 뒤죽박죽으로 만들어버릴 수 있다는 우려가 컸던 것이다.

몇 년 후 영국의 건축업자 윌리엄 윌릿(1856~1915)이 바통을 이어받았다. 어느 여름의 이른 아침이었다. 그는 말을 타고 가다 아직도 많은 문이 닫혀 있는 것을 목격했다. 무심코 지나갈 수 있는 풍경이었다. 하지만 그는 사람들이 시간을 낭비하고 있다고 생각했다. 1907년 윌릿은 직접 돈을 대서 『일광의 낭비(Waste of Daylight)』라는 소책자를 출간했다. 이 책에서 그는 '4월 중에 4단계로 80분을 앞당기고, 9월 중에 같은 방식으로 시간을 돌려놓으면 낮이 길어져 250만 파운드의 전기료를 줄일 수 있다'고 주장했다. 윌릿이 워낙 골프를 좋아했기 때문에 이런 주장을 했다고 말하는 사람들도 있다. 어쨌든 그는 서머타임 제도의 시행을 위해 동분서주했다. 의회 의원들과도 접촉했다. 나중에 영국 수상이 되는 윈스턴 처칠을 비롯한 많은 의원들이 그의 뜻에 동의했다. 곧 서머타임 제도가 시행될 것 같았다.

하지만 영국은 서머타임을 처음으로 도입한 나라라는 기록을 독일에 빼앗기고 말았다. 영국이 얼마 후 제1차 세계 대전이 터지는 바람에 제도 도입을 미루는 사이, 독일이 1916년에 서머타임을 시행했다. 전쟁 물자를 조금이라도 아껴야 하는 상황이었다. 독일은 석탄 사용량을 줄이기 위해 서머타임 제도를 시행했다. 전쟁 물자가 부족한 것은 영국도 마찬가지였다. 결국 영국 의회도 그해 5월 서머타임 제도를 시행했다. 안타깝게도 서머타임을 갈망했던 윌릿은 제도가 시행되기 1년 전에 세상을 떠났다.

현재 서머타임은 미국과 유럽의 여러 나라에서 시행 중이다. 우리나라에서는 해방 후와 6·25 전쟁 이후, 또 서울 올림픽을 시행하기 전인 1987년부터 올림픽이 열린 1988년까지 세 차례 시행한 바 있다.

이 제도를 둘러싼 찬반 논란은 아직도 진행 중이다. 여름에 1시간 일찍 하루를 시작하면 퇴근도 그만큼 빨라지니 이득인 것은 맞다. 퇴근 후 제2의 생활도 가능하다. 사무실의 연료비도 줄어든다. 하지만 업무량이 세계적으로 상위권인 대한민국이라면? 혹시 1시간 일찍 출근하지만 퇴근 시간은 그대로일 수도 있다. "주 52시간 근무

제도가 도입되면 일찍 퇴근하더라도 집에서 일을 해야 하는 거 아니냐?"라는 식의 걱정과 크게 다르지 않다. 수면에 대해서도 찬반양론이 있다. 여름과 겨울의 자연스러운 생체 리듬을 따르니 수면 시간 조절이 쉽다고 말하는 사람도 있다. 하지만 사람마다 차이가 있는데 획일적으로 적용하면 부작용이 크다는 비판도 있다. 수면의 품질이 문제라는 것이다.

사실 서머타임이 괜찮은 제도라고 생각한다면 개인적으로 충분히 시도할 수 있다. 시간을 잘 조절하는 것은 결국 개인의 몫이다. 이 제도가 싫어도 여름철에 미국이나 유럽에 여행갈 때는 잘 체크해야 한다. 서머타임을 무시했다가 괜히 낭패를 볼 수도 있으니까 말이다.

무엇이 우리를
일의 노예로 만들었을까?

소년 병사에서 출발한
보이스카우트

청소년 단체 스카우트의 역사

보이스카우트와 걸스카우트. 40대 이후의 세대들이 어렸을 적 이 청소년 단체는 부러움의 대상이었다. 짙은 남색의 보이스카우트, 황토색의 걸스카우트 단복을 입은 아이들이 지나갈 때면 시선을 떼지 못했다. 하지만 1970년대에는 이런 청소년 단체의 단원이 되는 게 쉽지 않았다. 절차가 복잡해서가 아니다. 경제적 문제 때문이었다. 단체의 가입비가 만만찮았다. 또 하복과 동복을 갖추는 데도 돈이 많이 들었다. 사시사철 열리는 캠프에 참가할 때에도 적잖은 돈을 내야 했다. 그러니 가정 형편이 넉넉하지 않은 아이들에겐 그야말로 '그림의 떡'이요, '밤하늘의 별'이었다.

생각해보니 부유한 집의 자녀들은 대부분 보이스카우트와 걸스카우트 활동을 했던 것 같다. 정확하게 말하자면, 단원의 대부분이 어느 정도 집안 형편이 넉넉했던 것으로 기억한다. 일부 부모들은 캠프까지 쫓아가는 열성을 보이기도 했다. 어쩌면 '소박한 치맛바람'

이 아니었나 싶다. 지금은 남녀 구분이 사라진 모양이다. 합쳐서 그
냥 스카우트라고 부른다. 바로 이 스카우트의 이야기를 지금 하려
한다.

때는 19세기의 끝자락. 오늘날의 남아프리카공화국 케이프타운으
로 가보자. 당시 케이프타운의 분위기는 심상찮았다. 영국은 아프리
카 식민지를 늘려나갔다. 곧 이 지역을 점령했고, 케이프 식민지라
불렀다. 하지만 그곳에는 이미 네덜란드에서 이주해온 정착민들이
살고 있었다. 영국과 네덜란드 정착민 사이에 갈등이 생기리란 사실
쯤은 누구나 예상할 수 있다.

네덜란드 정착민들은 주로 농사를 지으며 살아갔다. 그래서 그들
을 보어인이라 불렀다. 보어는 네덜란드어로 농부란 뜻이다. 케이프

식민지 총독은 보어인들을 핍박했다. 보어인들이 영국 정규 군대를 이길 수 있을까? 힘들 터. 어쩔 수 없었다. 보어인들이 양보하는 수밖에.

보어인들은 영국 통치자들을 피해 케이프 식민지를 버리고 다른 곳으로 이주했다. 영국이 무서워서 그랬을 수도 있지만, 어쩌면 치사하고 아니꼬워서 그랬을 수도 있다. 새로 개척할 땅이 많았으니 굳이 피를 흘릴 필요가 없다고 생각했을 수도 있다. 어쨌든 보어인들은 새로 영토를 개척해 오렌지 자유국과 트란스발 공화국을 세웠다.

호사다마(好事多魔)라 해야 할까, 아니면 재수가 없었다고 해야 할까? 국가를 세웠으니 분명 대박이 터진 셈인데, 결과적으로 보어인을 궁지에 몰아넣는 일이 생겼다. 오렌지 자유국에서는 다이아몬드가, 트란스발 공화국에서는 금이 무더기로 쏟아졌다. 기쁜 일 아니냐고? 글쎄다.

세실 로즈의 지배욕을 묘사한 그림.
그의 다리가 아프리카 남쪽부터 북쪽에 걸쳐 있다.

케이프 식민지의 영국 총독 세실 로즈는 뼛속 깊이까지 제국주의자였다. 그는 영국 제국의 확대를 위해서는 전 세계의 어떤 민족, 어떤 나라든 핍박하고 착취해야 한다고 생각하는 사람이었다. 이웃 나라인 오렌지 자유국과 트란스발 공화국의 경사를 그냥 지켜볼 리가 없었다. 사실 케이프 식민지를 빼앗은 이유도 이 지역의 다이아몬드가 탐났기 때문이다. 제국주의자의 욕심은 정말로 끝이 없다.

얼마 후 영국 군대가 트란스발 공화국을 침략했다. 이판사판의 심정이든, 죽기 살기의 투혼이든 보어인들은 더 이상 물러설 수 없었다. 여기서도 물러서면 갈 데가 없잖은가. 이렇게 해서 영국과 보어인 사이에 전쟁이 시작되었다. 이것이 바로 보어 전쟁(1899~1902)이다.

보어 전쟁의 결과를 간략히 말하자면, 예상한 대로다. 보어인이 세계 최강의 영국 군대를 이길 수 있겠는가? 보어인들은 3년간 끈질기게 맞섰지만 결국엔 패하고 말았다. 이후 오렌지 공화국과 트란스발 공화국은 모두 영국 식민지가 되었다.

보어 전쟁이 터지고 이틀째인 1899년 10월 12일이었다. 보어인 병사들이 영국 군대가 있는 도시 마페킹을 공격했다. 당시 보어군은 약 7,000명 정도였다. 영국군은 700~1,000명에 불과했다. 병력에서 크게 밀리니 아무리 영국이라 해도 기죽을 수밖에 없었다. 이 전투는 해보나마나일 것 같았다. 이때 영국군을 이끈 지휘관은 로버트 베이든 파월(1857~1941) 대령이었다. 파월 대령은 앉아서 당할 수는 없다고 생각했다. 변칙적인 방법이라도 써서 위기를 넘기려 했다. 파월 대령은 가짜 요새를 세우고 병사들에게 소리를 지르도록 했다. 도시 안에 영국군이 많은 것처럼 위장하려는 작전이었다.

이가 없으면 잇몸으로라도 음식을 씹어야 한다. 요령부득의 지휘관은 작전을 망칠 뿐이다. 파월 대령은 꽤나 융통성이 있었고, 머리도 잘 돌아갔던 것 같다. 파월 대령은 병력 부족을 해결할 방법을 찾아냈다. 소년들에게 임무를 맡기는 것이다. 적진으로 가서 첩보를

**스카우트의 창시자
로버트 베이든 파월**

얻거나 작전 지역을 정찰하는 병사를 관측병 혹은 척후병이라고 한다. 소년들에게 이 척후병 임무를 주었다.

이런저런 수를 다 쓴 결과는 훌륭했다. 영국군은 해를 넘기고도 봄이 다 끝나가는 5월까지 마페킹을 사수했다. 보어군은 결국 물러났고, 무려 217일 동안의 전투는 영국군의 승리로 끝이 났다.

소년을 척후병으로 쓴 경험이 파월의 뇌리에 상당히 강하게 남았나 보다. 파월은 보어 전쟁이 끝난 후 새로운 소년 공동체를 모색했다. 1907년, 파월은 잉글랜드 브라운시섬에 22명의 소년들을 모아 캠프를 열었다. 캠프는 성공적이었다. 파월은 캠프 활동을 통해 소년들에게 공동체 생활에 필요한 규율과 애국심을

훈련시킬 수 있다고 확신했다. 그해 11월 16일, 파월은 보이스카우트 연맹을 공식 발족했다. 3년 후에는 소녀들의 스카우트인 걸가이드를 출범시켰다. 걸스카우트의 전신이다.

그 후 스카우트는 전 세계로 확대되었다. 지금은 160개국에서 3,000만 명 이상이 스카우트로 활동하고 있다. 명실상부한 세계 최대의 청소년 단체로 성장한 것이다.

청소년 단체가 알고 보면 군사 조직에서 비롯되었다는 것은 아이러니가 아닐 수 없다. 사실 초기에는 보이스카우트가 군사 문화를 조장하거나 옹호한다는 비판도 나왔다. 물론 지금은 인종과 민족, 계급을 차별하지 않고 국제 협력을 도모하는 건전한 청소년 단체이지만 말이다. 군사 문화만 배우지 않는다면, 청소년들에게 캠프 활동은 훌륭한 학습이 된다. 스카우트는 요즘에도 4년마다 세계 잼버리 대회를 갖는다.

'육지의 섬' 베를린

베를린 미스터리

1967년 대한민국 중앙정보부(오늘날의 국가정보원)가 대형 사건을 폭로했다. 해외에서 벌어진 간첩 사건이었다. 연루된 사람만 194명이었다. 예술가, 교수, 공무원 등 사회 지도층이 대거 포함되어 있었다. 초대형 간첩 사건이다. 중앙정보부에 따르면 간첩들이 활동한 곳은 동독의 수도인 동(東)베를린이었다. 베를린을 한자어로 백림(白林)이라고 한다. 이 사건이 그 유명한 동백림 사건이다. 공산주의의 '공'자만 들어도 법석을 피우던 시절이었다. 반공 이념이 대한민국을 지배했다. 사상의 자유는 없었다. 초대형 간첩 사건의 실체를 따져 물을 자유도 허용되지 않았다. 순진한 국민은 경악했다.

2006년 국가정보원 과거사 진실규명위원회가 이 사건을 다시 조사했다. 결과는 이랬다. "사건이 과장되었을 뿐 아니라 연행하고 조사하는 과정에서 심각한 인권 침해가 있었다." 이 말이 무슨 뜻일까? 그렇다. 중앙정보부가 동백림 사건을 조작했다는 이야기다. 박정희 정권을 지속시키기 위해 꼼수를 부렸던 것이다. 정말로 야만의 시대가 아닌가.

이 대목에서 이런 궁금증이 생긴다. 당시 반공을 국시로 삼았는데, 그 많은 간첩들은 어떻게 공산주의 국가인 동독, 그것도 수도인 동베를린에 갈 수 있었을까? 독일이 통일되고 동독이 사라진 지금이지만, 그래도 궁금한 것만은 어쩔 수 없다. 베를린의 특수한 상황을 알게 되면 그 궁금증이 풀린다.

오늘날의 독일 지도를 먼저 보자. 독일은 총 16개 주로 되어 있다. 이 중에서 동부의 브란덴부르크, 작센, 튀링겐, 작센안할트, 메클렌부르크포어포메른 등 5개 주가 과거 동독의 영토였다. 베를린은 이중 브란덴부르크에 있는 도시다. 그렇다면 동베를린이든 서베를린이든 베를린 자체가 동독의 영토였다는 뜻이 된다. 갈수록 오리무중이다.

독일 지도

독일은 프로이센이란 국가에서 비롯되었다. 1871년, 프로이센은 게르만족을 통일하는 대업을 이루었다. 프랑스 베르사유 궁전에서 성대한 독일 제국 선포식을 열었다. 왜 자기 나라가 아닌 남의 나라 심장에서 대형 이벤트를 열었을까? 영원한 경쟁자인 프랑스의 체면을 팍팍

구겨주려는, 승자의 자만심이 발동했던 것이다. 이때 독일 제국이 수도로 정한 도시가 베를린이었다. 그 후 베를린은 우여곡절을 겪으면서도 수도의 지위를 잃지 않았다. 독일 제국은 제1차 세계 대전의 종결과 함께 무너졌다. 이어 들어선 바이마르 공화국 정부는 수도를 바꾸지 않았다. 여전히 베를린이 독일의 수도였다. 그 다음에는 독일로서는 잊고 싶은 역사가 펼쳐졌다. 히틀러와 나치당이 권력을 장악하고 제2차 세계 대전을 일으켰다. 이때도 베를린은 독일의 수도였다.

제2차 세계 대전이 끝날 무렵인 1945년 8월, 포츠담에서 협정이 체결되었다. 이 포츠담 협정에서 과거의 동(東)프로이센 북부를 소련이, 나머지 서쪽 지역을 미국, 영국, 프랑스 세 나라가 공동 관리하기로 했다. 이 분할 점령이 결국에는 독일의 분단선이 되었다. 동독과 서독 사이에는 긴 철조망이 세워졌다.

수도 베를린을 어떻게 할 것이냐가 논란이 되었다. 네 나라는 베를린도 동베를린과 서베를린으로 쪼갰다. 동독은 동베를린을 수도로 삼았다. 하지만 서독은 서베를린을 수도로 삼을 수 없었다. 서베를린이 서독이 아닌 동독 영토에 있었기 때문이다. 서독은 본에 임시 수도를 두었다. 바로 이 대목에서 혼란스러워하는 이들을 간혹 본다. 동독 영토 안에 서베를린이 있다면, 그 서베를린에 서독 국민이 살 수 있을까? 그게 가능하기나 해? 이런 질문을 던진다.

휴전선으로 남과 북이 확실하게 분단되어 있는 우리나라라면 어땠을까? 북한 안에 남한의 영토가 있다면? 게다가 그 영토가 남한보다 중국에 더 가깝다면? 아마 안전이 걱정되어 그곳에서 살려는 사람이 별로 없을 것이다. 실제로 베를린은 서독보다는 공산 국가인 동쪽의 폴란드와 더 가까웠다. 서독은 굳이 이런 베를린을 꼭 보유해야 했을까? 그랬을 수밖에 없다. 역사적으로 베를린만큼 중요한 도시가 없으니까 말이다. 미국, 영국, 프랑스 세 나라와 소련은 양보하지 않았다. 그러니 도시를 둘로 쪼갤 수밖에 없었다.

서베를린의 서독 국민들은 어떻게 살았을까? 그들은 동독 영토 안에 있었기에 사실상 갇혀 지냈다. 나들이란 것은 애초에 불가능했다. 물론 서독으로 이동할 수는 있었다. 이때도 미리 정해진 통로만 이용해야 했다. 동독 군인들의 감시를 받으면서 말이다.

오늘날 베를린에 가면 커다란 브란덴부르크 문을 볼 수 있다. 이 브란덴부르크 문은 프로이센이 1791년에 만든 개선문이다. 분단 시절, 이 문은 동베를린과 서베를린 사이에 있는 검문소였다. 이 문을 통해서만 동독과 서독은 교류할 수 있었다.

브란덴부르크 문

베를린 장벽에 대해서도 짚고 넘어가자. 많은 사람들이 베를린 장벽은 우리나라의 38선처럼 동독과 서독의 국경 지대에 설치된 분단선으로 오해한다. 아니다. 두 나라의 국경 지대에는 철조망이 쳐져 있었다. 서독 진영에는 자유 진영의 초소가, 동쪽에는 공산 진영의 초소가 있었다. 동독에서 이 철조망을 넘어 서독으로 망명하려다 많은 사람들이 목숨을 잃었다.

베를린 장벽은 서베를린과 동베를린을 나누는 벽이었다. 서베를린을 거쳐 서독으로 망명하려는 사람들을 막기 위해 1961년 설치되었다. 사실 이 베를린 장벽이 세워지기 이전부터 서베를린 주민들은 위태위태한 삶을 살아야 했다.

아직 두 나라에 정부가 세워지기 이전인 1948년, 서독 지역에서 통화 개혁을 단행했다. 소련은 "자본주의 진영이 동독을 위협하고 있다"라고 항의했다. 이어 서베를린에서 서독으로 연결된 길을 막아버렸다. 이것이 '베를린 봉쇄'다. 당시 서베를린에는 200만 명의 서독 주민이 살고 있었다. 그냥 두면 그들은 굶어죽는다. 미국, 영국, 프랑스는 식량, 의복, 구급품을 항공기로 날랐다. 이 갈등은 1년 동안 계속되었다. 그 이후부터 서베를린은 통일이 될 때까지 '육지의 섬'이라 불렸다.

1990년 서독이 동독을 흡수하는 형태로 통일이 이루어졌다. 서독, 아니 독일은 임시 수도 본을 떠나 베를린에 다시 둥지를 틀었다. 이로써 '육지의 섬'은 사라졌다. 하지만 그 '섬'의 주민들은 오랜 시간 통일 후유증을 앓았다. 동베를린과 서베를린의 경제 수준 차이가 아직도 존재한다는 얘기가 들려온다. 통일은 과정도 어렵지만 그 이후도 어려운 것 같다.

'행복하게 만든 책이 행복을 만듭니다.'

알고 나면 꼭 써먹고 싶어지는 역사 잡학 사전
B급 세계사

초판 1쇄 찍은 날   2018년 6월 18일
초판 20쇄 펴낸 날   2023년 4월 28일

지은이   김상훈
발행인   조금희
발행처   행복한작업실
등 록   2018년 3월 7일(제2018-000056호)
주 소   서울시 서초구 서초대로 65길 13-10, 103-2605
전 화   02-6466-9898
팩 스   02-6020-9895
전자우편   happying0415@naver.com

편 집   이양훈
디자인   정연규
ISBN   979-11-963815-0-9 (03900)

이 도서의 국립중앙도서관 출판예정도서목록(CIP)은 서지정보유통지원시스템 홈페이지
(http://seoji.nl.go.kr)와 국가자료공동목록시스템(http://www.nl.go.kr/kolisnet)에서
이용하실 수 있습니다.(CIP 제어번호: CIP2018015272)